高等学校经济管理类核心课程教材

经济法

—第5版—

马兆瑞 编著

ECONOMIC LAW

中国人民大学出版社
·北京·

前　言

《经济法》一书于2014年10月出版发行后，已随我国一系列相关法律法规的陆续修改或出台，历经了2017年（第2版）、2020年（第3版）、2022年（第4版）三次修订，得到了广大师生的一致好评。基于这两年我国相关法律法规的修改，我们结合最新立法动向，并针对使用中发现的问题，对本书进行第四次修订，以保持并突出法律教材的前沿性和时效性，更好地满足广大师生的需要。

本次修订的主要内容有：

第一，根据2024年7月1日起施行的新修订的《中华人民共和国公司法》，对第3章有关公司注册资本、组织机构及财务会计制度的内容，进行了全面的补充、修改和完善。

第二，根据2024年新修正的《中华人民共和国会计法》，对第9章有关内容进行了全面的修改、补充与完善。

第三，对第5章“票据法”中的票据特征、票据行为的内容进行了补充和完善，增加了电子票据的相关内容。

第四，对第7章“证券法”中的证券发行条件、发行程序、证券上市等内容进行了全面的补充、修改和完善。

第五，对第10章“竞争法”中的反垄断行为及相关法律责任的内容进行了进一步的修改和完善。

第六，根据2024年7月1日起施行的《中华人民共和国消费者权益保护法实施条例》，对第12章有关经营者的义务的内容进行了补充和完善。

第七，根据修改和补充内容，对各章配套的习题相应地进行了修改和完善，并提供“即测即评”二维码，旨在帮助读者掌握相关知识点。

本书初版以来，能够赢得广大读者的高度肯定、支持与厚爱，我们备受鼓舞与激励，在此深表谢意。我们将继续密切关注相关立法和学术动态，努力提升编写水平，不断对本书进行更新、补充和完善，竭力奉献于教育，回馈读者。

目　录

第 1 章

法律的基本原理

学习目标

掌握：

1. 无效的民事法律行为与可撤销的民事法律行为；
2. 代理行为：滥用代理权与无权代理；
3. 经济纠纷的解决途径：仲裁与诉讼。

熟悉：

1. 法律关系的构成；
2. 民事法律行为的有效要件；
3. 附条件和附期限的民事法律行为。

了解：

1. 法律关系的概念与特征；
2. 法律事实。

第 1 节　法律关系

一、法律关系的概念与特征

法律关系是根据法律规范产生的、以主体间的权利与义务关系为内容的特殊的社会关系。其特征是：

（1）法律关系是以法律规范为前提的社会关系。没有法律规范就不可能产生相应的法律关系。

（2）法律关系是以权利与义务为内容的社会关系。法律关系与其他社会关系的重要区别，就在于它是法律化的权利义务，是一种明确的、特定的权利义务关系。这种权利和义务可以是由法律明确规定的，也可以是由法律授权当事人在法律规定的范围内自行约定的。

（3）法律关系是以国家强制力为保障的社会关系。

二、法律关系的构成

法律关系由主体、内容和客体三部分构成。

（一）法律关系的主体

1. 法律关系主体的种类

（1）自然人。既包括本国公民，也包括居住在一国境内或在境内活动的外国公民和无国籍人。

（2）法人和非法人组织。法人分为营利法人、非营利法人和特别法人，其中营利法人是以取得利润并分配给股东等出资人为目的成立的法人，包括有限责任公司、股份有限公司和其他企业法人等；非营利法人是以公益目的或者其他非营利目的成立，不向出资人、设立人或者会员分配所取得利润的法人，包括事业单位、社会团体、基金会、社会服务机构等；特别法人包括特定的机关法人、农村集体经济组织法人、城镇农村的合作经济组织法人、基层群众性自治组织法人。非法人组织是不具有法人资格，但是能够依法以自己的名义从事民事活动的组织，包括个人独资企业、合伙企业、不具有法人资格的专业服务机构等。

（3）国家。在特定情况下，国家可以作为一个整体成为法律关系的主体。例如，国家作为主权者，是国际公法关系的主体，可以成为对外经济贸易关系中的债权人和债务人；在国内法中，国家可以直接以自己的名义参与国内法律关系（如发行国库券，或成为国家所有权关系主体）。

2. 法律关系主体的权利能力和行为能力

权利能力是指权利主体享有权利和承担义务的能力，它反映了权利主体取得权利和承担义务的资格。各种具体权利的产生必须以主体的权利能力为前提；同时，权利能力通常与国籍相联系，一个国家的所有公民都应具有权利能力。《中华人民共和国民法典》（以下简称《民法典》）第十四条规定："自然人的民事权利能力一律平等。"行为能力是指权利主体能够通过自己的行为取得权利和承担义务的能力。行为能力必须以权利能力为前提，无权利能力就谈不上行为能力。根据《民法典》的规定，自然人从出生时起到死亡时止，具有民事权利能力，依法享有民事权利，承担民事义务。自然人按其民事行为能力分三种：

（1）完全民事行为能力人。18 周岁以上的自然人为成年人，成年人为完全民事行为能力人，可以独立实施民事法律行为。16 周岁以上的未成年人，以自己的劳动收入为主要生活来源的，视为完全民事行为能力人。

（2）限制民事行为能力人。8 周岁以上的未成年人和不能完全辨认自己行为的成年人为限制民事行为能力人，实施民事法律行为由其法定代理人代理或者经其法定代理人同意、追认。但是前者可以独立实施纯获利益的民事法律行为或者与其年龄、智力相适应的民事法律行为，后者可以独立实施纯获利益的民事法律行为或者与其智力、精神健康状况相适应的民事法律行为。

（3）无民事行为能力人。不满 8 周岁的未成年人、不能辨认自己行为的成年人以及不能辨认自己行为的 8 周岁以上的未成年人，为无民事行为能力人，由其法定代理人代理实施民事法律行为。

社会组织作为法律关系的主体也应当具有权利能力和行为能力，但其权利能力和行为能力不同于自然人。例如，作为民事法律关系主体的法人，其权利能力从法人成立时产生，其行为能力伴随着权利能力的产生而同时产生；法人终止时，其权利能力和行为能力同时消灭。自然人的行为能力一般通过自身实现，而法人的行为能力则通过法定代表人或其他代理人来实现。

（二）法律关系的内容

权利与义务是法律关系的内容。权利是法律允许权利人为了满足自己的利益可以作为或不作为，或者要求他人为一定行为或不为一定行为，并有他人的法律义务作保证的资格。义务则是法律规定的义务人应该按照权利人要求为一定行为或不为一定行为，以满足权利人的利益的约束。权利与义务之间关系密切，没有无义务的权利，也没有无权利的义务，权利的行使依赖于义务的承担。

（三）法律关系的客体

法律关系的客体是指法律关系主体的权利与义务所共同指向的对象。包括：

（1）物。包括自然物、人造物、货币及有价证券；不包括阳光、空气、自然灾害等。

（2）行为。包括积极行为和消极行为。如生产经营行为、经济管理行为、完成一定工作的行为和提供一定劳务的行为等。

（3）人格利益。如公民和组织的姓名或名称，公民的肖像、名誉、尊严等。

（4）智力成果。如文学艺术作品、科学著作、科学发明等。

三、法律事实——法律关系发生、变更和消灭的原因

法律事实是指法律规范所规定的，能够引起法律后果即法律关系发生、变更和消灭的客观现象。包括：

（一）事件

事件是指不以当事人的主观意志为转移的，能够引起法律关系发生、变更和消灭的法定情况或者现象。包括：

（1）人的出生与死亡。人的出生与死亡能够引起民事主体资格的产生和消灭，也可能导致人格权的产生和继承的开始等。

（2）自然灾害与意外事件。通常自然灾害可构成法律上的不可抗力，成为免除法律责任或消灭法律关系的原因。如地震、洪水、台风、森林大火等不因人的因素造成的自然灾害。意外事件可能导致风险或不利后果的法律分配，也可能成为某些法律关系的免责事由。如战争、重大政策的改变等。

（3）时间的经过。时间的经过可引起一些请求权的发生或消灭，例如，时效的经过，将导致债权的效力受到减损。

（二）行为

行为是指以当事人的主观意志为转移的，能够引起法律关系发生、变更和消灭的人们有意识的活动。包括：

（1）法律行为，即以行为人的意思表示为要素的行为。行为人作出意思表示

应当具有相应的行为能力。

（2）事实行为，即与表达法律效果、特定精神内容无关的行为，如创作行为、侵权行为等。由于事实行为通常与表意无关，因此事实行为的构成通常不受行为人行为能力的影响。

本节考核的知识点

1. 法律关系的构成三要素——主体、内容、客体。
2. 引起法律关系发生、变更、消灭的原因——法律事实。

第2节 民事法律行为与代理

一、民事法律行为

（一）民事法律行为的概念与特征

民事法律行为是民事主体通过意思表示设立、变更、终止民事法律关系的行为。它是法律事实的一种，具有以下特征：

（1）民事法律行为是以达到一定的民事法律后果为目的的行为。这一方面表明民事法律行为应是行为人有意识创设的、自觉自愿的行为，而非受胁迫、受欺诈的行为；另一方面表明民事法律行为是行为人以达到预期目的为出发点和归宿的。民事法律行为的目的性是决定和实现行为的法律效果的基本依据。

（2）民事法律行为以意思表示为要素。意思表示是指行为人将其期望发生法律效果的内心意思，以一定方式表达于外部的行为。行为人仅有内心意思但不表达于外部，则不构成意思表示，法律行为也不能成立；行为人表达于外部的意思如果不是其内心的真实意思，法律行为原则上也不能成立。民事法律行为可以基于双方或者多方的意思表示一致成立，也可以基于单方的意思表示成立。

行为人可以撤回意思表示。撤回意思表示的通知应当在意思表示到达相对人前或者与意思表示同时到达相对人。有相对人的意思表示的解释，应当按照所使用的词句，结合相关条款、行为的性质和目的、习惯以及诚信原则，确定意思表示的含义。无相对人的意思表示的解释，不能完全拘泥于所使用的词句，而应当结合相关条款、行为的性质和目的、习惯以及诚信原则，确定行为人的真实意思。

法人、非法人组织依照法律或者章程规定的议事方式和表决程序作出决议的，该决议行为成立。

（二）民事法律行为的有效要件

民事法律行为自成立时生效，但是法律另有规定或者当事人另有约定的除外。行为人非依法律规定或者未经对方同意，不得擅自变更或者解除民事法律行为。民事法律行为的有效要件分为形式有效要件和实质有效要件。

1. 民事法律行为的形式有效要件

根据《民法典》的规定，民事法律行为可以采用书面形式、口头形式或者其他形式；法律、行政法规规定或者当事人约定采用特定形式的，应当采用特定形式。如果行为人对法律规定必须采用特定形式而未采用的，其所进行的法律行为则不发生法律效力。

书面形式可分为一般书面形式和特殊书面形式。特殊书面形式主要包括公证形式、鉴证形式、审核批准形式、登记形式、公告形式等。一般而言，书面形式优于口头形式，特殊书面形式优于一般书面形式。

其他形式主要有视听资料形式和沉默形式。根据最高人民法院有关司法解释的规定，当事人以录音、录像等视听资料形式实施的民事行为，如有两个以上无利害关系人作为证人或有其他证据证明该民事行为符合《民法典》规定的实质有效要件的，可以认定有效。一方当事人向对方当事人提出民事权利的要求，对方未用语言或文字明确表示意见，但其行为表明已接受的，可以认定为默示，不作为的默示只有在法律有规定、当事人双方有约定或者符合当事人之间的交易习惯的情况下，才可以视为意思表示。

2. 民事法律行为的实质有效要件

根据《民法典》的规定，法律行为应当具备下列实质有效要件：

（1）行为人具有相应的民事行为能力。民事行为能力是指法律确认公民、法人或者其他组织能够通过自己的行为实现民事权利、承担民事义务的资格。就自然人而言，完全民事行为能力人可以以自己的行为取得民事权利，履行民事义务；限制民事行为能力人只能从事与其年龄和智力发育相当的民事法律行为，其他民事法律行为由其法定代理人代理，或者征得法定代理人同意后独立实施；无民事行为能力人不能独立实施民事法律行为，必须由其法定代理人代理。无民事行为能力人、限制民事行为能力人实施接受奖励、赠与、报酬等纯获利益的民事法律行为时，他人不得以行为人无民事行为能力、限制民事行为能力为由，主张以上行为无效。

法人的民事行为能力是由法人核准登记的经营范围所决定的。但从维护相对人的利益和促进交易的角度出发，原则上认定法人超越经营范围从事的民事法律行为有效。

（2）行为人的意思表示真实。如果意思表示不真实（亦可称为有瑕疵），则不应产生法律效力。例如，行为人的意思表示是基于胁迫、欺诈的原因而作出的，则因其不能真实反映行为人的意志而不产生法律效力；行为人基于某种错误认识而导致意思表示与内心意志不一致的，则只有在存在重大错误的情况下，才有权请求人民法院或仲裁机关予以变更或撤销；行为人故意作出不真实的意思表示的，则该行为人无权主张行为无效，善意的相对人或第三人可根据情况主张行为无效。

（3）不违反法律、行政法规的强制性规定，不违背公序良俗。不违反法律、行政法规的强制性规定是指意思表示的内容不得与法律、法规的强制性或禁止性规定相抵触，也不得滥用法律、法规的授权性或任意性规定达到规避法律、法规强制规范的目的。不违背公序良俗是指法律行为在目的上和效果上不得损害社会经济秩序、社会公共秩序和社会公德，不得损害国家及各类社会组织和个人的利益。

（三）附条件和附期限的民事法律行为

1. 附条件的民事法律行为

这是指当事人在民事法律行为中约定一定的条件，并以将来该条件的成就（或发生）或不成就（或不发生）作为民事法律行为生效或不生效的根据。所附条件可以是事件，也可以是行为。能够作为民事法律行为所附条件的事实必须具备以下条件：一是将来发生的事实，已发生的事实不能作为条件；二是不确定的事实，即条件是否必然发生，当事人不能肯定；三是当事人任意选择的事实，而非法定的事实；四是合法的事实，不得以违法或违背道德的事实作为所附条件；五是所限制的是民事法律行为效力的发生或消灭，而不涉及民事法律行为的内容，即不与行为的内容相矛盾。如果所附的条件是违背法律规定或者不可能发生的，应当认定该民事行为无效。

按照所附条件对法律行为产生的效力不同，可以分为附延缓条件的民事法律行为和附解除条件的民事法律行为。

（1）附延缓条件的民事法律行为，是指民事法律行为中所确定的权利和义务在所附条件成就时才生效。也就是说，在延缓条件成就之前，民事法律行为已经成立，但是效力处于一种停止状态。条件成就之后，民事法律行为发生法律效力。

（2）附解除条件的民事法律行为，是指民事法律行为中所确定的权利和义务在所附条件成就时失去法律效力。附解除条件的民事法律行为在所附条件成就以前，已经发生法律效力，行为人已经开始行使权利和承担义务。当条件成就时，权利和义务则失去法律效力。

附条件的民事法律行为一旦成立，就已经在当事人之间产生法律关系，当事人各方均应受该法律关系的约束。因此，在条件成就未得到确定之前，行为人一方不得损害另一方将来条件成就时可能得到的利益。如果当事人为自己的利益不正当地促使条件成就的，应当认定条件没有成就；不正当地阻止条件成就的，应当认定条件已经成就。

2. 附期限的民事法律行为

这是指当事人在民事法律行为中约定一定的期限，并以该期限的到来作为民事法律行为生效或解除的根据。

按照期限对民事法律行为效力所起的作用不同，可以分为附延缓期限的民事法律行为和附解除期限的民事法律行为。

（1）附延缓期限的民事法律行为，是指民事法律行为虽然已经成立，但是在所附期限到来之前不发生效力，待到期限届至时，才发生法律效力。

（2）附解除期限的民事法律行为，是指在约定的期限到来时，民事法律行为所确定的法律效力消灭。

期限是必然要到来的事实，这是与附条件的民事法律行为所附条件的根本区别。民事法律行为所附期限可以是明确的期限，例如某年某月某日，也可以是不确定的期限，例如某公民死亡之日。

（四）无效的民事法律行为

1. 无效的民事法律行为的概念和特征

无效的民事法律行为是指因欠缺明示法律行为的有效条件，不发生当事人预期法律后果的民事行为。

无效的民事法律行为的特征是：

（1）自始无效。从行为开始时起就没有法律约束力。

（2）当然无效。不论当事人是否主张，是否知道，也不论是否经过人民法院或者仲裁机构确认，该民事法律行为当然无效。

（3）绝对无效。绝对不发生法律效力，不能通过当事人的行为进行补正。当事人通过一定行为消除无效原因，使之有效，这不是无效的民事法律行为的补正，而是消灭旧的民事法律行为，成立新的民事法律行为。

2. 无效的民事法律行为的种类

根据《民法典》的规定，下列几种民事法律行为无效：

（1）无民事行为能力人实施的民事法律行为。

（2）以虚假的意思表示实施的民事法律行为。

（3）恶意串通损害他人利益的民事法律行为。

（4）违反法律、行政法规的强制性规定或者公序良俗的民事法律行为。但是，该强制性规定不导致该民事法律行为无效的除外。

民事法律行为部分无效，不影响其他部分的效力的，其他部分仍然有效。

（五）可撤销的民事法律行为

1. 可撤销的民事法律行为的概念和特征

可撤销的民事法律行为，亦称相对无效的民事法律行为，是指可以因行为人自愿请求法院或仲裁机关予以变更或撤销而归于无效的民事法律行为。与无效的民事法律行为相比，具有以下特征：

（1）行为成立后的效力不同。可撤销的民事法律行为在撤销前已经生效，其法律效果可以对抗除撤销权人以外的任何人。而无效的民事法律行为在法律上当然无效，从一开始即不发生法律效力。

（2）主张权利的主体不同。可撤销的民事法律行为的撤销，应由撤销权人以撤销行为为之，人民法院不主动干预。无效的民事法律行为在内容上具有明显的违法性，故对无效的民事法律行为的确认，不以当事人的意志为转移，司法机关和仲裁机构可以在诉讼或仲裁过程中主动宣告其无效。

（3）行为效果不同。可撤销的民事法律行为的撤销权人对权利行使拥有选择权，当事人可以撤销其行为，也可通过承认的表示使得撤销权消灭。如果撤销权人未在规定的期限内行使撤销权，可撤销的民事法律行为将终局有效，不得再被撤销。可撤销的民事法律行为一经撤销，其效力溯及至行为开始，即自行为开始时无效。而无效的民事法律行为的后果则为自始无效、绝对无效。

（4）行使时间不同。可撤销的民事法律行为，其撤销权的行使有时间限制。而在无效的民事法律行为中，则不存在此种限制。

2. 可撤销的民事法律行为的种类

（1）因重大误解而为的民事法律行为。重大误解是指行为人因对行为的性质，对方当事人，标的物的品种、质量、规格和数量等的错误认识，使行为的后果与自己的真实意思相悖，并造成较大损失的情形。基于重大误解而为行为的当事人，对于因撤销民事法律行为而导致的相对人的损失，应当承担赔偿责任。

（2）显失公平的民事法律行为。显失公平的民事法律行为是指一方利用对方处于危困状态、缺乏判断能力等情形，致使民事法律行为成立时显失公平。对民事法律行为是否显失公平进行判断的时间点，应当以民事法律行为成立的时间点为标准。在民事法律行为成立以后发生的情势变化，导致双方利益显失公平的，不属于显失公平的民事法律行为，而应当按照诚实信用原则处理。

（3）受欺诈而为的民事法律行为。欺诈是指当事人一方故意编造虚假情况或者隐瞒真实情况，使对方陷入错误而为违背自己真实意思表示的行为。被欺诈的一方可以请求人民法院或者仲裁机构予以撤销。如果第三人实施欺诈行为，使一方在违背真实意思的情况下实施民事法律行为，对方知道或者应当知道该欺诈行为的，受欺诈方有权请求人民法院或者仲裁机构予以撤销。

（4）受胁迫而为的民事法律行为。受胁迫而为的民事法律行为是指以给公民或其亲友的生命健康、荣誉、名誉、财产等造成损害或者以给法人的荣誉、名誉、财产等造成损害相要挟，迫使对方作出违背真实意愿的意思表示。被胁迫的一方可以请求人民法院或者仲裁机构予以撤销。胁迫既可以来自民事法律行为的相对人，也可以来自第三人，其法律效果一样，均导致民事法律行为的可撤销。

3. 撤销权的消灭

根据《民法典》的规定，有下列情形之一的，撤销权消灭：

（1）当事人自知道或者应当知道撤销事由之日起1年内、重大误解的当事人自知道或者应当知道撤销事由之日起90日内没有行使撤销权；

（2）当事人受胁迫，自胁迫行为终止之日起1年内没有行使撤销权；

（3）当事人知道撤销事由后明确表示或者以自己的行为表明放弃撤销权；

（4）当事人自民事法律行为发生之日起5年内没有行使撤销权。

（六）效力待定的民事法律行为

效力待定的民事法律行为，是指民事法律行为成立时尚未生效，须经权利人追认才能生效的民事法律行为。追认的意思表示自到达相对人时生效。一旦追认，则民事法律行为自成立时起生效；如果权利人拒绝追认，则民事法律行为自成立时起无效。

效力待定的民事法律行为主要有以下几种类型：

（1）限制民事行为能力人依法不能独立实施的民事法律行为。《民法典》第一百四十五条规定，限制民事行为能力人实施的纯获利益的民事法律行为或者与其年龄、智力、精神健康状况相适应的民事法律行为有效；实施的其他民事法律行为经法定代理人同意或者追认后有效。故限制民事行为能力人依法不能独立实施的民事法律行为属于效力待定的民事法律行为。法定代理人的追认权性质上属于形成权。仅凭其单方面意思表示就可以使得效力待定的合同转化为有效合同。

法律在保护限制民事行为能力人合法权益的同时，为避免合同相对人的利益因为合同效力待定而受损，特别规定了相对人的催告权和善意相对人的撤销权。相对人可以催告法定代理人自收到通知之日起30日内予以追认。法定代理人未作表示的，视为拒绝追认。民事法律行为被追认之前，善意相对人有撤销的权利。撤销应当以通知的方式作出。其中的"善意"是指相对人在订立合同时不知道与其订立合同的人欠缺相应的行为能力。

（2）无权代理人实施的民事法律行为。根据《民法典》第一百七十一条的规定，行为人没有代理权、超越代理权或者代理权终止后，仍然实施代理行为，未经被代理人追认的，对被代理人不发生效力。相对人可以催告被代理人自收到通知之日起30日内予以追认。被代理人未作表示的，视为拒绝追认。民事法律行为被追认之前，善意相对人有撤销的权利。撤销应当以通知的方式作出。行为人实施的行为未被追认的，善意相对人有权请求行为人履行债务或者就其受到的损害请求行为人赔偿。但是，赔偿的范围不得超过被代理人追认时相对人所能获得的利益。相对人知道或者应当知道行为人无权代理的，相对人和行为人按照各自的过错承担责任。

（七）民事法律行为被确认无效或被撤销的法律后果

根据《民法典》第一百五十七条的规定，民事法律行为无效、被撤销或者确定不发生效力后，行为人因该行为取得的财产，应当予以返还；不能返还或者没有必要返还的，应当折价补偿。有过错的一方应当赔偿对方由此所受到的损失；各方都有过错的，应当各自承担相应的责任。法律另有规定的，依照其规定。另外，根据《民法典》第五百零七条的规定，合同不生效、无效、被撤销或者终止的，不影响合同中有关解决争议方法的条款的效力。

二、代理

（一）代理的概念与特征

代理是指代理人在代理权限内，以被代理人的名义与第三人实施法律行为，由此产生的法律后果直接由被代理人承担的法律制度。代理具有以下特征：

（1）代理人必须以被代理人的名义实施法律行为。非以被代理人的名义而是以自己的名义代替他人实施的法律行为，不属于代理行为，例如行纪、寄售等受托处分财产的行为。

（2）代理人在代理权限内独立地向第三人进行意思表示。非独立进行意思表示的行为，不属于代理行为，例如传递信息、居间行为等。

（3）代理行为的法律后果直接归属于被代理人。这使代理行为与无效代理行为、冒名欺诈等行为区别开来。

（二）滥用代理权的表现及后果

代理人不得滥用代理权。常见的滥用代理权的情形有：

（1）自己代理。即代理人以被代理人的名义与自己进行民事法律行为，但是被代理人同意或者追认的除外。

（2）双方代理。即代理人以被代理人的名义与自己同时代理的其他人实施民事法律行为，但是被代理的双方同意或者追认的除外。

（3）代理人和第三人恶意串通损害被代理人利益的，代理人和相对人应当承担连带责任。

（三）无权代理的表现及后果

无权代理是指没有代理权而以他人名义进行的代理行为。无权代理表现为三种形式：（1）没有代理权而实施的代理；（2）超越代理权实施的代理；（3）代理权终止后实施的代理。

在无权代理的情况下，只有经过被代理人的追认，被代理人才承担民事责任。未经追认的行为，由行为人承担民事责任。相对人可以催告被代理人自收到通知之日起30日内予以追认。被代理人未作表示的，视为拒绝追认。行为人实施的行为被追认前，善意相对人有撤销的权利。撤销应当以通知的方式作出。

行为人实施的行为未被追认的，善意相对人有权请求行为人履行债务或者就其受到的损害请求行为人赔偿，但是赔偿的范围不得超过被代理人追认时相对人所能获得的利益。相对人知道或者应当知道行为人无权代理的，相对人和行为人按照各自的过错承担责任。

无权代理人的代理行为客观上使善意相对人有理由相信其有代理权的，被代理人应当承担代理的法律后果，这种情况在法学理论上称为表见代理。表见代理应当具备如下构成要件：

（1）代理人无代理权。如果代理人实际拥有代理权，则为有权代理，不发生表见代理。

（2）相对人主观上为善意且无过失。指相对人不知道行为人所为的行为属于无权代理行为，且相对人的不知在主观上并无过错。

（3）客观上有使相对人相信无权代理人具有代理权的情形。存在客观事由，并使相对人相信无权代理人有代理权，是成立表见代理的根据。在实践中，通常表现为：合同签订人持有被代理人的介绍信或盖有印章的空白合同书，使得相对人相信其有代理权；无权代理人此前曾被授予代理权，且代理期限尚未结束，但实施代理行为时代理权已经终止。

（4）相对人基于这种客观情形而与无权代理人成立民事法律行为。相对人虽有理由相信其有代理权，但最后并未成立民事法律行为，不发生表见代理。只有在相对人相信其有代理权，并发生了民事法律行为时，才成立表见代理。

表见代理对于本人来说，产生与有权代理一样的效果。被代理人不得以无权代理作为抗辩事由，主张代理行为无效；对于相对人来说，既可以主张表见代理，使代理行为有效，也可以行使善意相对人的撤销权，使整个代理行为无效。

本节考核的知识点

民事法律行为与代理应当与“合同法”一章（第 6 章）结合起来。

1. 民事法律行为的实质有效要件。
2. 无效的民事法律行为、可撤销的民事法律行为、效力待定的民事法律行为的表现。
3. 代理的特征。
4. 无权代理与滥用代理权的表现及后果。

第 3 节　经济纠纷的解决途径

一、仲裁

（一）仲裁的概念及基本原则

仲裁是指发生纠纷的双方当事人，根据纠纷发生前或者纠纷发生后达成的协议或者有关规定，将该纠纷提交作为第三人的仲裁机构依照事实、法律和仲裁规则对纠纷居中裁断，并承认其作出有约束力的，明确双方权利、义务的裁决的一种活动。仲裁应遵循以下基本原则：

（1）协议仲裁原则。当事人采用仲裁方式解决纠纷，应当双方自愿，达成仲裁协议。仲裁协议是确定仲裁管辖权的基本根据，仲裁的管辖由当事人协议约定，不实行级别管辖和地域管辖。当事人达成仲裁协议，一方向人民法院起诉的，人民法院不予受理，但仲裁协议无效的除外。

（2）诚善、守信原则。仲裁应当诚实善意、讲究信用、信守承诺。

（3）据实、合法、公平合理原则。仲裁应当根据事实，符合法律规定，参照交易习惯，公平合理地解决纠纷。

（4）独立、公正仲裁原则。仲裁依法独立进行，不受行政机关、社会团体和个人的干涉。

（5）一裁终局原则。仲裁实行一裁终局的制度，仲裁裁决具有终局效力。仲裁裁决作出后，当事人不得就同一纠纷再申请仲裁或者向人民法院起诉。但裁决被人民法院依法裁定撤销的，当事人就该纠纷可以根据双方重新达成的仲裁协议申请仲裁，也可以向人民法院起诉。

（6）司法支持与监督原则。人民法院依法支持和监督仲裁。

（二）仲裁的适用范围

自然人、法人和其他组织之间发生的合同纠纷和其他财产权益纠纷，可以仲裁。根据《中华人民共和国仲裁法》（以下简称《仲裁法》）的规定，下列纠纷不能通过仲裁解决：（1）婚姻、收养、监护、扶养、继承纠纷；（2）应当由行政机关处理的行政争议。其他法律有特别规定的，从其规定。

（三）仲裁机构与仲裁员

1. 仲裁机构的设立

仲裁机构可以在直辖市和省、自治区人民政府所在地的市设立，也可以根据需要在其他设区的市设立，不按行政区划层层设立。仲裁机构由上述规定的市的人民政府组织有关部门和商会统一组建。其他确有需要设立仲裁机构的，由国务院司法行政部门批准后，参照上述规定组建。仲裁机构的设立，应当经省、自治区、直辖市的司法行政部门登记。中国国际商会设立组建的仲裁机构，由国务院司法行政部门登记。外国仲裁机构在中华人民共和国领域内设立业务机构、办理涉外仲裁业务的，由省、自治区、直辖市的司法行政部门登记，报国务院司法行政部门备案。

2. 仲裁机构的性质

仲裁机构是依法设立，为解决合同纠纷和其他财产权益纠纷提供公益性服务的非营利法人，包括仲裁委员会和其他开展仲裁业务的专门组织。仲裁机构经登记取得法人资格。仲裁机构独立于行政机关，与行政机关没有隶属关系。仲裁机构之间也没有隶属关系。

3. 仲裁机构的组成

仲裁机构的决策机构为委员会的，由主任1人、副主任2～4人和委员7～11人组成。主任、副主任和委员由法律、经济贸易专家和有实际工作经验的人员担任，其中法律、经济贸易专家不得少于2/3。仲裁机构的决策、执行机构主要负责人在任期间不得担任本机构仲裁员。在职公务员不得兼任仲裁机构的执行机构主要负责人。仲裁机构应当定期换届，每届任期5年。

4. 仲裁员

为保证仲裁公正合理，仲裁员应当由公道正派的人员担任，并符合下列条件之一：（1）通过国家统一法律职业资格考试取得法律职业资格，从事仲裁工作满8年的；（2）从事律师工作满8年的；（3）曾任法官满8年的；（4）从事法律研究、教学工作并具有高级职称的；（5）具有法律知识、从事经济贸易等专业工作并具有高级职称或者具有同等专业水平的。

有下列情形之一的，不得担任仲裁员：（1）无民事行为能力或者限制民事行为能力的；（2）受过刑事处罚的，但过失犯罪的除外；（3）根据法律规定，有不能担任仲裁员的其他情形的。

（四）仲裁协议的效力与仲裁管辖

仲裁协议内容的实现是以仲裁协议的有效为前提的。有下列情形之一的，仲裁协议无效：（1）约定的仲裁事项超出法律规定的仲裁范围的；（2）无民事行为能力人或者限制民事行为能力人订立的仲裁协议；（3）一方采取胁迫手段，迫使对方订立仲裁协议的。仲裁协议独立存在，合同的变更、解除、不生效、无效、被撤销或者终止，不影响仲裁协议的效力。仲裁庭有权确认合同的效力。纠纷涉及主从合同，主合同与从合同的仲裁协议约定不一致的，以主合同的约定为准。从合同没有约定仲裁协议的，主合同的仲裁协议对从合同当事人有效。公司股东、合伙企业的有限合伙人依照法律规定，以自己的名义，代表公司、合伙企业向对方当事人主张权利的，该公司、合伙企业与对方当事人签订的仲裁协议对其有效。法律规定当事人可以向人民法院提起民事诉讼，但未明确不能仲裁的，当事人订立的符合法律规定的仲裁协议有效。

当事人可以在仲裁协议中约定仲裁地。当事人对仲裁地没有约定或者约定不明确的，以管理案件的仲裁机构所在地为仲裁地。仲裁裁决视为在仲裁地作出。仲裁地的确定，不影响当事人或者仲裁庭根据案件情况约定或者选择在与仲裁地不同的合适地点进行合议、开庭等仲裁活动。

当事人对仲裁协议是否存在、有效等效力问题或者仲裁案件的管辖权有异议的，应当在仲裁规则规定的答辩期限内提出，由仲裁庭作出决定。当事人未经上述规定程序直接向人民法院提出异议的，人民法院不予受理。

当事人对仲裁协议效力或者管辖权决定有异议的，应当自收到决定之日起10日内，提请仲裁地的中级人民法院审查。当事人对仲裁协议无效或者仲裁案件无管辖权的裁定不服的，可以自裁定送达之日起10日内向上一级人民法院申请复议。人民法院应当在受理复议申请之日起1个月内作出裁定。人民法院的审查不影响仲裁程序的进行。

（五）仲裁程序

1. 仲裁申请和受理

当事人申请仲裁应当符合下列条件：（1）有仲裁协议；（2）有具体的仲裁请求和事实、理由；（3）属于法律规定的仲裁范围。

当事人应当向仲裁协议约定的仲裁机构申请仲裁。仲裁协议对仲裁机构约定不明确，但约定适用的仲裁规则能够确定仲裁机构的，由该仲裁机构受理；对仲裁规则也没有约定的，当事人可以补充协议；达不成补充协议的，由最先立案的仲裁机构受理。仲裁协议没有约定仲裁机构，当事人达不成补充协议的，可以向当事人共同住所地的仲裁机构提起仲裁；当事人没有共同住所地的，由当事人住所地以外最先立案的第三地仲裁机构受理。仲裁机构对申请人提出的仲裁申请，经过审查，认为符合法律规定的条件，决定予以仲裁的行为，即为受理。仲裁程序自仲裁申请提交至仲裁机构之日开始，但仅有申请还不能开始仲裁程序，只有经过仲裁委员会受理以后，仲裁程序才能真正开始。申请是受理的前提，受理是申请的结果。申请和受理的结合，标志着仲裁程序的开始。

当事人达成仲裁协议，一方向人民法院起诉未声明有仲裁协议，人民法院受理后，另一方在首次开庭前提交仲裁协议的，人民法院应当驳回起诉，但仲裁协议无效的除外；另一方在首次开庭前未对人民法院受理该案提出异议的，视为放弃仲裁协议，人民法院应当继续审理。

2. 临时措施

当事人在仲裁程序进行前或者进行期间，为了保障仲裁程序的进行、查明争议事实或者裁决执行，可以请求人民法院或者仲裁庭采取与争议标的相关的临时性、紧急性措施。临时措施包括财产保全、证据保全、行为保全和仲裁庭认为有必要的其他短期措施。

一方当事人因其他当事人的行为或者其他原因，可能使裁决不能执行、难以执行或者给当事人造成其他损害的，可以申请财产保全和行为保全。在证据可能灭失或者以后难以取得的情况下，当事人可以申请证据保全。当事人在提起仲裁前申请保全措施的，依照相关法律规定直接向人民法院提出。当事人提起仲裁后申请保全措施的，可以直接向被保全财产所在地、证据所在地、行为履行地、被申请人所在地或者仲裁地的人民法院提出，也可以向仲裁庭提出。当事人向人民法院提出保全措施申请的，人民法院应当依照相关法律规定及时作出保全措施。当事人向仲裁庭申请保全措施的，仲裁庭应当及时作出决定，并要求当事人提供担保。保全决定经由当事人或者仲裁机构提交有管辖权的人民法院后，人民法院应当根据相关法律规定及时执行。当事人因申请错误造成损害的，应当赔偿其他当事人因此所遭受的损失。

当事人申请其他临时措施的，仲裁庭应当综合判断采取临时措施的必要性与可行性，及时作出决定。前述规定的临时措施作出后，经一方当事人申请，仲裁庭认为确有必要的，可以决定修改、中止或者解除临时措施。临时措施决定需要人民法院提供协助的，当事人可以向人民法院申请协助执行，人民法院认为可以协助的，依照相关法律规定执行。临时措施需要在中华人民共和国领域外执行的，当事人可以直接向有管辖权的外国法院申请执行。仲裁庭组成前，当事人需要指定紧急仲裁员采取临时措施的，可以依照仲裁规则向仲裁机构申请指定紧急仲裁员。紧急仲裁员的权力保留至仲裁庭组成为止。

3. 仲裁庭的组成

仲裁庭可以由3名仲裁员或者1名仲裁员组成。由3名仲裁员组成的，设首席仲裁员。当事人约定由3名仲裁员组成仲裁庭的，应当各自选定1名仲裁员，未能选定的由仲裁机构指定；第3名仲裁员由当事人共同选定；当事人未能共同选定的，由已选定或者指定的2名仲裁员共同选定；2名仲裁员未能共同选定的，由仲裁机构指定。第3名仲裁员是首席仲裁员。当事人约定由1名仲裁员成立仲裁庭的，应当由当事人共同选定；当事人未能共同选定的，由仲裁机构指定。

仲裁员有下列情形之一的，必须回避，当事人也有权提出回避申请：（1）是本案当事人或者当事人、代理人的近亲属；（2）与本案有利害关系；（3）与本案当事人、代理人有其他关系，可能影响公正仲裁的；（4）私自会见当事人、代理人，或者接受当事人、代理人的请客送礼的。

4. 开庭和裁决

《仲裁法》规定：“仲裁不公开进行。当事人协议公开的，可以公开进行，但涉及国家秘密的除外。”此外，仲裁案件往往涉及商业秘密，因而也不便公开开庭。

仲裁裁决应当按照多数仲裁员的意见作出，仲裁庭不能形成多数意见时，裁决应当按照首席仲裁员的意见作出。仲裁裁决为终局裁决，裁决书自作出之日起发生法律效力。仲裁庭在作出裁决前，可以先行调解。当事人自愿调解的，仲裁庭应当调解。调解不成的，应及时作出裁决。调解达成协议的，仲裁庭应当制作调解书或者根据协议的结果制作裁决书。调解书与裁决书具有同等法律效力。

5. 仲裁裁决的效力

当事人应当履行仲裁裁决。一方当事人不履行的，另一方当事人可以按照《中华人民共和国民事诉讼法》（以下简称《民事诉讼法》）的有关规定向人民法院申请执行，受申请的人民法院应当执行。

当事人提出证据证明裁决有下列情形之一的，可以向仲裁地的中级人民法院申请撤销裁决：（1）没有仲裁协议或者仲裁协议无效的；（2）裁决的事项不属于仲裁协议的范围或者超出法律规定的仲裁范围的；（3）被申请人没有得到指定仲裁员或者进行仲裁程序的通知，或者其他不属于被申请人负责的原因未能陈述意见的；（4）仲裁庭的组成或者仲裁的程序违反法定程序或者当事人约定，以致严重损害当事人权利的；（5）裁决因恶意串通、伪造证据等欺诈行为取得的；（6）仲裁员在仲裁该案时有索贿受贿、徇私舞弊、枉法裁判行为的。当事人申请撤销裁决的，应当自收到裁决书之日起 3 个月内提出。

二、诉讼

（一）诉讼管辖

诉讼管辖是指各级人民法院之间以及不同地区的同级人民法院之间受理第一审经济案件的分工和权限。管辖有许多种类，主要有地域管辖、级别管辖和协议管辖等。

1. 地域管辖

地域管辖是指确定同级人民法院之间在各自管辖的地域内审理第一审经济案件的分工和权限。它又分为一般地域管辖和特殊地域管辖。

一般地域管辖是以被告住所地为依据来确定案件的管辖法院，即实行“原告就被告原则”，被告住所地与经常居住地不一致的，由经常居住地人民法院管辖。根据《民事诉讼法》的规定，有下列情况之一的，不适用“原告就被告”而由原告住所地人民法院管辖（原告住所地与经常居住地不一致的，由原告经常居住地人民法院管辖）：（1）对不在中华人民共和国领域内居住的人提起的有关身份关系的诉讼；（2）对下落不明或者宣告失踪的人提起的有关身份关系的诉讼；（3）对被采取强制性教育措施的人提起的诉讼；（4）对被监禁的人提起的诉讼。

特殊地域管辖是以诉讼标的所在地，或引起法律关系发生、变更、消灭的法律事实所在地为依据确定管辖。适用特殊地域管辖的主要有以下几种情况：第一，因合同纠纷提起的诉讼，由被告住所地或者合同履行地人民法院管辖；第二，因保险合同纠纷提起的诉讼，由被告住所地或者保险标的物所在地人民法院管辖；第三，因票据纠纷提起的诉讼，由票据支付地或者被告住所地人民法院管辖；第四，因公司设立、确认股东资格、分配利润、解散等纠纷提起的诉讼，由公司住所地人民法院管辖；第五，因铁路、公路、水上、航空运输和联合运输合同纠纷提起的诉讼，由运输始发地、目的地或者被告住所地人民法院管辖；第六，因侵权行为提起的诉讼，由侵权行为地或者被告住所地人民法院管辖；第七，因铁路、公路、水上和航空事故请求损害赔偿提起的诉讼，由事故发生地或者车辆、船舶最先到达地、航空器最先降落地或者被告住所地人民法院管辖；第八，因船舶碰撞或者其他海事损害事故请求损害赔偿提起的诉讼，由碰撞发生地、碰撞船舶最先到达地、加害船舶被扣留地或者被告住所地人民法院管辖；第九，因海难救助费用提起的诉讼，由救助地或者被救助船舶最先到达地人民法院管辖；第十，因共同海损提起的诉讼，由船舶最先到达地、共同海损理算地或者航程终止地人民法院管辖。

2. 级别管辖

级别管辖是指根据案件的性质、影响范围来划分上下级人民法院受理第一审经济案件的分工和权限。我国人民法院分为四级，即基层人民法院、中级人民法院、高级人民法院和最高人民法院。按照《民事诉讼法》的规定，原则上第一审民事案件应由基层人民法院管辖；但法律另有规定的除外。但中级人民法院管辖下列第一审民事案件：（1）重大的涉外案件；（2）在本辖区有重大影响的案件；（3）最高人民法院确定由中级人民法院管辖的案件。高级人民法院管辖在本辖区有重大影响的第一审民事案件。最高人民法院管辖下列第一审民事案件：（1）在全国有重大影响的案件；（2）认为应当由最高人民法院审理的案件。

两个以上人民法院都有管辖权的诉讼，原告可以向其中一个人民法院起诉；原告向两个以上有管辖权的人民法院起诉的，由最先立案的人民法院管辖。

3. 协议管辖

协议管辖又称合意管辖或者约定管辖，是指双方当事人在合同纠纷、其他财产权益纠纷发生之前或之后，以书面协议的方式选择被告住所地、合同履行地、合同签订地、原告住所地、标的物所在地等与争议有实际联系的地点的人民法院管辖，但不得违反《民事诉讼法》对级别管辖和专属管辖的规定。

（二）诉讼时效

1. 诉讼时效的概念及特点

诉讼时效是指请求权不行使达一定期间而失去国家强制力保护的制度。其特点是：

（1）诉讼时效以权利人不行使法定权利的事实状态的存在为前提。

（2）诉讼时效届满消灭的是胜诉权，不消灭实体权利。诉讼时效期间届满后，当事人自愿履行义务的，不受诉讼时效限制。义务人履行了义务后，又以诉讼时效期间届满为由抗辩的，法律不予支持。

（3）诉讼时效具有普遍性和强制性，除法律有特殊规定外，当事人均应普遍适用，不得作任何变更。当事人违反法律规定，约定延长或者缩短诉讼时效期间、预先放弃诉讼时效利益的，人民法院不予认可。

2. 诉讼时效的适用对象

诉讼时效并非适用于所有的请求权，《民法典》第一百九十六条规定，下列请求权不适用诉讼时效的规定：（1）请求停止侵害、排除妨碍、消除危险；（2）不动产物权和登记的动产物权的权利人请求返还财产；（3）请求支付抚养费、赡养费或者扶养费；（4）依法不适用诉讼时效的其他请求权。

当事人可以对债权请求权提出诉讼时效抗辩，但对下列债权请求权提出诉讼时效抗辩的，人民法院不予支持：（1）支付存款本金及利息请求权；（2）兑付国债、金融债券以及向不特定对象发行的企业债券本息请求权；（3）基于投资关系产生的缴付出资请求权；（4）其他依法不适用诉讼时效规定的债权请求权。

与诉讼时效相近的一个概念是除斥期间。除斥期间是指法律规定某种权利预定存续的期间，债权人在此期间不行使权利，预定期间届满，便可发生该权利消灭的法律后果。如根据《民法典》第一千一百二十四条的规定，受遗赠人应当在知道受遗赠后 60 日内，作出接受或者放弃受遗赠的表示；到期没有表示的，视为放弃受遗赠。60 日即为受遗赠权的除斥期间。诉讼时效和除斥期间都是以一定的事实状态存在和一定期间的经过为条件而发生一定的法律后果，都属于法律事实中的事件。但两者有如下区别：(1) 适用对象不同。诉讼时效适用于债权请求权；除斥期间一般适用于形成权，如追认权、解除权、撤销权等。(2) 可以援用的主体不同。人民法院不能主动援用诉讼时效，诉讼时效须由当事人主张后，人民法院才能审查；除斥期间无论当事人是否主张，人民法院均可主动审查。(3) 法律效力不同。诉讼时效届满只是让债务人取得抗辩权，债权人实体权利不消灭；除斥期间届满，实体权利消灭。

3. 诉讼时效期间与起算

根据《民法典》第一百八十八条的规定，向人民法院请求保护民事权利的诉讼时效期间为 3 年。法律另有规定的，依照其规定。诉讼时效期间自权利人知道或者应当知道权利受到损害以及义务人之日起计算。法律另有规定的，依照其规定。但是，自权利受到损害之日起超过 20 年的，人民法院不予保护，有特殊情况的，人民法院可以根据权利人的申请决定延长。在不同的民事法律关系中，诉讼时效的起算时间不同：(1) 附条件或附期限的债的请求权，从条件成就或期限届满之日起算；(2) 约定有履行期限的债的请求权，从清偿期届满之日起算。当事人约定同一债务分期履行的，诉讼时效期间自最后一期履行期限届满之日起计算；(3) 未约定履行期限的合同，依照《民法典》第五百一十条、第五百一十一条的规定，可以确定履行期限的，诉讼时效期间从履行期限届满之日起计算；不能确定履行期限的，诉讼时效期间从债权人要求债务人履行义务的宽限期届满之日起计算，但债务人在债权人第一次向其主张权利之时明确表示不履行义务的，诉讼时效期间从债务人明确表示不履行义务之日起计算；(4) 无民事行为能力人或者限制民事行为能力人对其法定代理人的请求权的诉讼时效期间，自该法定代理终止之日起计算；(5) 未成年人遭受性侵害的损害赔偿请求权的诉讼时效期间，自受害人年满 18 周岁之日起计算；(6) 请求他人不作为的债权请求权，应当自权利人知道义务人违反不作为义务时起算；(7) 国家赔偿的诉讼时效的起算，自赔偿请求人知道或者应当知道国家机关及其工作人员行使职权时的行为侵犯其人身权、财产权之日起计算，但被羁押等限制人身自由期间不计算在内。

4. 诉讼时效的中止、中断

(1) 诉讼时效的中止。诉讼时效的中止是指诉讼时效进行中，因发生一定的法定事由而使权利人不能行使请求权，暂时停止计算诉讼时效期间，以前经过的时效期间仍然有效，待阻碍时效进行的事由消失后，继续计算诉讼时效期间。根据《民法典》第一百九十四条的规定，在诉讼时效期间的最后 6 个月内，因不可抗力或其他障碍不能行使请求权的，诉讼时效中止。

诉讼时效的中止必须因法定事由而发生。这些法定事由包括两大类：一是不可抗力。二是阻碍权利人行使请求权的其他障碍，包括无民事行为能力人或者限制民事行为能力人没有法定代理人，或者法定代理人死亡、丧失民事行为能力、丧失代理权；继承开始后未确定继承人或者遗产管理人；权利人被义务人或者其他人控制；其他导致权利人不能行使请求权的障碍。

根据《民法典》的规定，只有在诉讼时效期间的最后6个月内发生上述事由的，才能中止诉讼时效。如果在诉讼时效期间的最后6个月前发生上述法定事由，到最后6个月开始时法定事由已消除的，则不能发生诉讼时效中止；如果该法定事由到最后6个月开始时仍然继续存在，则应自最后6个月开始时中止诉讼时效，直到该障碍消除。

在诉讼时效中止的情况下，在时效中止的法定事由消除后，诉讼时效始终剩下6个月。即自中止时效的法定事由消除之日起满6个月，诉讼时效期间届满。在《民法典》规定的最长诉讼时效期间内，诉讼时效中止的持续时间没有限制。

（2）诉讼时效的中断。诉讼时效的中断是指在诉讼时效进行中，因发生一定的法定事由，致使已经经过的时效期间统归无效，待时效中断的法定事由消除后，诉讼时效期间重新计算。

根据《民法典》的规定，引起诉讼时效中断的事由有：1）权利人向义务人提出履行请求；2）义务人同意履行义务；3）权利人提起诉讼或者申请仲裁；4）与提起诉讼或者申请仲裁具有同等效力的其他情形。

诉讼时效中断的事由发生后，已经过的时效期间归于无效，中断事由存续期间，时效不进行，中断事由终止时，重新计算时效期间。诉讼时效的中断可以多次进行，但不得超过法律规定的20年的最长诉讼时效期间。

（三）审判程序

审判程序包括第一审程序、第二审程序、审判监督程序等。

1. 第一审程序

第一审程序是指各级人民法院审理第一审经济案件适用的程序，分为普通程序、简易程序。

（1）普通程序是经济案件审判中最基本的程序，主要包括以下内容：

1）起诉和受理。起诉必须符合下列法定条件：原告是与本案有直接利害关系的公民、法人和其他组织；有明确的被告；有具体的诉讼请求和事实、理由；属于人民法院受理民事诉讼的范围和受诉人民法院管辖。人民法院接到起诉状或口头起诉后，经审查认为符合起诉条件的，应当在7日内立案，并通知当事人。

2）审理前的准备。人民法院应当在立案之日起5日内将起诉状副本发送被告，被告在收到之日起15日内提出答辩状。被告提出答辩状的，人民法院在收到之日起5日内将答辩状副本发送原告；被告不提出答辩状的，不影响人民法院审理。

3）开庭审理。开庭审理一般都公开进行，但遇下列情况时不公开进行审理：涉及国家秘密；涉及个人隐私；当事人申请不公开审理的；法律另有规定。

4）判决和裁定。人民法院对公开审理或者不公开审理的案件，一律公开宣告判决。当庭宣判的，应当在10日内发送判决书；定期宣判的，宣判后立即发给判决书。宣告判决时，必须告知当事人上诉权利、上诉期限和上诉的法院。人民法院在审理案件或者执行判决过程中，对程序上发生的问题或某些必须在判决前先行及时解决的问题所作的裁定适用于下列范围：不予受理；对管辖权有异议的；驳回起诉；财产保全和先予执行；准许或者不准许撤诉；中止或者终结诉讼；补正判决书中的笔误；中止或者终结执行；撤销或者不予执行仲裁裁决；不予执行公证机关赋予强制执行效力的债权文书；其他需要裁定解决的事项。

《民事诉讼法》规定，基层人民法院审理的基本事实清楚、权利义务关系明确的第一审民事案件，可以由审判员一人适用普通程序独任审理。

（2）简易程序是指基层人民法院及其派出的人民法庭，审理简单民事案件所适用的既独立又简便易行的诉讼程序。简易程序适用于事实清楚、权利与义务关系明确、争议不大的简单案件。由审判员一人独任审理，不受普通程序中的法庭调查、法庭辩论等程序的限制。

2. 第二审程序

第二审程序又称上诉程序，是指上级人民法院审理当事人不服第一审人民法院尚未生效的判决和裁定而提起的上诉案件所适用的程序。我国实行两审终审制。对判决上诉的期限为15日，对裁定提起上诉的期限为10日。从判决书、裁定书送达之日起算。根据《民事诉讼法》的规定，中级人民法院对第一审适用简易程序审结或者不服裁定提起上诉的第二审民事案件，事实清楚、权利义务关系明确的，经双方当事人同意，可以由审判员一人独任审理。但下列民事案件，不得由审判员一人独任审理：（1）涉及国家利益、社会公共利益的案件；（2）涉及群体性纠纷，可能影响社会稳定的案件；（3）人民群众广泛关注或者其他社会影响较大的案件；（4）属于新类型或者疑难复杂的案件；（5）法律规定应当组成合议庭审理的案件；（6）其他不宜由审判员一人独任审理的案件。

人民法院在审理过程中，发现案件不宜由审判员一人独任审理的，应当裁定转由合议庭审理。当事人认为案件由审判员一人独任审理违反法律规定的，可以向人民法院提出异议。人民法院对当事人提出的异议应当审查，异议成立的，裁定转由合议庭审理；异议不成立的，裁定驳回。

第二审人民法院对上诉案件经过审理，按照下列情况分别处理：（1）原判决、裁定认定事实清楚，适用法律正确的，以判决、裁定方式驳回上诉，维持原判决、裁定；（2）原判决、裁定认定事实错误或者适用法律错误的，以判决、裁定方式依法改判、撤销或者变更；（3）原判决认定基本事实不清的，裁定撤销原判决，发回原审人民法院重审，或者查清事实后改判；（4）原判决遗漏当事人或者违法缺席判决等严重违反法定程序的，裁定撤销原判决，发回原审人民法院重审。第二审人民法院的判决、裁定，是终审的判决、裁定。当事人对重审案件的判决、裁定可以上诉。

3. 审判监督程序

根据《民事诉讼法》的规定，各级人民法院院长对本院已经发生法律效力的判决、裁定、调解书，发现确有错误，认为需要再审的，应当提交审判委员会讨论决定。最高人民法院对地方各级人民法院、上级人民法院对下级人民法院已经发生法律效力的判决、裁定、调解书，发现确有错误的，有权提审或者指令下级人民法院再审。

当事人对已经发生法律效力的判决、裁定，认为有错误的，可以向上一级人民法院申请再审；当事人一方人数众多或者当事人双方为公民的案件，也可以向原审法院申请再审，但不停止判决、裁定的执行。

根据《最高人民法院关于适用〈中华人民共和国民事诉讼法〉的解释》的规定，当事人申请再审，有下列情形之一的，人民法院不予受理：再审申请被驳回后再次提出申请的；对再审判决、裁定提出申请的；在人民检察院对当事人的申请作出不予提出再审检察建议或者抗诉决定后又提出申请的。

4. 执行程序

对发生法律效力的判决、裁定、调解书和其他应由人民法院执行的法律文书，当事人必须履行。一方拒绝履行的，对方当事人可以向人民法院申请执行。申请执行的期间为2年，从法律文书规定履行期间的最后一日起计算；法律文书规定分期履行的，从最后一期履行期限届满之日起计算；法律文书未规定履行期间的，从法律文书生效之日起计算。

本节考核的知识点

1. 仲裁的基本原则、适用范围。
2. 仲裁协议的效力。
3. 诉讼管辖的确定。
4. 诉讼时效期间、起算、中止与中断。
5. 审判程序。

第1章即测即评

练习题

选择题

1. 下列各项中，可以成为法律关系主体的有（　　）。

A. 合伙企业　　B. 清华大学

C. 宋庆龄基金会　　D. 基层群众性自治组织

2. 下列各项中，可以成为我国经济法律关系客体的有（　　）。

A. 自然人　　B. 发明专利

C. 劳务　　D. 物质资料

3. 下列各项中，能够引起法律关系发生、变更和消灭的事实有（　　）。

A. 自然灾害　　B. 公民死亡

C. 签订合同　　D. 提起诉讼

4. 下列各项中，属于可撤销的民事法律行为的有（　　）。

A. 显失公平的民事法律行为

B. 因重大误解而为的民事法律行为

C. 限制行为能力人实施的民事法律行为

D. 恶意串通损害第三人利益的民事法律行为

5. 根据《民法典》的规定，下列选项中，属于无效的民事法律行为的是（　　）。

A. 限制民事行为能力人实施的民事法律行为

B. 恶意串通损害相对人利益的民事法律行为

C. 所附条件尚未成就的附条件民事法律行为

D. 因重大误解而为的民事法律行为

6. 关于滥用代理权，下列说法正确的有（　　）。

A. 滥用代理权属于无效代理，由代理人承担责任

B. 以被代理人的名义与自己进行民事法律行为属于滥用代理权

C. 滥用代理权，经被代理人追认后，属于无权代理

D. 代理双方进行同一民事法律行为，属于无权代理

7. 下列表述正确的有（　　）。

A. 仲裁裁决为终局裁决

B. 仲裁开庭并公开审理

C. 当事人不服仲裁裁决的，可向人民法院起诉

D. 仲裁以双方当事人达成仲裁协议为条件

8. 2023 年 3 月 3 日，张某向李某借款 20 万元，双方未签订书面借款合同，亦未约定借款期限。2023 年 9 月 9 日，李某首次要求还款，并给予张某 1 个月还款期；张某当即称从未向李某借款，拒绝返还。根据《民法典》的规定，李某要求张某返还借款的诉讼时效期间起算日为（　　）。

A. 2023 年 3 月 3 日　　B. 2023 年 9 月 9 日

C. 2023 年 10 月 9 日　　D. 2024 年 4 月 3 日

9. 因票据纠纷提起诉讼的，有管辖权的人民法院有（　　）。

A. 原告住所地　　B. 被告住所地

C. 票据签发地　　D. 票据支付地

10. 下列有关诉讼时效的表述中，正确的是（　　）。

A. 诉讼时效期间从权利人的权利受到损害之日起计算

B. 权利人提起诉讼是诉讼时效中止的法定事由之一

C. 只有在诉讼时效期间的最后 6 个月内发生诉讼时效中止的法定事由，才能中止时效的进行

D. 诉讼时效中止的法定事由发生之后，已经经过的时效期间统归无效

第 2 章

企业法

学习目标

掌握：

1. 普通合伙企业的设立；
2. 普通合伙企业合伙事务的执行；
3. 普通合伙企业的损益分配；
4. 普通合伙企业和合伙人的债务清偿；
5. 普通合伙企业的入伙与退伙；
6. 普通合伙企业与有限合伙企业的区别。

熟悉：

1. 普通合伙企业的财产；
2. 个人独资企业的事务管理。

了解：

1. 个人独资企业的特征；
2. 个人独资企业的解散与清算；
3. 合伙企业的解散与清算。

第 1 节　个人独资企业法律制度

一、个人独资企业的概念及特征

个人独资企业是指在中国境内设立，由一个自然人投资，财产为投资人个人所有，投资人以其个人财产对企业债务承担无限责任的经营实体。个人独资企业具有以下特征：

（1）个人独资企业由一个自然人投资。国家机关、国家授权投资的机构或者授权的部门、企业、事业单位等都不能成为个人独资企业的设立人。

（2）个人独资企业的投资人对企业的债务承担无限责任。当企业的资产不足以清偿到期债务时，投资人应以自己个人的全部财产用于清偿。

(3) 个人独资企业的内部机构设置简单，经营管理方式灵活。

(4) 个人独资企业是非法人企业。个人对企业不具有法人资格，也无独立承担民事责任的能力，但个人独资企业是独立的民事主体，可以自己的名义从事民事活动。

二、个人独资企业的设立

(一) 设立条件

(1) 投资人为一个自然人且只能是中国公民。公务员、党政机关领导干部、警官、法官、检察官、商业银行工作人员等不得作为投资人申请设立个人独资企业。

(2) 有合法的企业名称。个人独资企业的名称中不得使用“有限”“有限责任”“公司”等字样。

(3) 有投资人申报的出资。设立个人独资企业可以用货币、实物、土地使用权、知识产权或者其他财产权利出资。投资人可以个人财产出资，也可以家庭共有财产作为个人出资。以家庭共有财产作为个人出资的，投资人应当在登记申请书上予以注明。如果是以家庭共有财产出资，则要以家庭共有财产对企业的债务承担无限责任。

(4) 有固定的生产经营场所和必要的生产经营条件。

(5) 有必要的从业人员。

(二) 设立程序

(1) 提出申请。申请设立个人独资企业的，应当由投资人或者其委托的代理人向个人独资企业所在地的登记机关提出设立申请。

(2) 工商登记。登记机关应当在收到设立申请文件之日起15日内决定是否予以登记。予以登记的，发给营业执照，营业执照的签发日期为个人独资企业的成立日期。

三、个人独资企业的事务管理

(一) 自行管理

个人独资企业的投资人可以自行管理企业事务。

(二) 委托管理

采用委托管理的，投资人应当与受托人或者被聘用的人签订书面委托合同，投资人对受托人或者被聘用的人员职权的限制，不得对抗善意第三人。受托人或者被聘用的人不得有下列行为：(1) 利用职务上的便利，索取或者收受贿赂；(2) 利用职务或者工作上的便利侵占企业财产；(3) 挪用企业的资金归个人使用或者借贷给他人；(4) 擅自将企业资金以个人名义或者以他人名义开立账户储存；(5) 擅自以企业财产提供担保；(6) 未经投资人同意，从事与本企业相竞争的业务；(7) 未经投资人同意，同本企业订立合同或者进行交易；(8) 未经投资人同意，擅自将企业商标或者其他知识产权转让给他人使用；(9) 泄露本企业的商业秘密；(10) 法律、行政法规禁止的其他行为。

四、个人独资企业的解散和清算

（一）解散的原因

（1）投资人决定解散。

（2）投资人死亡或者被宣告死亡，无继承人或者继承人决定放弃继承。

（3）被依法吊销营业执照。

（二）清算

（1）确定清算人。由投资人自行清算或者由债权人申请人民法院指定清算人进行清算。

（2）债权申报。投资人自行清算的，应当在清算前15日内通知债权人，无法通知的，应当予以公告。债权人应当在接到通知之日起30日内，未接到通知的债权人应当在公告之日起60日内，向投资人申报债权。

（3）财产清偿顺序。个人独资企业解散的，财产应当按照下列顺序清偿：1）所欠职工工资和社会保险费用；2）所欠税款；3）其他债务。

（4）投资人的持续偿债责任。个人独资企业解散后，原投资人对个人独资企业存续期间的债务仍应承担偿还责任，但债权人在5年内未向债务人提出偿债请求的，该责任消灭。

（5）注销登记。个人独资企业清算结束后，投资人或者人民法院指定的清算人应编制清算报告，并于清算结束之日起15日内到原登记机关办理注销登记。

本节考核的知识点

1. 个人独资企业的设立条件：重点掌握投资人的资格要求、出资方式及要求。

2. 个人独资企业的事务管理：重点掌握委托管理方式下对投资人和受托人的要求。

3. 个人独资企业的解散和清算：重点掌握财产清偿顺序、投资人的持续偿债责任。

第2节 合伙企业法律制度

合伙企业是指自然人、法人和其他组织依照《中华人民共和国合伙企业法》（以下简称《合伙企业法》）在中国境内设立的普通合伙企业和有限合伙企业。

一、普通合伙企业

（一）普通合伙企业的概念和特点

普通合伙企业是指由普通合伙人组成，合伙人对合伙企业债务承担无限连带责任的一种合伙企业。其特点是：

（1）由两个以上普通合伙人组成；

（2）除法律另有规定外，合伙人对合伙企业债务依法承担无限连带责任。

（二）普通合伙企业的设立

1. 设立的条件

（1）有两个以上普通合伙人。合伙人可以是自然人、法人或者其他组织。合伙人为自然人的，应当具有完全民事行为能力。国有独资公司、国有企业、上市公司以及公益性的事业单位、社会团体不得成为普通合伙人。

（2）有书面合伙协议。合伙协议经全体合伙人签名、盖章后生效。修改或者补充合伙协议，应当经全体合伙人一致同意，但是，合伙协议另有约定的除外。

（3）有合伙人认缴或实际缴付的出资。合伙人可以用货币、实物、土地使用权、知识产权或者其他财产权利出资，也可以用劳务出资。合伙人以劳务出资的，其评估办法由全体合伙人协商确定，并在合伙协议中载明。

（4）有合伙企业的名称和生产经营场所。普通合伙企业应当在其名称中标明“普通合伙”字样，特殊的普通合伙企业应当在其名称中标明“特殊普通合伙”字样。

（5）法律、行政法规规定的其他条件。

2. 登记与备案事项

合伙企业应当向登记机关登记以下事项：（1）名称；（2）合伙类型；（3）经营范围；（4）主要经营场所；（5）合伙人的出资额；（6）执行事务合伙人；（7）合伙人名称或者姓名、住所、承担责任方式；（8）法律、行政法规规定的其他事项。

合伙企业还应当向登记机关备案以下事项：（1）合伙协议；（2）合伙期限；（3）合伙人认缴或者实际缴付的出资数额、缴付期限和出资方式；（4）合伙企业登记联络员；（5）合伙企业受益所有人（即最终控制或者享有企业收益的人）相关信息；（6）法律、行政法规规定的其他事项。

申请人申请合伙企业设立登记，登记机关依法予以登记的，签发营业执照。营业执照签发日期为合伙企业的成立日期。法律、行政法规或者国务院决定规定设立合伙企业须经批准的，应当在批准文件有效期内向登记机关申请登记。合伙企业设立分支机构，应当向分支机构所在地的登记机关申请登记。

（三）普通合伙企业的财产

（1）普通合伙企业财产的构成。合伙人的出资以及以企业名义取得的收益和依法取得的其他财产，如合法接受的赠与财产、因遭受侵权而获得的赔偿金等。

（2）普通合伙企业财产的性质。普通合伙企业的财产具有独立性和完整性。独立性是指合伙企业的财产独立于合伙人。合伙人缴纳出资以后，一般说来，便丧失了对其作为出资部分的财产的所有权或者持有权、占有权。合伙企业的财产权主体是合伙企业，而不是单独的每一个合伙人。完整性是指合伙企业的财产作为一个完整的统一体而存在，合伙人对合伙企业财产权益的表现形式，仅是依照合伙协议所确定的财产收益份额或者比例。

合伙人在合伙企业清算前，不得请求分割合伙企业的财产，但是法律另有规定的除外。合伙人在合伙企业清算前私自转移或处分合伙企业财产的，合伙企业不得以此对抗善意第三人。在确认善意取得的情况下，合伙企业的损失只能向合伙人进行追索而不能向善意第三人追索。

（3）合伙人财产份额的转让。

1）外部转让：除合伙协议另有约定外，合伙人向合伙人以外的人转让其在合伙企业中的全部或者部分财产份额时，须经其他合伙人一致同意。

2）内部转让：合伙人之间转让在合伙企业中的全部或者部分财产份额时，无须经过其他合伙人的同意，只需通知其他合伙人。

合伙人向合伙人以外的人转让其在合伙企业中的财产份额的，在同等条件下，其他合伙人有优先购买权；但是，合伙协议另有约定的除外。

（4）合伙人财产份额出质。合伙人以其在合伙企业中的财产份额出质的，须经其他合伙人一致同意；未经其他合伙人一致同意，其行为无效，由此给善意第三人造成损失的，由行为人依法承担赔偿责任。

（四）普通合伙企业合伙事务的执行

1.执行的形式

（1）共同执行。在采取这种形式的合伙企业中，按照合伙协议的约定，各个合伙人都直接参与经营，处理合伙企业的事务，对外代表合伙企业。

（2）委托执行。按照合伙协议的约定或者经全体合伙人决定，委托一名或者数名合伙人执行合伙企业事务，对外代表合伙企业，其他合伙人不再执行合伙事务。合伙企业对合伙人执行合伙事务以及对外代表合伙企业权利的限制，不得对抗善意第三人。

除协议另有约定外，下列事项应当经全体合伙人一致同意：（1）改变合伙企业的名称；（2）改变合伙企业的经营范围、主要经营场所的地点；（3）处分合伙企业的不动产；（4）转让或者处分合伙企业的知识产权和其他财产权利；（5）以合伙企业名义为他人提供担保；（6）聘任合伙人以外的人担任合伙企业的经营管理人员。

2.合伙人的权利和义务

（1）合伙人的权利：1）平等享有执行合伙事务的权利；2）执行合伙事务的合伙人享有对外代表合伙企业的权利；3）不执行合伙事务的合伙人享有监督权；4）每个合伙人都享有查阅账簿权；5）每个合伙人都享有提出异议权和撤销委托权。

（2）合伙人的义务：1）合伙事务执行人向不参加执行事务的合伙人报告企业经营状况和财务状况；2）合伙人不得自营或者同他人合作经营与本合伙企业相竞争的业务（即竞业禁止）；3）除合伙企业另有约定或者经全体合伙人一致同意外，合伙人不得同本合伙企业进行交易；4）合伙人不得从事损害本合伙企业利益的活动。

3.普通合伙企业的损益分配

（1）按照合伙协议的约定办理；

（2）合伙协议未约定或者约定不明确的，由合伙人协商决定；

（3）协商不成的，由合伙人按照实缴出资比例分配、分担；

（4）无法确定出资比例的，由合伙人平均分配、分担；

（5）合伙协议不得约定将全部利润分配给部分合伙人或者由部分合伙人承担全部亏损。

4. 非合伙人参与经营管理

除协议另有约定外，经全体合伙人一致同意，可以聘任合伙人以外的人对合伙企业进行经营管理，被聘任的人员仅仅是企业的经营管理人员，不是合伙人。

（五）普通合伙企业和合伙人的债务清偿

1. 清偿的顺序

普通合伙企业对其债务应先以其全部财产进行清偿，只有当合伙企业财产不足清偿时，才由合伙人以其个人财产进行清偿；合伙企业不能清偿到期债务的，合伙人承担无限连带责任。合伙人之间的分担比例对债权人没有约束力。债权人可以根据自己的清偿利益，请求全体合伙人中的一人或数人承担全部清偿责任，也可以按照自己确定的比例向各合伙人分别追索。如果某一合伙人实际支付的清偿数额超过其依照既定比例所应承担的数额，该合伙人有权就超过部分向其他未支付或者未足额支付应承担数额的合伙人追偿。

2. 对债权人的要求

（1）合伙人发生与合伙企业无关的债务，相关债权人不得以该债权抵销其对合伙企业的债务。

（2）合伙人个人负有债务，其债权人不得代位行使该合伙人在合伙企业中的权利。

（3）合伙人的自有财产不足清偿其与合伙企业无关的债务的，该合伙人可以以其从合伙企业中分取的收益用于清偿；债权人也可以依法请求人民法院强制执行该合伙人在合伙企业中的财产份额用于清偿。在强制执行个别合伙人在企业中的财产份额时，其他合伙人有优先购买权。

（六）入伙与退伙

1. 入伙

（1）入伙的条件。新合伙人入伙，除合伙协议另有约定外，应当经全体合伙人一致同意，并依法订立书面入伙协议。

（2）入伙的后果。入伙的新合伙人与原合伙人享有同等权利，承担同等责任。入伙协议另有约定的，从其约定。新合伙人对入伙前合伙企业的债务承担无限连带责任。

2. 退伙

（1）退伙的原因。

1）协议退伙。合伙协议约定合伙期限的，在合伙企业存续期间，有下列情形之一的，合伙人可以退伙：①合伙协议约定的退伙事由出现；②经全体合伙人一致同意；③发生合伙人难以继续参加合伙的事由；④其他合伙人严重违反合伙协议约定的义务。

2）通知退伙。合伙协议未约定合伙期限的，合伙人在不给合伙企业事务执行造成不利影响的情况下，可以退伙，但应当提前30日通知其他合伙人。

3）当然退伙。合伙人有下列情形之一的，当然退伙：①作为合伙人的自然人死亡或者被依法宣告死亡；②个人丧失偿债能力；③作为合伙人的法人或者其他组织依法被吊销营业执照、责令关闭撤销，或者被宣告破产；④法律规定或者合伙协议约定合伙人必须具有相关资格而丧失该资格；⑤合伙人在合伙企业中的全部财产份额被人民法院强制执行。

4）除名退伙。合伙人有下列情形之一的，经其他合伙人一致同意，可以决议将其除名：①未履行出资义务；②因故意或者重大过失给合伙企业造成损失；③执行合伙事务时有不正当行为；④发生合伙协议约定的事由。

（2）退伙的后果。合伙人死亡或者被依法宣告死亡的，对该合伙人在合伙企业中的财产份额享有合法继承权的继承人，按照合伙协议的约定或者经全体合伙人的一致同意，从继承开始之日起，取得该合伙企业的合伙人资格。有下列情形之一的，合伙企业应当向合伙人的继承人退还被继承合伙人的财产份额：1）继承人不愿意成为合伙人；2）法律规定或者合伙协议约定合伙人必须具有相关资格，而该继承人未取得该资格；3）合伙协议约定不能成为合伙人的其他情形。

合伙人的继承人为无民事行为能力人或者限制民事行为能力人的，经全体合伙人一致同意，可以依法成为有限合伙人，普通合伙企业依法转为有限合伙企业。全体合伙人未能一致同意的，合伙企业应当将被继承合伙人的财产份额退还该继承人。

（3）退伙后责任承担。退伙人对基于其退伙前的原因发生的合伙企业债务，承担无限连带责任。

（七）特殊的普通合伙企业

1. 特殊的普通合伙企业的概念

特殊的普通合伙企业是指以专业知识和专门技能为客户提供有偿服务的专业服务机构，如会计师事务所、律师事务所等。

2. 特殊的普通合伙企业的责任形式

（1）有限责任与无限连带责任相结合。一个合伙人或者数个合伙人在执业过程中因故意或者重大过失造成合伙企业债务的，应当承担无限责任或者无限连带责任，其他合伙人以其在合伙企业中的财产份额为限承担责任。

（2）均负无限连带责任。合伙人在执业活动中非因故意或者重大过失造成的合伙企业债务以及合伙企业的其他债务，由全体合伙人承担无限连带责任。

二、有限合伙企业

（一）有限合伙企业的概念

有限合伙企业是指由有限合伙人与普通合伙人共同组成，普通合伙人对合伙企业的债务承担无限连带责任，有限合伙人以其认缴的出资额为限对合伙企业的债务承担责任的合伙组织。

（二）有限合伙企业与普通合伙企业的区别

1. 设立的区别

（1）合伙人的要求不同：普通合伙人有限制；有限合伙人无限制。自然人、法人和其他组织均可以成为有限合伙人。

（2）出资方式不同：普通合伙人可以劳务出资；有限合伙人不得以劳务出资。

2. 事务执行的区别

（1）对外代表权的不同：普通合伙人执行合伙事务，有对外代表权，除非协议另有规定；有限合伙人不执行合伙事务，无对外代表权。下列行为不视为执行合伙事务：1）参与决定普通合伙人入伙、退伙；2）对企业的经营管理提出建议；3）参与选择承办有限合伙企业审计业务的会计师事务所；4）获取经审计的有限合伙企业财务会计报告；5）对涉及自身利益的情况，查阅有限合伙企业财务会计账簿等财务资料；6）在有限合伙企业中的利益受到侵害时，向有责任的合伙人主张权利或者提起诉讼；7）执行事务合伙人怠于行使权利时，督促其行使权利或者为了本企业的利益以自己的名义提起诉讼；8）依法为本企业提供担保。

（2）权利和义务的不同：普通合伙人不得自营或者同他人合作经营与本合伙企业相竞争的业务（即竞业禁止）；有限合伙人可以自营或者同他人合作经营与本有限合伙企业相竞争的业务，但是合伙协议另有约定的除外。有限合伙人可以同本合伙企业进行交易，但是合伙协议另有约定的除外；普通合伙人不得同本合伙企业进行交易，但是合伙企业另有约定或者经全体合伙人一致同意的除外。

3. 财产转让与出质的区别

（1）财产转让的不同：除合伙协议另有约定外，普通合伙人向合伙人以外的人转让其在合伙企业中的全部或者部分财产份额时，须经其他合伙人一致同意；有限合伙人可以按照合伙协议的约定向合伙人以外的人转让其在有限合伙企业中的财产份额，但应当提前30日通知其他合伙人。

（2）财产出质的不同：普通合伙人以其在合伙企业中的财产份额出质的，须经其他合伙人一致同意；有限合伙人可以将其在有限合伙企业中的财产份额出质，但是合伙协议另有约定的除外。

4. 入伙与退伙的区别

（1）新入伙的普通合伙人对入伙前合伙企业的债务承担无限连带责任；新入伙的有限合伙人对入伙前有限合伙企业的债务，以其认缴的出资额为限承担责任。

（2）作为普通合伙人的自然人在有限合伙企业存续期间丧失民事行为能力的，其他合伙人未能取得一致的，可要求其退伙；作为有限合伙人的自然人在有限合伙企业存续期间丧失民事行为能力的，其他合伙人不得因此要求其退伙。

（3）普通合伙人的继承人按照合伙协议的约定或者经全体合伙人的一致同意，从继承开始之日起，取得该合伙企业的合伙人资格；有限合伙人的继承人可以因继承而直接取得有限合伙人的资格，不需要其他合伙人同意。

（4）普通合伙人退伙后，对基于其退伙前的原因发生的合伙企业债务，承担无限连带责任；有限合伙人退伙后，对基于其退伙前的原因发生的有限合伙企业债务，以其退伙时从有限合伙企业中取回的财产承担责任。

（三）有限合伙企业合伙人性质的转变

有限合伙企业仅剩有限合伙人的，应当解散；有限合伙企业仅剩普通合伙人的，转为普通合伙企业。除合伙协议另有约定外，普通合伙人转变为有限合伙人，或者有限合伙人转变为普通合伙人，应当经全体合伙人一致同意。有限合伙人转变为普通合伙人的，对其作为有限合伙人期间有限合伙企业发生的债务承担无限连带责任；普通合伙人转变为有限合伙人的，对其作为普通合伙人期间合伙企业发生的债务承担无限连带责任。

三、合伙企业的解散与清算

（一）解散的情形

（1）合伙期限届满，合伙人决定不再经营；

（2）合伙协议约定的解散事由出现；

（3）全体合伙人决定解散；

（4）合伙人已不具备法定人数满30天；

（5）合伙协议约定的合伙目的已经实现或者无法实现；

（6）依法被吊销营业执照、责令关闭或者被撤销；

（7）法律、行政法规规定的其他原因。

（二）合伙企业的清算

1. 确定清算人

（1）由全体合伙人担任清算人。

（2）由合伙人指定或者委托清算人：1）合伙企业的清算人未能由全体合伙人担任；2）经全体合伙人过半数同意；3）自合伙企业解散事由出现后15日内作出指定或者委托。

（3）由人民法院指定清算人：1）合伙企业的清算人未能由全体合伙人担任；2）在法定期间内合伙人未确定清算人；3）由合伙人或者其他利害关系人提出申请。

2. 通知公告债权人

清算人自被确定之日起10日内将合伙企业解散事项通知债权人，并于60日内在报纸上公告。债权人应当自接到通知书之日起30日内，未接到通知书的自公告之日起45日内，向清算人申报债权。

清算期间，合伙企业存续，但不得开展与清算无关的经营活动。

3. 财产清偿顺序

合伙企业在支付清算费用和职工工资、社会保险费用、法定补偿金以及缴纳所欠税款、清偿债务后的剩余财产，依法进行分配。

（1）合伙企业注销后，原普通合伙人对合伙企业存续期间的债务仍应承担无限连带责任。

（2）合伙企业不能清偿到期债务的，债权人可以依法向人民法院提出破产清算申请，也可以要求普通合伙人清偿。

（3）合伙企业依法被宣告破产的，普通合伙人对合伙企业债务仍应承担无限连带责任。

4. 注销登记及公示

清算人应当自清算结束之日起30日内向登记机关申请注销登记。合伙企业申请注销登记前，应当依法办理分支机构注销登记。合伙企业未发生债权债务或者已将债权债务清偿完结，未发生或者已结清清偿费用、职工工资、社会保险费用、法定补偿金、应缴纳税款（滞纳金、罚款），并由全体投资人书面承诺对上述情况的真实性承担法律责任的，可以按照简易程序办理注销登记。合伙企业应当将承诺书及注销登记申请通过国家企业信用信息公示系统公示，公示期为 20 日。在公示期内无相关部门、债权人及其他利害关系人提出异议的，合伙企业可以于公示期届满之日起 20 日内向登记机关申请注销登记。合伙企业注销依法须经批准的，或者合伙企业被吊销营业执照，责令关闭、撤销，或者被列入经营异常名录的，不适用简易注销程序。人民法院裁定强制清算或者裁定宣告破产的，有关清算人、破产管理人可以持人民法院终结强制清算程序的裁定或者终结破产程序的裁定，直接向登记机关申请办理注销登记。

5. 合伙企业不能清偿到期债务的处理

合伙企业不能清偿到期债务的，债权人可以依法向人民法院提出破产清算申请，也可以要求普通合伙人清偿。合伙企业依法被宣告破产的，普通合伙人对合伙企业的债务仍应承担无限连带责任。

本节考核的知识点

1. 普通合伙企业：

（1）设立的条件：重点掌握对合伙人的要求、出资方式。

（2）普通合伙企业的财产：重点掌握财产转让与出质的要求。

（3）合伙事务的执行：重点掌握须经合伙人一致同意才能执行的事项；合伙人的义务要求；损益分配。

（4）债务的清偿：重点掌握合伙人的无限连带责任；对债权人的要求。

（5）入伙与退伙：重点掌握入伙的条件与后果；退伙的原因与后果。

2. 有限合伙企业：重点掌握有限合伙企业与普通合伙企业的区别。

练习题

第 2 章即测即评

选择题

1. 下列有关个人独资企业设立条件的表述中，符合个人独资企业法律制度规定的有（　　）。

A. 投资人可以是中国公民，也可以是外国公民

B. 投资人可以家庭共有财产作为个人出资

C. 企业名称中不得使用“公司”字样

D. 企业必须有符合规定的最低注册资本

2. 甲投资设立 A 个人独资企业（简称 A 企业），委托乙管理企业事务，授权乙可以决定 20 万元以下的交易。乙以 A 企业的名义向丙购买 30 万元的商品。丙不知甲对乙的授权限制，依约供货。A 企业未按期付款，由此发生争议。下列表

述中，符合法律规定的是（　　）。

A. A企业向丙购买商品的行为有效，应履行付款义务

B. 乙仅对20万元以下的交易有决定权，因此A企业向丙购买商品的行为无效

C. 甲向丙出示给乙的授权委托书后，可不履行付款义务

D. 甲向丙出示给乙的授权委托书后，付款20万元，其余款项丙只能要求乙支付

3. 投资人委托或者聘用的人员管理个人独资企业事务时不得从事的行为有（　　）。

A. 擅自以企业财产提供担保

B. 未经投资人同意，从事与本企业相竞争的业务

C. 未经投资人同意，同本企业订立合同或者进行交易

D. 未经投资人同意，擅自将企业商标或者其他知识产权转让给他人使用

4. 以个人财产出资设立的个人独资企业解散后，其财产不足以清偿所负债务，对尚未清偿的债务，下列处理方式中，不符合《中华人民共和国个人独资企业法》规定的有（　　）。

A. 不再清偿

B. 以投资人家庭共有财产承担无限责任

C. 以投资人个人的其他财产予以清偿，仍不足清偿的，如果债权人在2年内未提出偿债请求的，则不再清偿

D. 以投资人个人的其他财产予以清偿，仍不足清偿的，如果债权人在5年内未提出偿债请求的，则不再清偿

5. 根据合伙企业法律制度的规定，下列关于普通合伙企业合伙事务执行的表述中，正确的有（　　）。

A. 合伙人为法人的，由其委派的代表执行合伙企业的事务

B. 合伙人可以同他人合作经营与本合伙企业相竞争的业务

C. 合伙人不得自营与本合伙企业相竞争的业务

D. 经全体合伙人一致同意，合伙人可同本合伙企业进行交易

6. 根据合伙企业法律制度的规定，普通合伙企业的下列事务中，在合伙协议没有约定的情况下，不必经全体合伙人一致同意即可执行的是（　　）。

A. 改变合伙企业主要经营场所的地点

B. 合伙人之间转让在合伙企业中的部分财产份额

C. 改变合伙企业的名称

D. 转让合伙企业的商标权

7. 根据合伙企业法律制度的规定，普通合伙企业出现亏损时，由合伙人分担责任。下列有关亏损分担的表述中，正确的有（　　）。

A. 合伙协议有约定比例的，按约定比例分担

B. 合伙协议没有约定比例的，由合伙人协商决定

C. 合伙协议没有约定比例的，由各合伙人平均分担

D. 合伙协议可以约定由执行合伙事务的合伙人承担全部亏损

8. 下列有关普通合伙企业及其合伙人债务清偿的表述中，符合《合伙企业法》

规定的有（　　）。

A. 合伙企业对其债务，应先以其全部财产进行清偿

B. 合伙企业不能清偿到期债务的，合伙人承担无限连带责任

C. 合伙人发生与合伙企业无关的债务，债权人可代位行使该合伙人在合伙企业中的权利

D. 人民法院强制执行合伙人的财产份额时，应经全体合伙人同意

9. 国有企业甲、合伙企业乙、自然人丙拟共同投资设立一合伙企业。根据《合伙企业法》的规定，下列关于该合伙企业设立及相关事项的表述中，不正确的是（　　）。

A. 拟设立的合伙企业可以是普通合伙企业，也可以是有限合伙企业

B. 乙既可以是有限合伙人，又可以是普通合伙人

C. 三方可以约定由丙执行合伙企业事务

D. 三方可以约定不经全体合伙人一致同意而吸收新的合伙人

10. 根据合伙企业法律制度的规定，有限合伙人在出现一定情形时当然退伙。下列各项中，不属于当然退伙情形的是（　　）。

A. 作为有限合伙人的自然人被依法宣告死亡

B. 有限合伙人在合伙企业中的全部财产份额被人民法院强制执行

C. 作为有限合伙人的自然人丧失民事行为能力

D. 作为有限合伙人的法人被责令关闭

11. 根据合伙企业法律制度的规定，在普通合伙企业中，当合伙企业的财产不足以清偿其债务时，下列人员中，应对合伙企业的债务承担连带责任的有（　　）。

A. 合伙企业债务发生后入伙的新合伙人

B. 合伙企业债务发生后自愿退伙的合伙人

C. 合伙企业债务发生后被除名的合伙人

D. 不参加执行合伙企业事务的合伙人

12. 甲、乙、丙三人成立一家特殊普通合伙制会计师事务所。甲在为一个客户提供审计业务服务的过程中，因重大过失给客户造成损失200万元。下列关于对该损失承担责任的表述中，符合《合伙企业法》规定的有（　　）。

A. 甲、乙、丙对此损失承担无限连带责任

B. 甲对此损失承担无限责任

C. 乙、丙对此损失不承担责任

D. 乙、丙以其在会计师事务所中的财产份额为限承担责任

13. 根据合伙企业法律制度的规定，有限合伙人的下列行为中，不视为执行合伙事务的有（　　）。

A. 参与决定普通合伙人退伙

B. 参与对外签订买卖合同

C. 参与选择承办企业审计业务的会计师事务所

D. 依法为本企业提供担保

14. 甲、乙、丙、丁拟共同投资设立一家有限合伙企业，甲、乙为普通合伙

人，丙、丁为有限合伙人。各合伙人经协商后草拟了一份合伙协议。该合伙协议的下列约定中，符合《合伙企业法》规定的有（　　）。

A. 甲以房屋作价15万元出资，乙以专利技术作价12万元出资，丙以劳务作价10万元出资，丁以现金20万元出资

B. 经3个以上合伙人同意，甲、乙可以向合伙人以外的第三人转让其在合伙企业中的全部或者部分财产份额

C. 合伙事务由甲、丁共同执行，乙、丙不参与合伙事务的执行

D. 乙、丙均不能同本合伙企业进行交易

15. 贾某是一家有限合伙企业的有限合伙人。根据合伙企业法律制度的规定，下列选项中，正确的有（　　）。

A. 若贾某被法院判决认定为无民事行为能力人，其他合伙人可以因此要求其退伙

B. 若贾某死亡，其继承人可以取得贾某在有限合伙企业中的资格

C. 若贾某转为普通合伙人，他必须对其作为有限合伙人期间企业发生的债务承担无限连带责任

D. 如果合伙协议没有限制，贾某可以不经过其他合伙人同意而将其在合伙企业中的财产份额出质

16. 下列关于有限合伙企业中有限合伙人入伙与退伙的表述中，符合《合伙企业法》规定的是（　　）。

A. 新入伙的有限合伙人对入伙前有限合伙企业的债务，以其实缴的出资额为限承担责任

B. 作为有限合伙人的自然人，有限合伙企业存续期间丧失民事行为能力的，该有限合伙人当然退伙

C. 退伙后的有限合伙人对基于其退伙前的原因发生的有限合伙企业的债务，以其退伙时从有限合伙企业中取回的财产承担责任

D. 退伙后的有限合伙人对基于其退伙前的原因发生的有限合伙企业的债务，以其认缴的出资额为限承担责任

案例题

甲、乙、丙拟设A有限合伙企业（以下简称A企业）。企业协议约定：甲为普通合伙人，以实物作价出资3万元；乙、丙为有限合伙人，各以5万元现金出资；丙自企业成立之日起2年内缴纳出资；甲执行A企业事务，并由A企业每月支付报酬3 000元；A企业定期接受审计，由甲和乙共同选定承办审计业务的会计师事务所；A企业的盈利在丙未缴纳5万元出资前全部分配给甲和乙。

要求： 根据上述情况和《合伙企业法》的规定，回答下列问题：

（1）合伙协议可否约定每月支付甲3 000元的报酬？简要说明理由。

（2）合伙协议有关乙参与选择承办审计业务的会计师事务所的约定可否视为乙在执行合伙企业事务？简要说明理由。

（3）合伙协议可否约定A企业的利润全部分配给甲和乙？简要说明理由。

第3章

公司法

学习目标

掌握：

1. 公司设立的条件；
2. 公司的组织机构；
3. 股东权利；
4. 董事、监事、高级管理人员的法定义务。

熟悉：

1. 公司法人财产权的概念及其限制；
2. 公司的财务会计；
3. 公司合并、分立、解散和清算。

了解：

1. 公司的概念与种类；
2. 股东权利的概念及分类；
3. 董事、监事、高级管理人员的任职资格；
4. 国家出资的公司组织机构的特别规定。

第1节　公司法律制度概述

一、公司的概念与种类

（一）公司的概念

公司是指股东承担有限责任的营利性法人。

（二）公司的种类

1. 以公司资本结构和股东对公司债务承担责任的方式为标准划分

（1）有限责任公司。又称有限公司，是指股东以其认缴的出资额为限对公司承担责任，公司以其全部财产对公司的债务承担责任的公司。

（2）股份有限公司。又称股份公司，是指将公司全部资本分为等额股份，股东以其认购的股份为限对公司承担责任，公司以其全部财产对公司的债务承担责任的公司。

（3）无限公司。是指由两个以上股东组成，全体股东对公司的债务承担无限责任的公司。

（4）两合公司。是指由负无限责任的股东和负有限责任的股东组成，负无限责任的股东对公司债务负无限连带责任，负有限责任的股东仅以其认缴的出资额为限对公司债务承担责任。《中华人民共和国公司法》（以下简称《公司法》）规定的公司形式仅为在我国境内设立的有限责任公司和股份有限公司。

2. 以公司的信用基础为标准划分

（1）资合公司。是指以资本的结合作为信用基础的公司，其典型的形式为股份有限公司。

（2）人合公司。是指以股东个人的财力、能力和信誉作为信用基础的公司，其典型的形式为无限公司。

（3）资合兼人合公司。是指同时以公司资本和股东个人信誉作为公司信用基础的公司，其典型的形式为有限责任公司。

3. 以公司组织关系为标准划分

（1）母公司和子公司。处于控制地位的是母公司，处于依附地位的是子公司。母子公司都具有法人资格，在法律上是彼此独立的企业。

（2）本公司（或称总公司）与分公司。分公司是依法设立的以分公司名义进行经营活动，其法律后果由本公司承受的分支机构。分公司不具有法人资格，其民事责任由本公司承担。

二、公司法人财产权

（一）公司法人财产权的概念

法人财产权是指公司拥有由股东投资形成的法人财产，并依法对该财产行使占有、使用、受益、处分的权利。股东投资于公司的财产需要通过对资本的注册与股东的其他财产明确分开，不允许股东在公司成立后抽逃出资，或占用、支配公司的资金和财产。

（二）公司法人财产权的限制

1. 对外投资的限制

（1）对外投资的规模。公司章程对投资总额及单项投资的数额有限额规定的，不得超过规定的限额。

（2）对外投资的决议方式。公司向其他企业投资，按照公司章程的规定由董事会或者股东会决议。

（3）对外投资的对象。公司可以向其他企业投资，如果法律禁止特定类型的公司成为对所投资企业的债务承担连带责任的出资人，则从其规定。例如，根据《合伙企业法》的规定，国有独资公司、国有企业、上市公司等不得成为普通合伙人。

2. 对外担保的限制

（1）对外担保的规模。公司章程对担保总额及单项担保的数额有限额规定的，不得超过规定的限额。

（2）对外担保的决议方式。公司为他人（非股东、非实际控制人）提供担保的，按照公司章程的规定由董事会或者股东会决议。公司为股东或者实际控制人提供担保的，应当经股东会决议。接受担保的股东或者受实际控制人支配的股东不得参加表决，该项表决由出席会议的其他股东所持表决权的过半数（大于 1/2）通过。

（三）滥用法人独立地位和有限责任及其法律后果

（1）公司股东滥用公司法人独立地位和股东有限责任，逃避债务，严重损害公司债权人利益的，应当对公司债务承担连带责任。

（2）股东利用其控制的两个以上公司实施上述行为的，各公司应当对任一公司的债务承担连带责任。

（3）只有一个股东的公司，股东不能证明公司财产独立于股东自己的财产的，应当对公司债务承担连带责任。

本节考核的知识点

1. 理解母子公司和总分公司的区别。
2. 法人独立地位的滥用及其责任的承担。
3. 重点掌握公司法人财产权的限制。

第 2 节　有限责任公司

一、有限责任公司的设立

（一）人数要求

设立有限责任公司应当由 50 个以下股东组成，允许设立一人有限责任公司。股东既可以是自然人，也可以是法人。

（二）注册资本要求

有限责任公司的注册资本为在登记机关登记的全体股东认缴的出资额。全体股东认缴的出资额由股东按照公司章程的规定自公司成立之日起 5 年内缴足。法律、行政法规以及国务院决定对有限责任公司注册资本实缴、注册资本最低限额另有规定的，从其规定。

公司不能清偿到期债务的，公司或者已到期债权的债权人有权要求已认缴出资但未届出资期限的股东提前缴纳出资。

（三）出资要求

1. 出资方式

股东可以用货币出资，也可以用实物、知识产权、土地使用权、股权、债权等可以用货币估价并可以依法转让的非货币财产作价出资，但是法律、行政法规规定不得作为出资的财产除外。

2. 出资要求

（1）货币出资。股东以货币出资的，应当将货币出资足额存入公司在银行开设的账户。

（2）非货币出资。

1）应当评估作价，核实财产，不得高估或低估。法律、行政法规对评估作价有规定的，从其规定。出资人以非货币财产出资，未依法评估作价，公司、其他股东或者公司债权人请求认定出资人未履行出资义务的，法院应当委托具有合法资格的评估机构对该财产评估作价。评估确定的价额显著低于公司章程所定价额的，法院应当认定出资人未依法全面履行出资义务，但是出资人以符合法定条件的非货币财产出资后，因市场变化或者其他客观因素导致出资财产贬值的，公司、其他股东或者公司债权人请求该出资人承担补足出资责任的，法院不予支持。当事人另有约定的除外。

2）应当依法办理其财产权的转移手续。

3）出资人以划拨土地使用权出资，或者以设定权利负担的土地使用权出资，公司、其他股东或者公司债权人主张认定出资人未履行出资义务的，法院应当责令当事人在指定的合理期间内办理土地变更手续或者解除权利负担；逾期未办理或者未解除的，法院应当认定出资人未依法全面履行出资义务。

4）出资人以房屋、土地使用权或者需要办理权属登记的知识产权等财产出资，已经交付公司使用但未办理权属变更手续，公司、其他股东或者公司债权人主张认定出资人未履行出资义务的，法院应当责令当事人在指定的合理期间内办理权属变更手续；在前述期间内办理了权属变更手续的，法院应当认定其已经履行了出资义务；出资人主张自其实际交付财产给公司使用时享有相应股东权利的，法院应予支持；出资人已经就前述财产出资，办理权属变更手续但未交付给公司使用，公司或者其他股东主张其向公司交付，并在实际交付之前不享有相应股东权利的，法院应予支持。

5）出资人以贪污、受贿、侵占、挪用等违法犯罪所得的货币出资后取得股权的，对违法犯罪行为予以追究、处罚时，应当采取拍卖或者变卖的方式处置其股权。

3. 违反出资义务的责任

（1）公司设立时，股东未按照公司章程规定实际缴纳出资，或者实际出资的非货币财产的实际价额显著低于所认缴的出资额的，设立时的其他股东与该股东在出资不足的范围内承担连带责任。

（2）公司成立后，董事会应当对股东的出资情况进行核查，发现股东未按期足额缴纳公司章程规定的出资的，应当由公司向该股东发出书面催缴书，催缴出资。未及时履行上述义务，给公司造成损失的，负有责任的董事应当承担赔偿责任。

（3）股东未按照公司章程规定的出资日期缴纳出资，公司依法发出书面催缴书催缴出资的，可以载明缴纳出资的宽限期；宽限期自公司发出催缴书之日起，不得少于 60 日。宽限期届满，股东仍未履行出资义务的，公司经董事会决议可以向该股东发出失权通知，通知应当以书面形式发出。自通知发出之日起，该股东丧失其未缴纳出资的股权。依照上述规定丧失的股权应当依法转让，或者相应减少注册资本并注销该股权；6 个月内未转让或者注销的，由公司其他股东按照其出资比例足额缴纳相应出资。股东对失权有异议的，应当自接到失权通知之日起 30 日内，向人民法院提起诉讼。

（4）股东未履行或者未全面履行出资义务或者抽逃出资，公司根据公司章程或者股东会决议对其利润分配请求权、新股优先认购权、剩余财产分配请求权等股东权利作出相应的合理限制，该股东请求认定该限制无效的，人民法院不予支持。有限责任公司的股东未履行出资义务或者抽逃全部出资，经公司催告缴纳或者返还，其在合理期间内仍未缴纳或者返还出资，公司以股东会决议解除该股东的股东资格，该股东请求确认该解除行为无效的，人民法院不予支持。

（5）股东未履行或者未全面履行出资义务，公司债权人请求未履行或者未全面履行出资义务的股东在未出资本息范围内对公司债务不能清偿的部分承担补充赔偿责任的，人民法院应予支持。

（6）股东在公司增资时未履行或者未全面履行出资义务的，公司、其他股东或者公司债权人请求未尽忠实义务和勤勉义务而使出资未缴足的董事、高级管理人员承担相应责任的，人民法院应予支持；董事、高级管理人员承担责任后，可以向被告股东追偿。

（7）公司成立后，存在下列情形且损害公司权益的，可以认定该股东抽逃出资：1）通过虚构债权债务关系将其出资转出；2）制作虚假财务会计报表虚增利润进行分配；3）利用关联交易将出资转出；4）其他未经法定程序将出资抽回的行为。

股东抽逃出资的，应当返还抽逃的出资；给公司造成损失的，负有责任的董事、监事、高级管理人员应当与该股东承担连带赔偿责任。

（8）股东未履行或者未全面履行出资义务或者抽逃出资，公司或者其他股东请求其向公司全面履行出资义务或者返还出资，被告股东以诉讼时效为由进行抗辩的，人民法院不予支持。公司债权人的债权未过诉讼时效期间，其依照规定请求未履行或者未全面履行出资义务或者抽逃出资的股东承担赔偿责任，被告股东以出资义务或者返还出资义务超过诉讼时效期间为由进行抗辩的，人民法院不予支持。

（9）股东转让已认缴出资但未届出资期限的股权的，由受让人承担缴纳该出资的义务；受让人未按期足额缴纳出资的，转让人对受让人未按期缴纳的出资承担补充责任。未按照公司章程规定的出资日期缴纳出资或者作为出资的非货币财产的实际价额显著低于所认缴的出资额的股东转让股权的，转让人与受让人在出资不足的范围内承担连带责任；受让人不知道且不应当知道存在上述情形的，由转让人承担责任。

（四）制定章程

1. 制定人

股东共同制定公司章程，公司章程对公司、股东、董事、监事、高级管理人员具有约束力。

2. 记载事项

章程应当载明下列事项：公司名称和住所；经营范围；注册资本；股东的姓名或名称；股东的出资方式、出资额和出资日期；公司的机构及其产生办法、职权、议事规则；法定代表人的产生、变更办法。

二、有限责任公司的组织机构

（一）权力机构——股东会

1. 股东会的职权

（1）人事任免权。选举和更换董事、监事，决定有关董事、监事的报酬事项。

（2）审议批准权。包括：1）董事会的报告；2）监事会的报告；3）利润分配方案和弥补亏损方案。

（3）作出决议权。包括：1）增减资本的决议；2）发行公司债券的决议；3）合并、分立、解散、清算或者变更公司形式的决议。股东会可以授权董事会对发行公司债券作出决议。

（4）修改章程权。

2. 议事规则

（1）股东会的会议形式。股东会会议分定期会议和临时会议。定期会议应当按照公司章程的规定按时召开。临时会议由代表1/10以上表决权的股东、1/3以上的董事或者监事会提议召开。

（2）股东会的召集。首次股东会会议由出资最多的股东召集和主持，以后的股东会会议，公司设立董事会的，由董事会召集，董事长主持；董事长不能履行职务或者不履行职务的，由副董事长主持；副董事长不能履行职务或者不履行职务的，由过半数的董事共同推举一名董事主持；董事会不能履行或者不履行召集职责的，由监事会召集和主持；监事会不召集和主持的，代表1/10以上表决权的股东可以自行召集和主持。召开股东会会议，应当于会议召开15日前通知全体股东；但是公司章程另有规定或者全体股东另有约定的除外。

（3）股东会的表决。股东会会议由股东按照出资比例行使表决权，但是公司章程另有规定的除外。股东会作出修改公司章程、增加或者减少注册资本的决议，以及公司合并、分立、解散或者变更公司形式的决议，应当经代表2/3以上表决权的股东通过。

（二）执行机构——董事会

1. 董事会的组成

有限责任公司董事会成员为3人以上，其成员中可以有公司职工代表。职工人数300人以上的有限责任公司，除依法设监事会并有公司职工代表的外，其董事会成员中应当有公司职工代表。董事会中的职工代表由公司职工通过职工代表大会、职工大会或者其他形式民主选举产生。董事会设董事长 1 人，可以设副董事长。董事长、副董事长的产生办法由公司章程规定。

2. 董事会的职权

（1）人事任免权。包括：1）聘任或者解聘公司经理及其报酬事项；2）根据经理的提名决定聘任或者解聘公司副经理、财务负责人及其报酬事项。

（2）制订方案权。包括：1）利润分配和弥补亏损方案；2）增减资本以及发行公司债券的方案；3）公司合并、分立、解散或者变更公司形式的方案。

（3）决定权。包括：1）决定公司的经营计划和投资方案；2）决定公司内部管理机构的设置。

（4）召集权。召集股东会会议，并向股东会报告工作。

（5）执行权。执行股东会的决议。

3. 议事规则

（1）董事会的召开。董事会会议由董事长召集和主持；董事长不能履行职务或者不履行职务的，由副董事长召集和主持；副董事长不能履行职务或者不履行职务的，由过半数的董事共同推举一名董事召集和主持。

（2）董事会的决议。董事会的议事方式和表决程序，除《公司法》有规定的外，由公司章程规定。董事会应当对所议事项的决定作成会议记录，出席会议的董事应当在会议记录上签名。董事会决议的表决，应当一人一票。股东人数较少或者规模较小的有限责任公司，可以不设董事会，设一名董事。该董事可以兼任公司经理。

（三）监督机构——监事会

1. 监事会的组成

有限责任公司监事会成员为 3 人以上。股东人数较少或者规模较小的有限责任公司，可以不设监事会，设 1 名监事。监事会应当包括股东代表和不低于 1/3 比例的公司职工代表，具体比例由公司章程规定。监事会中的职工代表由公司职工通过职工代表大会、职工大会或者其他形式民主选举产生。董事、高级管理人员不得兼任监事。监事会设主席 1 人，由全体监事过半数选举产生。监事会主席召集和主持监事会会议；监事会主席不能履行职务或者不履行职务的，由过半数的监事共同推举 1 名监事召集和主持监事会会议。

2. 监事会的召开

监事会每年度至少召开一次会议，监事可以提议召开临时监事会会议。

3. 监事的任期

监事的任期每届为 3 年。监事任期届满，连选可以连任。监事任期届满未及时改选，或者监事在任期内辞任导致监事会成员低于法定人数的，在改选出的监事就任前，原监事仍应当依照法律、行政法规和公司章程的规定，履行监事职务。

4. 监事会的职权

监事会的职权包括：（1）检查公司财务；（2）对董事、高级管理人员执行职务的行为进行监督，对违反法律、行政法规、公司章程或者股东会决议的董事、高级管理人员提出解任的建议；（3）当董事、高级管理人员的行为损害公司的利益时，要求董事、高级管理人员予以纠正；（4）提议召开临时股东会会议，在董事会不履行《公司法》规定的召集和主持股东会会议职责时召集和主持股东会会议；（5）向股东会会议提出提案；（6）依照《公司法》的规定，对违反法律、行政法规或者公司章程的规定，损害公司利益的董事、高级管理人员提起诉讼；（7）公司章程规定的其他职权。

5. 监事会的决议

监事会的议事方式和表决程序，除法律另有规定的外，由公司章程规定。监事会决议应当经全体监事的过半数通过。监事会应当对所议事项的决定作成会议记录，出席会议的监事应当在会议记录上签名。

三、国家出资公司组织机构的特别规定

1. 国家出资公司的范围

国家出资公司是指国家出资的国有独资公司、国有资本控股公司，包括国家出资的有限责任公司、股份有限公司。

2. 履行出资人职责的机构

由国务院或者地方人民政府分别代表国家依法履行出资人职责，享有出资人权益。国务院或者地方人民政府可以授权国有资产监督管理机构或者其他部门、机构代表本级人民政府对国家出资公司履行出资人职责。代表本级人民政府履行出资人职责的机构、部门，称为履行出资人职责的机构。

3. 党在国家出资公司中的领导作用

国家出资公司中中国共产党的组织，按照中国共产党章程的规定发挥领导作用，研究讨论公司重大经营管理事项，支持公司的组织机构依法行使职权。

4. 国有独资公司的章程制定和组织机构

（1）章程的制定。国有独资公司章程由履行出资人职责的机构制定。

（2）股东会的设置。国有独资公司不设股东会，由履行出资人职责的机构行使股东会职权。履行出资人职责的机构可以授权公司董事会行使股东会的部分职权，但公司章程的制定和修改，公司的合并、分立、解散、申请破产，增加或者减少注册资本，分配利润，应当由履行出资人职责的机构决定。

（3）董事会和经理。

1）国有独资公司的董事会成员中，应当过半数为外部董事，并应当有公司职工代表。履行出资人职责的机构负责委派董事会成员；但是，董事会成员中的职工代表由公司职工代表大会选举产生。

2）董事会设董事长 1 人，可以设副董事长。董事长、副董事长由履行出资人职责的机构从董事会成员中指定。

3）国有独资公司的经理由董事会聘任或者解聘。经履行出资人职责的机构同意，董事会成员可以兼任经理。

4）国有独资公司的董事、高级管理人员，未经履行出资人职责的机构同意，不得在其他有限责任公司、股份有限公司或者其他经济组织兼职。

(4) 监事会。国有独资公司在董事会中设置由董事组成的审计委员会行使《公司法》规定的监事会职权的，不设监事会或者监事。

本节考核的知识点

1. 有限责任公司的设立：重点掌握股东人数、注册资本、出资要求、违反出资义务的责任。

2. 有限责任公司的组织机构：重点掌握股东会、董事会、监事会的职权和议事规则。

3. 国家出资公司组织机构的特别规定。

第3节 股份有限公司

一、股份有限公司的设立

(一) 人数要求

设立股份有限公司应当有1人以上200人以下为发起人，其中应当有半数以上的发起人在中国境内有住所。发起人既可以是自然人，也可以是法人；既可以是中国公民，也可以是外国公民。

(二) 注册资本要求

股份有限公司的注册资本为在公司登记机关登记的已发行股份的股本总额；法律、行政法规以及国务院决定对股份有限公司注册资本最低限额另有规定的，从其规定。股份有限公司的注册资本全部应为实缴资本。

以发起设立方式设立股份有限公司的，发起人应当认足公司章程规定的公司设立时应发行的股份。以募集设立方式设立股份有限公司的，发起人认购的股份不得少于公司章程规定的公司设立时应发行股份总数的35%；但是，法律、行政法规另有规定的，从其规定。发起人应当在公司成立前按照其认购的股份全额缴纳出资。在发起人认购的股份缴足出资之前，股份有限公司不得向他人募集股份。也就是说，以募集设立方式设立股份有限公司的，无论是公开募集还是非公开募集，均实行出资实缴制。

(三) 出资要求

股份有限公司的出资方式与出资要求和有限责任公司相同。

(四) 制定章程

1. 制定人

股份有限公司由发起人制定公司章程，采用募集设立方式设立的须经成立大会通过。

2. 记载事项

股份有限公司章程应当载明：公司名称和住所；经营范围；设立方式；注册

资本，已发行的股份数和设立时发行的股份数，面额股的每股金额；发行类别股的，每一类别股的股份数及其权利和义务；发起人的姓名或者名称、认购的股份数、出资方式；董事会的组成、职权和议事规则；监事会的组成、职权和议事规则；公司法定代表人的产生、变更办法；公司利润分配办法；公司的解散事由与清算办法；公司的通知和公告办法，以及股东会认为需要规定的其他事项。

（五）公司设立行为法律后果的承担

（1）股东为设立公司以自己的名义对外从事民事活动产生的民事责任，第三人有选择权，可以请求公司承担，也可以请求公司设立时的股东承担。

（2）股东以设立中公司的名义对外实施各种民事活动，由此产生的法律后果由公司承受。公司未成立的，法律后果由公司设立时的股东承受；设立时的股东为2人以上的，享有连带债权，承担连带债务。

二、股份有限公司的组织机构

（一）权力机构——股东会

1. 股东会的职权

股份有限公司的股东会的职权与有限责任公司股东会的职权相同。只有一个股东的股份有限公司不设股东会。股东作出有关人事任免、审议批准、作出决议、修改章程事项的决定时，应当采用书面形式，并由股东签名或者盖章后置备于公司。此外，上市公司股东会具有以下职权：（1）对聘用、解聘会计师事务所作出决议。（2）审议公司在一年之内购买、出售重大资产超过公司最近一期经审计总资产30%的事项。（3）审议批准变更募集资金用途事项。（4）审议代表公司发行在外有表决权股份总数的5%以上股东的提案。（5）审议股权激励计划。（6）审议批准下列担保行为：第一，本公司及本公司控股子公司的对外担保总额，超过最近一期经审计净资产的50%以后提供的任何担保；第二，公司的对外担保总额，超过最近一期经审计总资产的30%以后提供的任何担保；第三，公司在一年内担保金额超过公司最近一期经审计总资产30%的担保；第四，为资产负债率超过70%的担保对象提供的担保；第五，单笔担保额超过最近一期经审计净资产10%的担保；第六，对股东、实际控制人及其关联方提供的担保。

2. 议事规则

（1）股东会的会议形式。股东会的会议分定期会议和临时会议。定期会议应当按照公司章程的规定按时召开。上市公司的年度股东会应当于上一会计年度结束后的6个月内举行。有下列情形之一的，应当在两个月内召开临时股东会会议：1）董事人数不足《公司法》规定人数或者公司章程所定人数的2/3时；2）公司未弥补的亏损达实收股本总额1/3时；3）单独或者合计持有公司10%以上股份的股东请求时；4）董事会认为必要时；5）监事会提议召开时；6）公司章程规定的其他情形。

（2）股东会的召集。股东会会议由董事会召集，董事长主持。董事长不能履行职务或者不履行职务的，由副董事长主持；副董事长不能履行职务或者不履行职务的，由过半数的董事共同推举一名董事主持；董事会不能履行或者不履行召集职责的，监事会应当及时召集和主持；单独或者合计持有公司10%以上股份的股东请求召开临时股东会会议的，董事会、监事会应当在收到请求之日起10日内作出是否召开临时股东会会议的决定，并书面答复股东。

召开股东会会议，应当将会议召开的时间、地点和审议的事项于会议召开20日前通知各股东；临时股东会会议应当于会议召开15日前通知各股东。

单独或者合计持有公司1%以上股份的股东，可以在股东会会议召开10日前提出临时提案并书面提交董事会；董事会应当在收到提案后2日内通知其他股东，并将该临时提案提交股东会审议。临时提案的内容应当属于股东会职权范围，并有明确议题和具体决议事项。

（3）股东会的表决——资本多数决。股东出席股东会会议，所持每一股份有一表决权，但是公司持有的本公司股份没有表决权。股东会对普通事项作出决议，应当经出席会议的股东所持表决权过半数通过。股东会作出修改公司章程、增加或者减少注册资本的决议，以及公司合并、分立、解散或者变更公司形式的决议，应当经出席会议的股东所持表决权的2/3以上通过。

（二）执行机构——董事会

1. 董事会的组成

股份有限公司董事会的成员为3人以上，其成员中可以有公司职工代表。职工人数300人以上的股份有限公司，除依法设监事会并有公司职工代表的外，其董事会成员中应当有公司职工代表。董事会中的职工代表由公司职工通过职工代表大会、职工大会或者其他形式民主选举产生。董事会设董事长1人，可以设副董事长。董事长和副董事长由董事会以全体董事的过半数选举产生。

公司可以按照公司章程的规定在董事会中设置由董事组成的审计委员会，行使《公司法》规定的监事会的职权，不设监事会或者监事。审计委员会成员为3名以上，过半数成员不得在公司担任除董事以外的其他职务，且不得与公司存在任何可能影响其独立客观判断的关系。公司董事会成员中的职工代表可以成为审计委员会成员。审计委员会作出决议，应当经审计委员会成员的过半数通过。审计委员会决议的表决，应当一人一票。审计委员会的议事方式和表决程序，除《公司法》有规定的外，由公司章程规定。公司可以按照公司章程的规定在董事会中设置其他委员会。

2. 董事会的职权

股份有限公司的董事会的职权与有限责任公司董事会的职权相同。

3. 董事会的议事规则

（1）出席人数。董事会会议应当有过半数的董事出席方可举行。董事会会议应由董事本人出席；董事因故不能出席，可以书面委托其他董事代为出席，委托书中应载明授权范围。

（2）表决。董事会作出决议，应当经全体董事的过半数通过。董事会决议的表决实行一人一票。董事会应当对会议所议事项的决定作成会议记录，出席会议的董事应当在会议记录上签名。

（3）董事的责任。董事应当对董事会的决议承担责任。董事会的决议违反法律、行政法规或者公司章程、股东会决议，致使公司遭受严重损失的，参与决议的董事对公司负赔偿责任，但经证明在表决时曾表明异议并记载于会议记录的，该董事可以免除责任。

（三）监督机构——监事会

（1）监事会的组成。和有限责任公司相同。

（2）监事会的召开。监事会每6个月至少召开一次会议。监事可以提议召开临时监事会会议。

（3）监事的任期。和有限责任公司相同。

（4）监事会的职权。和有限责任公司相同。

（5）监事会的决议。和有限责任公司相同。

三、上市公司组织机构的特别规定

（一）股东会的特别决议事项

上市公司在1年内购买、出售重大资产或者担保金额超过公司资产总额30%的，应当由股东会作出决议，并经出席会议的股东所持表决权的2/3以上通过。

（二）独立董事制度

1. 独立董事的任职资格

独立董事是指不在上市公司担任除董事外的其他职务，并与其受聘的上市公司及其主要股东、实际控制人不存在直接或间接利害关系，或者其他可能妨碍其进行独立客观判断的关系的董事。

根据中国证券监督管理委员会发布的《上市公司独立董事管理办法》的通知，下列人员不得担任独立董事：（1）在上市公司或者其附属企业任职的人员及其配偶、父母、子女、主要社会关系；（2）直接或者间接持有上市公司已发行股份1%以上或者是上市公司前10名股东中的自然人股东及其配偶、父母、子女；（3）在直接或者间接持有上市公司已发行股份5%以上的股东单位或者在上市公司前5名股东单位任职的人员及其配偶、父母、子女；（4）在上市公司、实际控制人的附属企业任职的人员及其配偶、父母、子女；（5）与上市公司及其控股股东、实际控制人或者其各自附属企业有重大业务往来的人员，或者在有重大业务往来的单位及其控股股东、实际控制人任职的人员；（6）为上市公司及其控股股东、实际控制人或者其各自附属企业提供财务、法律、咨询、保荐等服务的人员，包括但不限于提供服务的中介机构的项目组全体人员、各级复核人员、在报告上签字的人员、合伙人、董事、高级管理人员及主要负责人；（7）最近12个月内曾经具有第一项至第六项所列举情形的人员；（8）法律、行政法规、中国证监会规定、证券交易所业务规则和公司章程规定的不具备独立性认定的其他人员。上述第四项至第六项中的上市公司控股股东、实际控制人的附属企业，不包括与上市公司受同一国有资产管理机构控制且按照相关规定未与上市公司构成关联关系的企业。

2. 独立董事的职权

独立董事除依法行使股份有限公司董事的职权外，还行使下列职权：（1）独立聘请中介机构，对上市公司具体事项进行审计、咨询或者核查；(2) 向董事会提议召开临时股东会会议；(3) 提议召开董事会会议；(4) 依法公开向股东征集股东权利；(5) 对可能损害上市公司或者中小股东权益的事项发表独立意见；(6) 法律、行政法规、中国证监会规定和公司章程规定的其他职权。

独立董事应当对以下事项向董事会或股东会发表独立意见：(1) 提名、任免董事；(2) 聘任或解聘高级管理人员；(3) 公司董事、高级管理人员的薪酬；(4) 上市公司的股东、实际控制人及其关联企业对上市公司现有或新发生的总额高于300万元或高于上市公司最近经审计净资产值的5%的借款或其他资金往来，以及公司是否采取有效措施回收欠款；(5) 独立董事认为可能损害中小股东权益的事项；(6) 法律、行政法规、中国证监会和公司章程规定的其他事项。

上市公司应当将独立董事的意见予以公告，独立董事出现意见分歧无法达成一致时，董事会应将各独立董事的意见分别披露。

(三) 上市公司设置审计委员会

上市公司在董事会中设置审计委员会的，董事会对下列事项作出决议前应当经审计委员会全体成员过半数通过：(1) 披露财务会计报告及定期报告中的财务信息、内部控制评价报告；(2) 聘用或者解聘承办上市公司审计业务的会计师事务所；(3) 聘任或者解聘上市公司财务负责人；(4) 因会计准则变更以外的原因作出会计政策、会计估计变更或者重大会计差错更正；(5) 法律、行政法规、中国证监会规定和公司章程规定的其他事项。

(四) 上市公司设立董事会秘书

董事会秘书是董事会设置的服务席位，既不能代表董事会，也不能代表董事长。董事会秘书是上市公司的高级管理人员。

(五) 增设关联关系董事的表决权排除制度

上市公司董事与董事会会议决议事项所涉及的企业有关联关系的，不得对该项决议行使表决权，也不得代理其他董事行使表决权。董事会会议由过半数的无关联关系董事出席即可举行，董事会会议所作决议须经无关联关系董事过半数通过。出席董事会的无关联关系董事人数不足3人的，应将该事项提交上市公司股东会审议。

本节考核的知识点

1. 股份有限公司的设立：重点掌握发起人人数、注册资本、公司设立行为法律后果。

2. 股份有限公司的组织机构：重点掌握股东会、董事会、监事会的职权及议事规则。

3. 上市公司组织机构的特别规定：重点掌握股东会的特别决议事项、独立董事的任职资格及职权、增设关联关系董事的表决权排除制度。

第4节 股东资格与股东权利

一、股东资格

（一）名义股东与实际出资人

有限责任公司记载于股东名册的股东，可以依股东名册主张行使股东权利。在实际出资人与名义股东之间，实际出资人的投资权益应当依双方合同确定并依法保护。但如果实际出资人请求公司变更股东、签发出资证明书、记载于股东名册、记载于公司章程并办理公司登记机关登记等，应当参照《公司法》关于有限责任公司股权转让的规定处理。

实际出资人与名义股东因投资权益的归属发生争议，实际出资人以其实际履行了出资义务为由向名义股东主张权利的，人民法院应予支持。名义股东以公司股东名册记载、公司登记机关登记为由否认实际出资人权利的，人民法院不予支持。

在股份有限公司，依《公司法》的规定，公司发行的股票均应为记名股票，股票是公司签发的证明股东所持股份的凭证。

（二）名义股东、实际出资人与第三人的关系

股东姓名或名称未在公司登记机关登记的，不得对抗善意相对人。所以第三人凭借对公司登记内容的善意信赖，一般可以合理地推定登记的股东（即显名或名义股东）即真实股东，可以接受该名义股东对股权的处分，实际出资人不能主张处分行为无效。

如果第三人明知该名义股东不是实际出资的股东，股权应归属于实际出资人。那么，该第三人就不属于《公司法》所称的“善意相对人”，公司有权主张该第三人与名义股东之间的股权转让不发生权属变动的法律效果。

二、股东权利

（一）股东权利的概念与分类

股东权利是指股东基于股东资格而对公司及其组织机构享有的权利，也称为股东权或股权。依据不同的标准，可以对股东权进行不同的分类，主要有：

1. 自益权和共益权

自益权是指股东仅以个人利益为目的而行使的权利，如股利分配请求权、剩余财产分配权、新股认购优先权、股份质押权和股份转让权等。

共益权是指股东基于公司利益同时兼顾个人利益而行使的权利，如股东会参加权、提案权、质询权、在股东会上的表决权、累积投票权、股东会召集请求权和自行召集权、查阅公司账簿权、提起诉讼权等。

2. 单独股东权和少数股东权

单独股东权是指每一单独股份均享有的权利，即只持有一股股份的股东也可

以单独行使的权利，如自益权、表决权等。

少数股东权是指须单独或共同持有占股本总额一定比例以上股份方可行使的权利，如请求召开临时股东会会议的权利等。

3. 固有权和非固有权

固有权是指股东依法享有，只能由其自愿放弃，不允许由公司章程或股东会决议加以限制或剥夺的股东权利，一般共益权和特别股东权均属固有权。

非固有权是指法律允许由公司章程或股东会决议加以限制或剥夺的股东权利，如自益权中的一部分便为非固有权。

4. 普通股东权和特别股东权

普通股东权是指普通股股东所享有的权利。

特别股东权是指特别股股东所享有的特别权利，如优先股股东所享有的各种优先权利。

（二）股东权利的内容

1. 表决权

表决权是指股东通过亲自出席或者委托代理人出席股东会会议，对会议决议事项表示同意或不同意的权利。除优先股股东外，这是股东固有的权利。

2. 选举权和被选举权

选举权和被选举权是指股东有权通过股东会选举公司的董事或者监事，也有权在符合法定任职资格的条件下，被选举为公司的董事或监事。

3. 知情权

知情权是指股东有获取公司信息的权利。根据《公司法》的规定，有限责任公司和股份有限公司股东均“有权查阅、复制公司章程、股东名册、股东会会议记录、董事会会议决议、监事会会议决议和财务会计报告”。

在有限责任公司，任何股东均“可以要求查阅公司会计账簿、会计凭证”。股东要求查阅公司会计账簿、会计凭证的，应当向公司提出书面请求，说明目的。公司有合理根据认为股东查阅会计账簿、会计凭证有不正当目的，可能损害公司合法利益的，可以拒绝提供查阅，并应当自股东提出书面请求之日起15日内书面答复股东并说明理由。

在股份有限公司，“连续180日以上单独或者合计持有公司3%以上股份的股东”要求查阅公司的会计账簿、会计凭证的，适用上述有限责任公司股东的知情权规定，公司章程对持股比例有较低规定的，从其规定。

无论有限责任公司还是股份有限公司，上述规则同样适用于股东要求查阅、复制公司全资子公司相关资料的情形。

除了上述查阅、复制公司资料的知情权外，《公司法》还规定，股份有限公司应当定期向股东披露董事、监事、高级管理人员从公司获得报酬的情况。

4. 新股优先认购权

新股优先认购权是指公司新增资本或发行新股时，原有股东享有的在同等条件下优先认缴出资或者认购新股的权利。

有限责任公司股东的增资优先认缴权是法定权利，认缴金额以其实缴出资比例为准，除非全体股东约定其他认缴比例；而股份有限公司股东不享有新股优先认购权，除非公司章程另有规定或者股东会决议另有决定。

5. 股利分配请求权

无论有限责任公司还是股份有限公司，利润分配方案均由董事会制定，股东会以普通多数决议通过后，再由董事会实施。股利分配的比例一般与股东持股比例挂钩，但也允许另作约定。

《公司法》规定，公司弥补亏损和提取公积金后所余税后利润，有限责任公司按照股东实缴的出资比例分配利润，全体股东约定不按照出资比例分配利润的除外；股份有限公司按照股东所持有的股份比例分配利润，公司章程另有规定的除外。

股东会作出分配利润的决议的，董事会应当在股东会决议作出之日起6个月内进行分配。

6. 股份转让权

在有限责任公司，股东之间转让股权无限制，股东向股东以外的人转让股权时，应当将股权转让的数量、价格、支付方式和期限等事项书面通知其他股东，其他股东在同等条件下有优先购买权。股东自接到书面通知之日起30日内未答复的，视为放弃优先购买权。两个以上股东主张行使优先购买权的，协商确定各自的购买比例；协商不成的，按照转让时各自的出资比例行使优先购买权。公司章程对股权转让另有规定的，从其规定。

人民法院依照法律规定的强制执行程序转让股东的股权时，应当通知公司及全体股东，其他股东在同等条件下有优先购买权。其他股东自人民法院通知之日起满20日不行使优先购买权的，视为放弃优先购买权。

股东转让股权的，应当书面通知公司，请求变更股东名册；需要办理变更登记的，并请求公司向公司登记机关办理变更登记。公司拒绝或者在合理期限内不予答复的，转让人、受让人可以依法向人民法院提起诉讼。股权转让的，受让人自记载于股东名册时起可以向公司主张行使股东权利。

在股份有限公司，股份的转让以自由转让为原则，以法律限制为例外。具体限制如下：

（1）公司公开发行股份前已发行的股份，自公司股票在证券交易所上市交易之日起1年内不得转让。法律、行政法规或者国务院证券监督管理机构对上市公司的股东、实际控制人转让其所持有的本公司股份另有规定的，从其规定。

（2）董事、监事、高级管理人员所持本公司股份，自公司股票上市交易之日起1年内不得转让。董事、监事、高级管理人员（经理、副经理、财务负责人、上市公司董事会秘书）在就任期间每年转让的股份不得超过其所持有本公司股份总数的25%；离职后6个月内，不得转让其所持有的本公司股份。公司章程可以对公司董事、监事、高级管理人员转让其所持有的本公司股份作出其他限制性规定。

（3）股份在法律、行政法规规定的限制转让期限内出质的，质权人不得在限制转让期限内行使质权。

（4）公司不得收购本公司股份，但是有下列情形之一的除外：1）减少公司注册资本；2）与持有本公司股份的其他公司合并；3）将股份用于员工持股计划或者股权激励；4）股东因对股东会作出的公司合并、分立决议持异议，要求公司收购其股份；5）将股份用于转换上市公司发行的可转换为股票的公司债券；6）上市公司为维护公司价值及股东权益所必需。公司因上述第1）项、第2）项规定的情形收购本公司股份的，应当经股东会作出决议；公司因第3）项、第5）项、第6）项规定的情形收购本公司股份的，可以依照公司章程的规定或者股东会的授权，经2/3以上董事出席的董事会会议决议；公司因第4）项规定的情形收购本公司股份的，不必经股东会或者董事会作出决议。公司依照上述规定收购本公司股份后，属于第1）项情形的，应当自收购之日起10日内注销；属于第2）项、第4）项情形的，应当在6个月内转让或者注销；属于第3）项、第5）项、第6）项情形的，公司合计持有的本公司股份数不得超过本公司已发行股份总额的10%，并应当在3年内转让或者注销。上市公司收购本公司股份的，应当依照《中华人民共和国证券法》的规定履行信息披露义务。上市公司因上述第3）项、第5）项、第6）项规定的情形收购本公司股份的，应当通过公开的集中交易方式进行。

（5）股份有限公司不得接受以本公司的股票作为质权的标的。

7. 异议股东股份回购请求权

有限责任公司和股份有限公司（公开发行股份的公司除外）有下列情形之一的，对股东会该项决议投反对票的股东可以请求公司按照合理的价格收购其股份：（1）公司连续5年不向股东分配利润，而公司该5年连续盈利，并且符合法律规定的分配利润条件；（2）公司转让主要财产；（3）公司章程规定的营业期限届满或者章程规定的其他解散事由出现，股东会通过决议修改章程使公司存续。

有限责任公司的控股股东滥用股东权利，严重损害公司或者其他股东利益的，其他股东也有权请求公司按照合理的价格收购其股份。

本节考核的知识点

1. 名义股东与实际出资人的关系。

2. 股东的权利：重点掌握股东的表决权、股利分配请求权、股份转让权、异议股东股份回购请求权。

第5节 公司董事、监事、高级管理人员

一、公司董事、监事、高级管理人员的资格

公司董事、监事、高级管理人员是代表公司组织机构行使职权的人员，在公司中处于重要地位，并依法具有法定职权。为了保证上述人员具有正确履行职责的能力与条件，《公司法》规定他们应当具有相应的资格。有下列情形之一的，不

得担任公司的董事、监事、高级管理人员：（1）无民事行为能力或者限制民事行为能力；（2）因贪污、贿赂、侵占财产、挪用财产或者破坏社会主义市场经济秩序，被判处刑罚，或者因犯罪被剥夺政治权利，执行期满未逾5年，被宣告缓刑的，自缓刑考验期满之日起未逾2年；（3）担任破产清算的公司、企业的董事或者厂长、经理，对该公司、企业的破产负有个人责任的，自该公司、企业破产清算完结之日起未逾3年；（4）担任因违法被吊销营业执照、责令关闭的公司、企业的法定代表人，并负有个人责任的，自该公司、企业被吊销营业执照之日起未逾3年；（5）个人所负数额较大的债务到期未清偿被人民法院列为失信被执行人。

二、公司董事、监事、高级管理人员的义务

1. 忠实义务

董事、监事、高级管理人员的忠实义务包括禁止类规则和限制类规则两种。

（1）禁止类规则：1）侵占公司财产、挪用公司资金；2）将公司资金以其个人名义或者以其他个人名义开立账户存储；3）利用职权贿赂或者收受其他非法收入；4）接受他人与公司交易的佣金归为己有；5）擅自披露公司秘密；6）违反对公司忠实义务的其他行为。

（2）限制类规则：1）关联交易。①董事、监事、高级管理人员，直接或者间接与本公司订立合同或者进行交易，应当就与订立合同或者进行交易有关的事项向董事会或者股东会报告，并按照公司章程的规定经董事会或者股东会决议通过；②董事、监事、高级管理人员的近亲属，董事、监事、高级管理人员或者其近亲属直接或者间接控制的企业，以及与董事、监事、高级管理人员有其他关联关系的关联人，与公司订立合同或者进行交易，适用前述规定。2）利用公司商业机会。董事、监事、高级管理人员，不得利用职务便利为自己或者他人谋取属于公司的商业机会。但有下列情形之一的，董事、监事、高级管理人员可以利用属于公司的商业机会：①相关董事、监事、高级管理人员向董事会或者股东会报告，并按照公司章程的规定经董事会或者股东会决议批准；②根据法律、行政法规或者公司章程的规定，公司不能利用该商业机会。

（3）经营同类业务。董事、监事、高级管理人员未向董事会或者股东会报告，并按照公司章程的规定经董事会或者股东会决议通过，不得自营或者为他人经营与其任职公司同类的业务。

董事会对上述三种事项决议时，关联董事不得参与表决，其表决权不计入表决权总数。

公司董事、监事、高级管理人员违反上述规定所得的收入应当归公司所有，公司有权要求相关董事、监事、高级管理人员向公司交付该类收入。

2. 勤勉义务

（1）有限责任公司成立后，董事会应当对股东的出资情况进行核查，发现股东未按期足额缴纳出资的，应当催缴其出资。董事会未及时履行催缴义务，给公司造成损失的，负有责任的董事应当承担赔偿责任。

（2）公司成立后，股东抽逃出资给公司造成损失的，负有责任的董事、监事、高级管理人员应当与该股东承担连带赔偿责任。

（3）董事、监事、高级管理人员违反规定，为他人取得本公司或者其母公司的股份提供财务资助，给公司造成损失的，应当承担赔偿责任。

（4）公司违反规定向股东分配利润或者减少注册资本，给公司造成损失的，负有责任的董事、监事、高级管理人员应当承担赔偿责任。

审判实践中，被人民法院确认董事、监事、高级管理人员违反勤勉义务的行为还包括：越权行为（例如，令公司从事经营范围外的营业活动，造成公司损失）、违法行为（例如，指使公司偷逃税款或者违反环保法规，导致公司遭受国家处罚或对第三人承担赔偿责任）以及各种失职行为（例如，应当代表公司与第三人签订书面合同而未签订，致使公司事后无法通过诉讼维护自身权利；未尽监督义务，在上市公司违反信息披露要求的文件上签字，声明信息披露内容真实、准确、完整；未及时依公司章程向股东催缴出资等）。

三、股东诉讼

（一）股东代表诉讼

股东代表诉讼也称股东代位诉讼，是指当董事、监事、高级管理人员或者他人的违法行为给公司造成损失，公司拒绝或者怠于向该违法行为人请求损害赔偿时，具备法定资格的股东有权代表其他股东代替公司提起诉讼，请求违法行为人赔偿公司损失的行为。

根据侵权人身份与具体情况的不同，提起股东代表诉讼有以下几种程序：

1. 股东对董事、高级管理人员侵犯公司利益提起的诉讼

第一步：股东（有限责任公司的股东、股份有限公司连续 180 日以上单独或者合计持有公司 1%以上股份的股东）可以书面请求监事会向人民法院提起诉讼。

第二步：如果监事会收到股东的书面请求后拒绝提起诉讼，或者自收到请求之日起 30 日内未提起诉讼，或者情况紧急、不立即提起诉讼将会使公司利益受到难以弥补的损害的，股东有权为了公司的利益以自己的名义直接向人民法院提起诉讼。

2. 股东对监事侵犯公司利益提起的诉讼

第一步：股东（有限责任公司的股东、股份有限公司连续 180 日以上单独或者合计持有公司 1%以上股份的股东）可以书面请求董事会向人民法院提起诉讼。

第二步：如果董事会收到股东的书面请求后拒绝提起诉讼，或者自收到请求之日起 30 日内未提起诉讼，或者情况紧急、不立即提起诉讼将会使公司利益受到难以弥补的损害的，股东有权为了公司的利益以自己的名义直接向人民法院提起诉讼。

3. 股东对全资子公司的董事、监事、高级管理人员侵犯公司利益提起的诉讼

公司全资子公司的董事、监事、高级管理人员执行公司职务时违反法律、行政法规或者公司章程的规定给全资子公司造成损失的，或者他人侵犯公司全资子公司合法权益造成损失的，有限责任公司的股东、股份有限公司连续 180 日以上

单独或者合计持有公司1%以上股份的股东，可以依照上述规定书面请求全资子公司的监事会、董事会向人民法院提起诉讼或者以自己的名义直接向人民法院提起诉讼。

（二）股东直接诉讼

公司董事、高级管理人员违反法律、行政法规或者公司章程的规定，损害股东利益的，股东可以（直接作为原告）依法向人民法院提起诉讼。

本节考核的知识点

1. 董事、监事、高级管理人员的资格。
2. 董事、监事、高级管理人员的义务。
3. 股东代表诉讼。

第6节 公司的财务会计

一、公司财务会计的基本要求

（1）公司财务会计报告应当由董事会负责编制，并对其真实性、完整性和准确性负责。公司除法定的会计账簿外，不得另立会计账簿。对公司资金，不得以任何个人名义开立账户存储。

（2）公司应当向聘用的会计师事务所提供真实、完整的会计凭证、会计账簿、财务会计报告及其他会计资料，不得拒绝、隐匿、谎报。

（3）有限责任公司应当按照公司章程规定的期限将财务会计报告送交各股东。股份有限公司的财务会计报告应当在召开股东会年会的20日前置备于本公司，供股东查阅；公开发行股票的股份有限公司应当公告其财务会计报告。

二、利润分配

1. 利润分配规则

（1）公司只能向股东分配“税后利润”；

（2）分配“当年税后利润”之前，公司必须提取税后利润的10%列入法定公积金，法定公积金累计额为公司注册资本的50%以上的，可以不再提取；

（3）公司的法定公积金不足以弥补以前年度亏损的，在依照上述规定提取法定公积金之前，应当先用当年利润弥补亏损；

（4）公司可以自愿从税后利润中提取“任意公积金”，但须由股东会作出决议；

（5）“弥补亏损和提取公积金后所余税后利润”，通常应按股东持股比例分配（具体来说，有限责任公司按照股东实缴的出资比例分配利润，全体股东约定不按照出资比例分配利润的除外；股份有限公司按照股东所持有的股份比例分配利润，公司章程另有规定的除外）。

2. 违法利润分配的表现和法律责任

(1) 违法利润分配的表现。

1) 公司在没有可供分配利润（甚至存在亏损）的情况下，以分配股利的名义向股东支付资金（或者虽有利润，但支付给股东的金额多于可供分配的利润）；2) 公司有利润，未作分配决议就将公司收入以分红名义直接支付给股东；3) 公司有利润，履行了利润分配的决议程序（例如，股东会通过了分配利润决议），但未提取法定公积金就实施分配；4) 公司与股东之间订立不以“税后利润”为分配基础的定额股息或定额回报协议，公司履行该类协议的行为。

(2) 违法利润分配的法律责任。

1) 财产返还责任。该项责任属于无过错责任。无论股东对违法分配是否知情，股东都应当将违反规定分配给自己的利润退还公司。

2) 损害赔偿责任。如果违法分配给公司造成损失，股东及负有责任的董事、监事、高级管理人员应当承担赔偿责任。

3. 公积金规则

(1) 公积金的概念。《公司法》规定了三个公积金概念：一是“法定公积金”；二是“任意公积金”；三是“资本公积金”。前两种公积金都来源于公司盈余，确切地说，它们应分别称为“法定盈余公积金”和“任意盈余公积金”。资本公积金是直接由资本原因形成的公积金，属于资本的储备。公司以超过股票票面金额的发行价格发行股份所得的溢价款、发行无面额股所得股款未计入注册资本的金额以及国务院财政部门规定列入资本公积金的其他项目，应当列为公司资本公积金。

(2) 公积金的用途。

1) 弥补亏损。用公积金弥补亏损的顺序是先使用任意公积金和法定公积金；这两项公积金仍不足以弥补亏损的，可以使用资本公积金。

2) 扩大生产经营。

3) 三种公积金均可用于增加注册资本。公司以法定公积金转为增加注册资本时，所留存的该项公积金不得少于转增前公司注册资本的 25%。

本节考核的知识点

1. 利润分配规则。
2. 公积金规则。

第 7 节　公司的合并、分立、增资、减资、解散与清算

一、公司合并、分立

（一）公司合并、分立的形式

1. 合并

(1) 吸收合并，是指一个公司吸收其他公司加入本公司，被吸收的公司解散。

（2）新设合并，是指两个以上公司合并设立一个新的公司，合并各方解散。

2. 分立

（1）派生分立，是公司以其部分财产和业务另设一个或数个新的公司，原公司存续。

（2）新设分立，是公司以其全部财产分别归入两个以上的新设公司，原公司解散。

（二）合并、分立的程序

（1）签订协议。

（2）编制资产负债表及财产清单。

（3）由股东会作出决议，并采用特别多数决方式。为简化合并流程，《公司法》特别规定：公司与其持股90%以上的公司合并，被合并的公司不需经股东会决议，但应当通知其他股东，其他股东有权请求公司按照合理的价格收购其股权或者股份。公司合并支付的价款不超过本公司净资产10%的，可以不经股东会决议；但是，公司章程另有规定的除外。不过，上述不经股东会决议的合并，应当经董事会决议。

（4）通知公告债权人。公司应当自作出（合并、分立）决议之日起10日内通知债权人，并于30日内在报纸上或者国家企业信用信息公示系统公告。

发生合并的，债权人自接到通知书之日起30日内，未接到通知书的自公告之日起45日内，可以要求公司清偿债务或者提供相应的担保。发生分立的，债权人无权要求公司清偿债务或者提供相应担保。

（5）依法进行登记。

（三）债权、债务的承担

（1）合并：合并各方的债权、债务，应当由合并后存续的公司或者新设的公司承继。

（2）分立：公司分立前的债务由分立后的公司承担连带责任，但是，公司在分立前与债权人就债务清偿达成的书面协议另有约定的除外。

二、增减资本

（一）公司注册资本的减少

1. 普通减资的程序与债权人保护机制

（1）由董事会制订减资方案，提交股东会采用特别多数决方式表决。

（2）编制资产负债表及财产清单。

（3）通知债权人并公告。公司应当自股东会作出减少注册资本决议之日起10日内通知债权人，并于30日内在报纸上或者国家企业信用信息公示系统公告。债权人自接到通知之日起30日内，未接到通知的自公告之日起45日内，有权要求公司清偿债务或者提供相应的担保。

（4）变更公司登记。

根据《公司法》的规定，公司减少注册资本，应当按照股东出资或者持有股份的比例相应减少出资额或者股份，法律另有规定、有限责任公司全体股东另有约定或者股份有限公司章程另有规定的除外。

2. 补亏减资

根据《公司法》的规定，公司弥补亏损的方法主要有三种：（1）通过当年利润弥补以前年度的亏损；（2）通过公积金弥补亏损；（3）通过减少注册资本弥补亏损。该三种补亏方法适用的顺序是优先以利润弥补亏损，其次以法定公积金和任意公积金补亏，再次以资本公积金补亏，最后是减少注册资本。通过减资方式弥补亏损的，有两个限制：其一，在法定公积金和任意公积金累计额达到公司注册资本50%前，不得分配利润；其二，不得免除股东缴纳出资或者股款的义务。

补亏减资对公司债权人利益基本没有影响，故债权人无权要求公司清偿债务或者提供相应的担保。不过，公司仍应在报纸上或者国家企业信用信息公示系统上对该减资事项予以公告。

3. 违法减资的法律后果

（1）内部法律责任。

1）退还资金。因公司减资而取回出资的股东，应当向公司退还其收到的资金。

2）恢复原状。如果减资方式是减免股东的出资义务或缴纳股款的义务，则公司应当通过修改公司章程、变更公司登记等，消除对股东出资义务或者缴纳股款义务的减免，将注册资本的相关记载和公示信息恢复原状。

3）损害赔偿。违法减资给公司造成损失，股东及负有责任的董事、监事、高级管理人员应当承担赔偿责任。

（2）外部法律责任。公司的股东（全体股东或只是参与减资的股东），在减资金额范围内对起诉的债权人承担“补充赔偿责任”。

（二）公司注册资本的增加

（1）董事会制订和提出增资方案。

（2）股东会决议，有限责任公司股东会的该项决议须经代表2/3以上表决权的股东通过，股份有限公司股东会的该项决议须经出席会议的股东所持表决权的2/3以上通过；决议应依章程规定，对原有股东是否享有及如何行使增资优先认缴权或者新股优先认购权作出相应安排。

（3）公司与增资入股者订立“增资协议”“新股认购协议”或类似协议。

（4）履行可能的批准程序，例如，涉及国有股权时，须经国有资产管理部门批准。

（5）修订公司章程。

（6）增资入股者依约缴纳其认缴的出资或认购的股份。

（7）办理相应的公司登记变更手续。

三、解散

（一）公司解散的原因

（1）公司章程规定的营业期限届满或者公司章程规定的其他解散事由出现。

（2）股东会决议解散。

（3）因公司合并、分立需要解散。

（4）依法被吊销营业执照、责令关闭或者被撤销。

（5）人民法院依法判决予以解散。

（二）强制解散

强制解散是指公司经营管理发生严重困难，继续存续会使股东利益受到重大损失，通过其他途径不能解决的，持有公司10%以上表决权的股东可以请求人民法院解散公司。

1. 人民法院应当受理的情形

（1）公司持续2年以上无法召开股东会会议，公司经营管理发生严重困难的；（2）股东表决时无法达到法定或者公司章程规定的比例，持续2年以上不能作出有效的股东会决议，公司经营管理发生严重困难的；（3）公司董事长期冲突，并且无法通过股东会解决，公司经营管理发生严重困难的；（4）经营管理发生其他严重困难，公司继续存续会使股东利益受到重大损失的。

2. 人民法院不予受理的情形

股东以知情权、利润分配请求权等权益受到损害，或者公司亏损、财产不足以偿还全部债务，以及公司被吊销企业法人营业执照未进行清算等为由，提起解散公司诉讼的，人民法院不予受理。

四、清算

（一）清算组

（1）清算组由董事（公司清算义务人）组成，但是公司章程另有规定或者股东会决议另选他人的除外。

（2）清算义务人应当在解散事由出现之日起15日内成立清算组。逾期不成立清算组进行清算或者成立清算组后不清算的，利害关系人可以申请人民法院指定有关人员组成清算组进行清算。公司因依法被吊销营业执照、责令关闭或者被撤销而解散的，作出吊销营业执照、责令关闭或者撤销决定的部门或者公司登记机关，可以申请人民法院指定有关人员组成清算组进行清算。

（3）人民法院组织清算组进行清算时，清算组成员通常可以从下列人员或者机构中产生：1）公司股东、董事、监事、高级管理人员；2）依法设立的会计师事务所、律师事务所、破产清算事务所等社会中介机构；3）依法设立的会计师事务所、律师事务所、破产清算事务所等社会中介机构中具备相关专业知识并取得执业资格的人员。

（二）债权登记

清算组应当自成立之日起10日内通知债权人，并于60日内在报纸上或者国家企业信用信息公示系统公告。债权人应当自接到通知书之日起 30 日内，未接到通知书的自公告之日起 45 日内，向清算组申报债权。

（三）清偿债务，分配剩余财产

公司财产在分别支付清算费用、职工的工资、社会保险费用和法定补偿金，缴纳所欠税款，清偿公司债务后的剩余财产，有限责任公司按照股东的出资比例分配，股份有限公司按照股东持有的股份比例分配。公司财产在未依照上述规定清偿前，不得分配给股东。清算期间，公司存续，但不得开展与清算无关的经营活动。清算组在清理公司财产、编制资产负债表和财产清单后，发现公司财产不足清偿债务的，应当依法向人民法院申请破产清算。人民法院受理破产申请后，清算组应当将清算事务移交给人民法院指定的破产管理人。

（四）注销登记

根据《中华人民共和国市场主体登记管理条例》的规定，公司因解散、被宣告破产或者其他法定事由需要终止的，应当依法向登记机关申请注销登记。经登记机关注销登记，公司终止。公司注销依法须经批准的，应当经批准后向登记机关申请注销登记。人民法院裁定强制清算或者裁定宣告破产的，有关清算组、破产管理人可以持人民法院终结强制清算程序的裁定或者终结破产程序的裁定，直接向登记机关申请办理注销登记。

（五）特别注销程序

1. 简易注销程序

公司在存续期间未产生债务，或者已清偿全部债务的，经全体股东承诺，可以按照规定通过简易程序注销公司登记。通过简易程序注销公司登记，应当通过国家企业信用信息公示系统予以公告，公告期限不少于 20 日。公告期限届满后，未有异议的，公司可以在 20 日内向公司登记机关申请注销公司登记。公司通过简易程序注销公司登记，股东对上述公司债务情况承诺不实的，应当对注销登记前的债务承担连带责任。

公司注销依法须经批准的，或者公司被吊销营业执照、责令关闭、撤销，或者被列入经营异常名录的，不适用简易注销程序。

2. 强制注销程序

公司被吊销营业执照、责令关闭或者被撤销，满 3 年未向公司登记机关申请注销公司登记的，公司登记机关可以通过国家企业信用信息公示系统予以公告，公告期限不少于 60 日。公告期限届满后，未有异议的，公司登记机关可以注销公司登记。依照上述规定注销公司登记的，原公司股东、清算义务人的责任不受影响。

本节考核的知识点

1. 公司合并、分立、增资、减资的法定程序。
2. 公司的解散：重点掌握强制解散。
3. 两种特别注销程序。

第3章即测即评

练习题

选择题

1. 甲、乙、丙三位股东以发起方式设立A股份有限公司，公司经营一段时间后，甲股东向银行贷款100万元，拟由A股份有限公司为其提供担保。关于该担保事项，下列说法正确的是（　　）。

A. 按照公司章程的规定由董事会或者股东会进行决议

B. 由董事会作出决议

C. 无须经过会议讨论，甲股东可以安排公司经理办理担保事项

D. 必须经股东会决议

2. 甲、乙、丙共同出资设立一家有限责任公司，其中，丙以房产出资30万元。公司成立后又吸收丁入股。后查明，丙作为出资的房产仅值20万元，丙现有可执行的个人财产6万元。下列处理方式中，符合公司法律制度规定的是（　　）。

A. 丙以现有可执行财产补交差额，不足部分由丙从公司分得的利润予以补足

B. 丙以现有可执行财产补交差额，不足部分由甲、乙补足

C. 丙以现有可执行财产补交差额，不足部分由甲、乙、丁补足

D. 丙无须补交差额，甲、乙、丁都不承担补足出资的连带责任

3. 下列有关股份有限公司成立条件的表述中，符合《公司法》规定的是（　　）。

A. 以发起设立方式设立股份有限公司的，发起人应当认足公司章程规定的公司设立时应发行的股份

B. 采取募集方式设立的，全体发起人认购的股份不得低于注册资本的20%

C. 非法人组织不能作为发起人

D. 发起人共5人，其中2人在中国境内有住所，可以发起设立股份有限公司

4. 甲、乙、丙三人共同出资80万元设立了一家有限责任公司，其中甲出资40万元，乙出资25万元，丙出资15万元。2024年8月公司成立后，召开了第一次股东会会议。有关这次会议的下列情况中，符合《公司法》规定的有（　　）。

A. 会议由甲召集和主持

B. 会议决定不设董事会，由甲担任董事，甲为公司的法定代表人

C. 会议决定设1名监事，由乙担任，任期2年

D. 会议决定了公司的经营计划和投资方案

5. 甲、乙、丙、丁共同出资设立一家有限责任公司，四人均以25万元的货币出资。公司章程规定，召开股东会会议时，甲享有50%的表决权，乙享有7%的表决权，丙享有13%的表决权，丁享有30%的表决权。2024年8月1日，丙提议召开临时股东会会议，拟将该公司变更为股份有限公司。在表决时，丁未出席会议，甲和丙表示赞成，乙表示反对。根据公司法律制度的规定，下列表述正确的有（　　）。

A. 丙有权提议召开临时股东会会议

B. 丙无权提议召开临时股东会会议

C. 因甲和丙所持的表决权已超过出席会议的股东所持表决权的2/3，股东会可以通过该决议

D. 因甲和丙所持的表决权未达到全部表决权的2/3，股东会不能通过该决议

6. 根据公司法律制度的规定，公司董事会、监事会的成员可以由公司职工代表出任。下列表述中，正确的是（ ）。

A. 国有独资公司的董事会成员中，应当过半数为外部董事，并应当有公司职工代表

B. 职工人数300人以上的有限责任公司，除依法设监事会并有公司职工代表的外，其董事会成员中应当有公司职工代表

C. 非国有投资主体投资设立的有限责任公司，其董事会、监事会成员中可以无职工代表

D. 股份有限公司董事会成员中可以有职工代表，监事会中应当有职工代表，且其比例不得低于监事会成员的1/3

7. 甲公司是一家以募集方式设立的股份有限公司，其注册资本为人民币6 000万元。董事会有7名成员。最大股东李某持有公司12%的股份。根据公司法律制度的规定，下列各项中，属于甲公司应当在两个月内召开临时股东会会议的情形有（ ）。

A. 董事人数减至4人

B. 监事陈某提议召开

C. 最大股东李某请求召开

D. 公司未弥补亏损达人民币1 600万元

8. 某股份有限公司共发行股份3 000万股，每股享有平等的表决权，公司拟召开股东会会议对减资决议进行表决。在股东会表决时可能出现的下列情形中，能使决议得以通过的有（ ）。

A. 出席会议的股东共持有2 700万股，其中持有1 600万股的股东同意

B. 出席会议的股东共持有2 400万股，其中持有1 200万股的股东同意

C. 出席会议的股东共持有1 800万股，其中持有1 300万股的股东同意

D. 出席会议的股东共持有1 500万股，其中持有800万股的股东同意

9. 甲、乙、丙、丁拟任A上市公司独立董事。根据上市公司独立董事制度的规定，下列选项中，不影响当事人担任独立董事的情形是（ ）。

A. 甲之妻半年前卸任A上市公司之附属企业B公司总经理之职

B. 乙于1年前卸任C公司副董事长之职，C公司持有A上市公司已发行股份的7%

C. 丙正在担任B公司的法律顾问

D. 丁是持有A上市公司已发行股份2%的自然人股东

10. 某上市公司董事会成员有11人，根据公司章程的规定对本公司与甲公司签订重要采购合同的事项召开临时董事会会议，其中董事李某是甲公司的董事长，董事张某、刘某因故未参加本次会议，表决时有3个董事不同意。根据公司法律

制度的规定，下列关于本次会议的表述中，正确的有（　　）。

A. 该董事会会议由于过半数的无关联关系董事出席，因此可以举行

B. 该董事会决议经参加会议的无关联关系董事半数以上通过，有效

C. 该董事会决议未经无关联关系董事过半数通过，无效

D. 该董事会决议经全体董事过半数通过，有效

11. 根据《公司法》的规定，关于国有独资公司组织机构的下列表述中，正确的有（　　）。

A. 国有独资公司不设股东会

B. 国有独资公司设立董事会

C. 国有独资公司不设监事会

D. 国有独资公司董事会成员均由履行出资人职责的机构负责委派

12. 下列有关某有限公司股权转让的说法，正确的有（　　）。

A. 股东A将股权转让给另一位股东B，股东C可以主张优先购买权

B. 股东A将股权转让给非股东D，股东A书面通知了其他股东，其他股东在收到通知后30天内未答复的视为放弃优先购买权

C. 人民法院依照法律规定的强制执行程序移转股东股权的，应当通知公司及全体股东，其他股东在同等条件下有优先购买权。其他股东自人民法院通知之日起满30日不行使优先购买权的，视为放弃优先购买权

D. 在公司章程没有另外规定的情况下，自然人股东死亡后，其合法继承人可以直接继承股东资格

13. 2024年7月15日，某股份有限公司依股东会决议收购了本公司部分股份用于奖励公司职工。该公司现有已发行股份总计8 000万股。下列关于该公司收购本公司部分股份奖励职工的表述中，符合《公司法》规定的有（　　）。

A. 公司可以收购的本公司股份不得超过400万股

B. 公司可以收购的本公司股份不得超过800万股

C. 公司用于收购本公司股份的资金可以从公司的税前利润中支出

D. 公司收购的本公司股份在2026年7月15日之前转让给职工

14. 根据《公司法》的规定，董事、监事、高级管理人员不得从事的行为有（　　）。

A. 未向董事会或者股东会报告，并按照公司章程的规定经董事会或者股东会决议通过，与本公司订立合同或者进行交易

B. 未向董事会或者股东会报告，并按照公司章程的规定经董事会或者股东会决议通过，自营或者为他人经营与其任职公司同类的业务

C. 接受他人与公司交易的佣金归为己有

D. 将公司资金以其个人名义或者以其他个人名义开立账户存储

15. 根据公司法律制度的规定，股份有限公司董事、高级管理人员履行公司职务时因违法给公司造成损失的，在一定情形下，连续180日以上单独或合计持有公司1%以上股份的股东可以为了公司利益，以自己的名义直接向人民法院提起诉讼。下列各项中，属于该情形的有（　　）。

A. 股东书面请求公司董事会向人民法院提起诉讼遭到拒绝

B. 股东书面请求公司董事会向人民法院提起诉讼，董事会自收到请求之日起30日内未提起诉讼

C. 股东书面请求公司监事会向人民法院提起诉讼遭到拒绝

D. 股东书面请求公司监事会向人民法院提起诉讼，监事会自收到请求之日起30日内未提起诉讼

16. 某公司注册资本为100万元。2024年该公司提取的法定公积金累计额为60万元，提取的任意公积金累计额为40万元。当年，该公司拟用公积金转增公司资本50万元。下列有关公司拟用公积金转增资本的方案中，不符合公司法律制度规定的是（　　）。

A. 用法定公积金10万元、任意公积金40万元转增资本

B. 用法定公积金20万元、任意公积金30万元转增资本

C. 用法定公积金30万元、任意公积金20万元转增资本

D. 用法定公积金40万元、任意公积金10万元转增资本

17. 上市公司发生的下列事项中，应当由股东会审议批准的是（　　）。

A. 对外担保总额达到最近一期经审计净资产的30%

B. 单笔担保额为最近一期经审计净资产5%的担保

C. 为资产负债率为50%的担保对象提供的担保

D. 对外担保总额超过最近一期经审计总资产的30%以后提供的担保

18. 股东以（　　）为由，向人民法院提起解散公司的诉讼，人民法院不予受理。

A. 知情权受到损害

B. 公司亏损

C. 财产不足以清偿债务

D. 公司持续2年以上无法召开股东会会议，公司经营管理发生严重困难

案例题

【案例1】 天山有限责任公司（以下简称天山公司）由5家国有企业联合设立，注册资本为1亿元。2024年3月，公司净资产额8 000万元，在公司章程中，对董事任期、监事会组成、股权转让规则等事项作了如下规定：

（1）公司董事任期为4年；

（2）公司设立监事会，监事会成员为7人，其中包括2名职工代表；

（3）股东向股东以外的人转让股权，必须经其他股东2/3以上同意。

公司其他有关情况如下：

（1）天山公司曾于2023年8月成功发行3年期公司债券1 000万元，1年期公司债券500万元。

（2）天山公司现有董事7名，2024年10月10日，董事长提议，趁全体董事15日均无外出任务，召开临时董事会会议。15日全体董事如期到会，董事会上制订并通过了公司增资方案，将公司现有的注册资本由1亿元增加到1.5亿元。会

后将上述方案提交公司股东会。

(3) 11月10日，公司股东会在召开的定期会议上审议了董事会提交的公司增资方案，股东会审议表决结果为：3家股东赞成增资，这3家股东的出资总和为5 840万元；2家股东不赞成增资，这2家股东的出资总和为4 160万元。股东会通过了增资决议，并授权董事会执行。

(4) 11月20日，公司监事会在检查公司财务时发现，公司经理王某擅自将公司5万元资金以其个人名义开立账户存储。

要求：根据上述内容，分别回答下列问题：

(1) 公司章程中关于董事任期的规定是否合法？简要说明理由。

(2) 公司章程中关于监事会职工代表人数的规定是否合法？简要说明理由。

(3) 公司章程中关于股权转让的规定是否合法？简要说明理由。

(4) 天山公司在召开董事会会议过程中存在的议事规则方面的不合法之处是什么？为什么？

(5) 天山公司股东会通过的增资决议是否合法？为什么？

(6) 天山公司对王某擅自以其个人名义开立账户存储挪用的公司资金的行为应如何处理？

【案例2】 甲股份有限公司（以下简称甲公司）董事会由7名董事组成。某日，公司董事长张某召集并主持召开董事会会议，出席会议的共6名董事，董事会会议作出如下决议：(1) 增选职工代表李某为监事；(2) 为拓展市场，成立乙分公司；(3) 决定为其子公司丙与A企业签订的买卖合同提供连带责任保证，该保证的数额超过了公司章程规定的限额。在讨论该保证事项时，只有董事赵某投了反对票，其意见已被记载于会议记录。其他董事均认为丙公司经营状况良好，信用风险不大，对该保证事项投了赞成票。出席会议的全体董事均在会议记录上签了名。

乙分公司依法成立后，在履行与丁公司的买卖合同过程中与对方发生纠纷，被诉至法院。法院判决乙分公司赔付货款并承担诉讼费用。乙分公司无力清偿，丁公司转而请求甲公司承担责任。

丙公司在与A企业签订的买卖合同债务履行期届满后未履行债务，A企业要求甲公司承担保证责任。甲公司因承担保证责任而遭受严重损失。

要求：根据《公司法》的规定，回答下列问题：

(1) 董事会会议决议增选职工代表李某为监事是否符合法律规定？简要说明理由。

(2) 丁公司请求甲公司承担责任是否符合法律规定？简要说明理由。

(3) 对于甲公司因承担保证责任而遭受的损失，与会董事应如何承担法律责任？

第4章

破产法

学习目标

掌握：

1. 破产申请受理的效力；
2. 债务人财产；
3. 破产债权；
4. 破产财产的分配。

熟悉：

1. 重整与和解；
2. 管理人制度与债权人会议。

了解：

1. 破产的概念；
2. 破产法的适用范围；
3. 破产原因。

第1节 破产法概述

一、破产的概念与特征

破产是指对丧失清偿能力的债务人，经法院审理，强制清算全部财产，公平清偿全体债权人的法律制度。通常从广义上理解，破产法不仅包括破产清算制度，而且包括以挽救债务人、避免其破产为主要目的的重整、和解等法律制度。其特征为：（1）债务人已无清偿能力，不能对债权人履行全部清偿义务；（2）是为全体债权人的利益而进行的，属于债权的集体清偿程序；（3）破产宣告后，破产人为企业法人的，将终结其商事经营活动，并丧失民事主体资格。

二、破产法的适用范围

（1）适用主体范围。《中华人民共和国企业破产法》（以下简称《企业破产法》）适用于所有的企业法人。其他法律规定企业法人以外的组织的清算，属于破产清算的，参照适用《企业破产法》规定的程序。可以参照适用《企业破产法》的主体主要是合伙企业、农民专业合作社、资不抵债的民办学校、不能清偿到期债务并且资产不足以清偿全部债务或明显缺乏清偿能力的个人独资企业。

（2）适用地域范围。《企业破产法》采取了有限制的普及主义原则，其第五条规定："依照本法开始的破产程序，对债务人在中华人民共和国领域外的财产发生效力。对外国法院作出的发生法律效力的破产案件的判决、裁定，涉及债务人在中华人民共和国领域内的财产，申请或者请求人民法院承认和执行的，人民法院依照中华人民共和国缔结或者参加的国际条约，或者按照互惠原则进行审查，认为不违反中华人民共和国法律的基本原则，不损害国家主权、安全和社会公共利益，不损害中华人民共和国领域内债权人的合法权益的，裁定承认和执行。"

（3）适用时间。自2007年6月1日起施行。

本节考核的知识点

1. 了解破产的概念。
2. 破产法的适用范围。

第2节 破产申请与受理

一、破产原因

破产原因，也称破产界限，指认定债务人丧失清偿能力，当事人得以提出破产申请，法院据以启动破产程序、作出破产宣告的法律事实。根据《企业破产法》第二条的规定，企业法人的破产原因是不能清偿到期债务，并且资产不足以清偿全部债务或者明显缺乏清偿能力。债务人不能清偿到期债务，并且资产不足以清偿全部债务，主要适用于债务人提出破产申请且其资不抵债情况通过对相关证据的形式审查即可判断的案件；债务人不能清偿到期债务，并且明显缺乏清偿能力，主要适用于债权人提出破产申请和债务人提出破产申请但其资不抵债状况通过形式审查不易判断的案件。

1. 不能清偿到期债务的认定

根据《最高人民法院关于适用〈中华人民共和国企业破产法〉若干问题的规定（一）》（以下简称《破产法司法解释（一）》）第二条的规定，下列情形同时存在的，人民法院应当认定债务人不能清偿到期债务：（1）债权债务关系依法成立；（2）债务履行期限已经届满；（3）债务人未完全清偿债务。

2. 资不抵债的认定

《破产法司法解释（一）》第三条规定，债务人的资产负债表，或者审计报告、资产评估报告等显示其全部资产不足以偿付全部负债的，人民法院应当认定债务人资产不足以清偿全部债务，但有相反证据足以证明债务人资产能够偿付全部负债的除外。

3. 明显缺乏清偿能力的认定

根据《破产法司法解释（一）》第四条的规定，债务人账面资产虽大于负债，但存在下列情形之一的，人民法院应当认定其明显缺乏清偿能力：（1）因资金严重不足或者财产不能变现等原因，无法清偿债务；（2）法定代表人下落不明且无其他人员负责管理财产，无法清偿债务；（3）经人民法院强制执行，无法清偿债务；（4）长期亏损且经营扭亏困难，无法清偿债务；（5）导致债务人丧失清偿能力的其他情形。

二、破产申请的提出

（一）破产申请人

（1）债务人发生破产原因，可以向人民法院提出重整、和解或者破产清算申请。

（2）债务人不能清偿到期债务，债权人可以向人民法院提出对债务人进行重整或者破产清算的申请。

（3）清算组在清理公司财产、编制资产负债表和财产清单后，发现公司财产不足清偿债务的，应当依法向人民法院申请宣告破产。

（4）税务机关和社会保险机构享有对债务人的破产清算申请权，但不宜享有重整申请权。

（5）破产企业的职工作为债权人可以申请债务人企业破产清算或者重整。但职工提出破产申请应经职工代表大会或者全体职工（会议）多数决议通过。

（二）破产案件的管辖

破产案件的地域管辖由债务人住所地人民法院管辖。债务人住所地指债务人的主要办事机构所在地。债务人主要办事机构所在地不明确、存在争议的，由其注册登记地人民法院管辖。

根据规定，破产案件的级别管辖依破产企业的工商登记情况确定。基层人民法院一般管辖县、县级市或者区的工商行政管理机关核准登记企业的破产案件；中级人民法院一般管辖地区、地级市（含本级）以上的工商行政管理机关核准登记企业的破产案件；纳入国家计划调整的国有企业破产案件即政策性破产，由中级人民法院管辖；金融机构、上市公司的破产与重整案件或者具有重大影响、法律关系复杂的破产案件，一般应由中级人民法院管辖。

（三）当事人提出破产申请时的举证责任

（1）债权人提出破产申请时，应当提交破产申请书和债务人不能清偿到期债务的有关证据。即债权人需要举证证明债权债务关系依法成立、债务履行期限已经届满、债务人未完全清偿债务。

（2）债务人提出申请的，还应当向人民法院提交企业财产状况说明、债务清册、债权清册、有关财务会计报告、职工安置预案以及职工工资的支付和社会保险费用的缴纳情况。

三、破产申请的受理

（一）受理程序

人民法院收到破产申请后应当及时对申请人的主体资格、债务人的主体资格和破产原因，以及有关材料和证据等进行审查，并依据《企业破产法》第十条的规定作出是否受理的裁定。债务人对债权人的申请未在法定期限内向人民法院提出异议，或者异议不成立的，人民法院应当依法裁定受理破产申请。

债务人以其具有清偿能力或资产超过负债为由提出抗辩异议，但又不能立即清偿债务或与债权人达成和解的，依据《破产法司法解释（一）》第二条、第四条等的规定，其异议不能成立。

债务人对债权人（申请人）享有债权的数额提出异议时，如果存在双方无争议的部分债权数额，且债务人对该数额已经丧失清偿能力，则此项异议不影响法院对破产申请的受理。与此同理，债务人仅对申请人的债权是否存在担保等提出异议，不影响法院对破产申请的受理。相关当事人以申请人未预先交纳诉讼费用为由，对破产申请提出异议的，人民法院不予支持。

人民法院应当自异议期满之日起10日内裁定是否受理。除上述情形外，人民法院应当自收到破产申请之日起15日内裁定是否受理。有特殊情况需要延长案件受理期限的，经上一级人民法院批准，可以延长15日。

债权人提出申请的，人民法院应当自裁定作出之日起5日内送达债务人。债务人应当自裁定送达之日起15日内，向人民法院提交财产状况说明、债务清册、债权清册、有关财务会计报告以及职工工资的支付和社会保险费用的缴纳情况。人民法院裁定不受理破产申请的，应当自裁定作出之日起5日内送达申请人并说明理由。申请人对裁定不服的，可以自裁定送达之日起10日内向上一级人民法院提起上诉。

（二）受理的效力

（1）人民法院裁定受理破产申请的，应当同时指定管理人，并自裁定受理破产申请之日起25日内通知已知债权人，并予以公告。人民法院受理破产申请后，债务人对个别债权人的债务清偿无效，但是债务人以其财产向债权人提供物权担保的，其在担保物市场价值内向债权人所作的债务清偿，不受上述规定限制（个别清偿限制）。

（2）人民法院受理破产申请后，债务人的债务人或者财产持有人应当向管理人清偿债务或者交付财产。债务人的债务人或者财产持有人故意违反法律规定向债务人清偿债务或者交付财产，使债权人受到损失的，不免除其清偿债务或者交付财产的义务。

（3）人民法院受理破产申请后，管理人对破产申请受理前成立而债务人和对方当事人均未履行完毕的合同有权决定解除或者继续履行，并通知对方当事人。管理人自破产申请受理之日起两个月内未通知对方当事人，或者自收到对方当事人催告之日起30日内未答复的，视为解除合同。管理人决定继续履行合同的，对方当事人应当履行，但有权要求管理人提供担保。管理人不提供担保的，视为解除合同。

（4）人民法院受理破产申请后，有关债务人财产的保全措施（既包括行政措施，又包括诉讼保全措施）应当解除，执行程序应当中止（有物的担保的程序不中止）。此外，人民法院在受理破产申请后，对于可能因有关利益相关人的行为或者其他原因，影响破产程序依法进行的，可以根据管理人的申请或者依职权，对债务人的全部或者部分财产采取保全措施。

(5) 人民法院受理破产申请后，已经开始而尚未终结的有关债务人的民事诉讼或者仲裁应当中止；在管理人接管债务人的财产后，该诉讼或者仲裁继续进行。

(6) 破产申请受理后，有关债务人的民事诉讼只能向受理破产申请的人民法院提起，但是其他法律有特殊规定的应当除外，如当事人约定仲裁解决纠纷的，仍应当以仲裁方式解决。

本节考核的知识点

1. 破产原因的认定。
2. 破产申请人。
3. 破产受理的效力。

第3节 管理人制度与债权人会议

一、管理人制度

《企业破产法》将破产清算、和解与重整三个程序的受理阶段合并规定，管理人的工作自案件受理开始横贯三个程序，该法使用的是广义的管理人概念，因此称为管理人而不是破产管理人。

《企业破产法》第二十二条规定："管理人由人民法院指定。债权人会议认为管理人不能依法、公正执行职务或者有其他不能胜任职务情形的，可以申请人民法院予以更换。指定管理人和确定管理人报酬的办法，由最高人民法院规定。"

(一) 管理人的资格与指定

管理人可以由有关部门、机构的人员组成的清算组或者依法设立的律师事务所、会计师事务所、破产清算事务所等社会中介机构担任。人民法院根据债务人的实际情况，可以在征询有关社会中介机构的意见后，指定该机构具备相关专业知识并取得执业资格的人员担任管理人。有下列情形之一的，不得担任管理人：(1) 因故意犯罪受过刑事处罚；(2) 曾被吊销相关专业执业证书；(3) 与本案有利害关系；(4) 人民法院认为不宜担任管理人的其他情形。

根据《最高人民法院关于审理企业破产案件指定管理人的规定》(以下简称《指定管理人规定》) 第二十三条的规定，社会中介机构、清算组成员有下列情形之一，可能影响其忠实履行管理人职责的，应当回避：(1) 与债务人、债权人有未了结的债权债务关系；(2) 在人民法院受理破产申请前3年内，曾为债务人提供相对固定的中介服务；(3) 现在是或者在人民法院受理破产申请前3年内曾经是债务人、债权人的控股股东或者实际控制人；(4) 现在担任或者在人民法院受理破产申请前3年内曾经担任债务人、债权人的财务顾问、法律顾问；(5) 人民法院认为可能影响其忠实履行管理人职责的其他情形。

根据《指定管理人规定》第二十四条的规定，清算组成员的派出人员、社会中介机构的派出人员、个人管理人有下列情形之一，可能影响其忠实履行管理人职责的，应当回避：（1）具有上述第二十三条规定情形；（2）现在担任或者在人民法院受理破产申请前3年内曾经担任债务人、债权人的董事、监事、高级管理人员；（3）与债权人或者债务人的控股股东、董事、监事、高级管理人员存在夫妻、直系血亲、三代以内旁系血亲或者近姻亲关系；（4）人民法院认为可能影响其公正履行管理人职责的其他情形。

（二）管理人的报酬

《企业破产法》第二十八条规定："管理人的报酬由人民法院确定。债权人会议对管理人的报酬有异议的，有权向人民法院提出。"管理人获得的报酬是纯报酬，即纯粹是因其付出劳动而获得的报酬，不包括因执行职务、进行破产管理工作需支付的其他费用。

（三）管理人的职责

根据《企业破产法》的规定，管理人履行下列职责：（1）接管债务人的财产、印章和账簿、文书等资料；（2）调查债务人财产状况，制作财产状况报告；（3）决定债务人的内部管理事务；（4）决定债务人的日常开支和其他必要开支；（5）在第一次债权人会议召开之前，决定继续或者停止债务人的营业；（6）管理和处分债务人的财产；（7）代表债务人参加诉讼、仲裁或者其他法律程序；（8）提议召开债权人会议；（9）人民法院认为管理人应当履行的其他职责。

管理人负责管理企业财产和营业事务的，由管理人代表破产企业履行法律规定的相关纳税义务。破产企业因履行合同、处置财产或继续营业等原因在破产程序中确需使用发票的，管理人可以以纳税人名义到税务部门申领、开具发票。

企业董事、监事或高级管理人员违反忠实勤勉义务，未履职尽责，致使所在企业破产，被人民法院判令承担相应责任的，管理人可以凭生效法律文书，通过全国企业破产重整案件信息网向市场监管、金融管理等部门申请对相关人员的任职资格限制进行登记。破产企业的有关人员可能涉嫌犯罪的，管理人应当及时将犯罪线索报送司法或监察机关。

管理人依法执行职务，向人民法院报告工作，并接受债权人会议和债权人委员会的监督。管理人应当列席债权人会议，向债权人会议报告职务执行情况，并回答询问。管理人没有正当理由不得辞去职务。管理人辞去职务应当经人民法院许可。

二、债权人会议

（一）债权人会议的组成

债权人会议由所有依法申报债权的债权人组成，以保障债权人共同利益为目的，为实现债权人的破产程序参与权，讨论决定有关破产事宜，表达债权人意志，协调债权人行为的破产议事机构。依法申报债权的债权人为债权人会议的成员，有权参加债权人会议，享有表决权；债权人可以委托代理人出席债权人会议，行使表决权。债权人会议应当有债务人的职工和工会的代表参加。债权人会议设主席一人，由人民法院在有表决权的债权人中指定。凡是申报债权者，均有权参加第一次债权人会议，有权参加对其债权的核查、确认活动，并可依法提出异议。对于第一次会议以后的债权人会议，只有债权得到确认者才有权行使表决权。对债务人的特定财产享有担保权的债权人，未放弃优先受偿权利的，对于《企业破产法》第六十一条第七项（通过和解协议）、第十项（通过破产财产的分配方案）规定的事项不享有表决权。债务人的法定代表人有义务列席债权人会议。经人民法院决定，债务人企业的财务管理人员和其他经营管理人员也有义务列席债权人会议，管理人作为负有财产管理职责的人也应当列席债权人会议。

（二）债权人会议的召集、职权与表决

1. 债权人会议的召集

第一次债权人会议由人民法院召集，自债权申报期限届满之日起15日内召开。以后的债权人会议，在人民法院认为必要时，或者管理人、债权人委员会、占债权总额1/4以上的债权人向债权人会议主席提议时召开。召开债权人会议，管理人应当提前15日通知已知的债权人。

2. 债权人会议的职权

债权人会议行使下列职权：（1）核查债权；（2）申请人民法院更换管理人，审查管理人的费用和报酬；（3）监督管理人；（4）选任和更换债权人委员会成员；（5）决定继续或者停止债务人的营业；（6）通过重整计划；（7）通过和解协议；（8）通过债务人财产的管理方案；（9）通过破产财产的变价方案；（10）通过破产财产的分配方案；（11）人民法院认为应当由债权人会议行使的其他职权。

3. 债权人会议的表决

债权人会议的决议，由出席会议的有表决权的债权人过半数通过，并且其所代表的债权额占无财产担保债权总额的1/2以上。法律对债权人会议通过和解协议与重整计划的决议有更为严格的规定。债权人会议的决议，对于在该决议事项上有表决权的全体债权人均有约束力。通过债务人财产的管理方案和通过破产财产的变价方案，经债权人会议表决未通过的，由人民法院裁定；通过破产财产的分配方案，经债权人会议二次表决仍未通过的，由人民法院裁定。对前两项规定的裁定，人民法院可以在债权人会议上宣布或者另行通知债权人。债权人对法院批准债务人财产管理方案和破产财产变价方案的裁定不服的，债权额占无财产担保债权总额1/2以上的债权人对人民法院依照《企业破产法》第六十五条第二款作出的裁定（即批准破产财产分配方案的裁定）不服的，可以自裁定宣布之日或者收到通知之日起15日内向该人民法院申请复议，复议期间不停止裁定的执行。

（三）债权人委员会

1. 组成

在债权人会议中可以决定设置债权人委员会。债权人委员会为破产程序中的选任机关，由债权人会议根据案件具体情况决定是否设置。债权人委员会是遵循债权人的共同意志，代表债权人会议监督管理人行为以及破产程序合法、公正地进行，处理破产程序中的有关事项的常设监督机构。债权人委员会中的债权人代表由债权人会议选任、罢免。债权人委员会中还应当有一名债务人企业的职工代表或者工会代表。债权人委员会不得超过9人。出任债权人委员会的成员应当经人民法院书面决定认可。

2. 职权

债权人委员会依法行使下列职权：(1) 监督债务人财产的管理和处分；(2) 监督破产财产分配；(3) 提议召开债权人会议；(4) 债权人会议委托的其他职权。

为保障债权人委员会能够及时了解破产程序进行的有关信息，行使对重大事项的监督权力，根据《企业破产法》的规定，管理人实施下列行为，应当及时报告债权人委员会：(1) 涉及土地、房屋等不动产权益的转让；(2) 探矿权、采矿权、知识产权等财产权的转让；(3) 全部库存或者营业的转让；(4) 借款；(5) 设定财产担保；(6) 债权和有价证券的转让；(7) 履行债务人和对方当事人均未履行完毕的合同；(8) 放弃权利；(9) 担保物的取回；(10) 对债权人利益有重大影响的其他财产处分行为。未设立债权人委员会的，管理人实施上述行为应当及时报告人民法院。

本节考核的知识点

1. 管理人制度：了解管理人的资格与指定、管理人的职责。
2. 债权人会议：重点掌握债权人会议的召集、职权、表决。

第4节 重整与和解制度

一、重整制度

（一）重整的概念与特点

重整是指对已经或可能发生破产原因但又有挽救希望的法人企业，通过对各方利害关系人的利益协调，借助法律强制进行营业重组与债务清理，以避免破产、获得重生的法律制度。其特点是：(1) 重整申请时间提前，启动主体多元化；(2) 参与重整活动的主体多元化，重整措施多样化；(3) 担保物权受限，在重整程序中，物权担保债权人的优先受偿权受到限制，这是其与《企业破产法》中其他程序的重大不同之处；(4) 重整程序具有强制性；(5) 债务人可负责制订、执行重整计划。

（二）重整申请和重整期间

1. 重整申请

债务人或者债权人可以依法直接向人民法院申请对债务人进行重整。债权人申请对债务人进行破产清算的，在人民法院受理破产申请后、宣告债务人破产前，债务人或者出资额占债务人注册资本1/10以上的出资人，可以向人民法院申请重整。其他债权人可以申请对债务人进行重整。

2. 重整期间

在重整期间，债务人的财产管理和营业事务执行，可以由债务人或管理人负责。根据《企业破产法》的规定，经债务人申请，人民法院批准，债务人可以在管理人的监督下自行管理财产和营业事务。已接管债务人财产和营业事务的管理人应当向债务人移交财产和营业事务，管理人的职权由债务人行使。管理人负责管理财产和营业事务的，可以聘任债务人的经营管理人员负责营业事务。在重整期间，对债务人的特定财产享有的担保权暂停行使。对企业重整无保留必要的担保财产，经债务人或管理人同意，担保人可以行使担保权；担保物有损坏或者价值明显减少的可能，足以危害担保权人权利的，担保权人可以向人民法院请求恢复行使担保权。

在重整期间，债务人或者管理人为继续营业而借款的，可以为该借款设定担保。债务人合法占有的他人财产，该财产的权利人在重整期间要求取回的，应当符合事先约定的条件。在重整期间债务人的出资人不得请求投资收益分配。在重整期间，债务人的董事、监事、高级管理人员不得向第三人转让其持有的债务人的股权，但是经人民法院同意的除外。在重整期间，有下列情形之一的，经管理人或者利害关系人请求，人民法院应当裁定终止重整程序，并宣告债务人破产：（1）债务人的经营状况和财产状况继续恶化，缺乏挽救的可能性；（2）债务人有欺诈、恶意减少债务人财产或者其他显著不利于债权人的行为；（3）由于债务人的行为致使管理人无法执行职务。

3. 重整计划草案的表决与批准

债权人参加讨论重整计划草案的债权人会议，依照下列债权分类，分组对重整计划草案进行表决：（1）对债务人的特定财产享有担保权的债权；（2）债务人所欠职工的工资和医疗、伤残补助、抚恤费用，所欠的应当划入职工个人账户的基本养老保险、基本医疗保险费用，以及法律、行政法规规定应当支付给职工的补偿金；（3）债务人所欠税款；（4）普通债权。人民法院在必要时可以决定在普通债权组中设小额债权组对重整计划草案进行表决。

人民法院应当自收到重整计划草案之日起30日内召开债权人会议，对重整计划草案进行表决。出席会议的同一表决组的债权人过半数同意重整计划草案，并且其所代表的债权额占该组债权总额的2/3以上的，即为该组通过重整计划草案。各表决组均通过重整计划草案时，重整计划即为通过。部分表决组未通过重整计划草案的，债务人或者管理人可以同未通过重整计划草案的表决组协商，该表决组可以在协商后再表决一次。自重整计划通过之日起10日内，债务人或者管理人应当向人民法院提出批准重整计划的申请。人民法院经审查认为重整计划符合法律规定，无恶意损害部分债权人利益的内容，表决组中反对者的既得利益未受到损害，应当自收到申请之日起30日内裁定批准，终止重整程序，并予以公告。未通过重整计划草案的表决组拒绝再次表决或者再次表决仍未通过重整计划草案，但重整计划草案符合下列条件的，债务人或者管理人可以申请人民法院批准重整计划草案：（1）按照重整计划草案，本法（指《企业破产法》，下同）第八十二条第一款第一项所列债权就该特定财产将获得全额清偿，其因延期清偿所受的损失将得到公平补偿，并且其担保权未受到实质性损害，或者该表决组已经通过重整计划草案；（2）按照重整计划草案，本法第八十二条第一款第二项、第三项所列债权将获得全额清偿，或者相应表决组已经通过重整计划草案；（3）按照重整计划草案，普通债权所获得的清偿比例，不低于其在重整计划草案被提请批准时依照破产清算程序所能获得的清偿比例，或者该表决组已经通过重整计划草案；（4）重整计划草案对出资人权益的调整公平、公正，或者出资人组已经通过重整计划草案；（5）重整计划草案公平对待同一表决组的成员，并且所规定的债权清偿顺序不违反本法第一百一十三条的规定；（6）债务人的经营方案具有可行性。人民法院经审查认为重整计划草案符合上述规定的，应当自收到申请之日起30日内裁定批准，终止重整程序，并予以公告。

（三）重整计划的执行、监督与效力

1. 重整计划的执行

重整计划由债务人负责执行。人民法院裁定批准重整计划后，已接管财产和营业事务的管理人应当向债务人移交财产和营业事务。人民法院裁定批准重整计划或重整计划执行完毕后，重整企业或管理人可以凭人民法院出具的相应裁定书，申请在金融信用信息基础数据库中添加相关信息，及时反映企业重整情况。

2. 重整计划的监督

（1）自人民法院裁定批准重整计划之日起，在重整计划规定的监督期内，由管理人监督重整计划的执行。在监督期内，债务人应当向管理人报告重整计划执行情况和债务人财务状况。

（2）监督期届满时，管理人应当向人民法院提交监督报告。自监督报告提交之日起，管理人的监督职责终止。

（3）管理人向人民法院提交的监督报告，重整计划的利害关系人有权查阅。

3. 重整计划的效力

（1）经人民法院裁定批准的重整计划，对债务人和全体债权人均有约束力，包括对债务人的特定财产享有担保权的债权人。

（2）债权人对债务人的保证人和其他连带债务人所享有的权利，不受重整计划的影响，可以依据原合同约定行使权利。

（3）债权人未依法申报债权的，在重整计划执行期间不得行使权利；在重整计划执行完毕后，可以按照重整计划规定的同类债权的清偿条件行使权利。

（4）债务人不能执行或者不执行重整计划的，人民法院经管理人或者利害关系人请求，应当裁定终止重整计划的执行，并宣告债务人破产。

（5）人民法院裁定终止重整计划执行的，债权人在重整计划中作出的债权调整的承诺失去效力，但为重整计划的执行提供的担保继续有效。债权人因执行重整计划所受的清偿仍然有效，债权未受清偿的部分作为破产债权。在重整计划执行中已经接受清偿的债权人，只有在其他同顺位债权人与自己所受的重整清偿达到同一比例时，才能继续接受破产分配。

（6）按照重整计划减免的债务，自重整计划执行完毕时起，债务人不再承担清偿责任。

二、和解制度

（一）和解的特征与一般程序

和解是预防债务人破产的法律制度之一。在发生破产原因时，债务人可以

提出和解申请及和解协议草案，由债权人会议表决，如能获得通过，再经人民法院裁定认可后生效执行，可以避免被宣告破产。和解申请只能由债务人一方提出。债务人发生破产原因，可以依法直接向人民法院申请和解，也可以在人民法院受理破产申请后、宣告破产前，向人民法院申请和解。和解程序对就债务人特定财产享有担保权的权利人无约束力，该权利人自人民法院裁定和解之日起可以对担保物行使权利。债权人会议通过和解协议的决议，由出席会议的有表决权的债权人过半数同意，并且其所代表的债权额占无财产担保债权总额的2/3以上。对债务人的特定财产享有担保权的债权人，对此事项无表决权。和解协议草案经债权人会议表决未获得通过，或者已经债权人会议通过的和解协议未获得人民法院认可的，人民法院应当裁定终止和解程序，并宣告债务人破产。

（二）和解协议的效力

经人民法院裁定认可的和解协议，对债务人和全体和解债权人均有约束力。债务人应当按照和解协议规定的条件清偿债务。按照和解协议减免的债务，自和解协议执行完毕时起，债务人不再承担清偿责任。和解债权人未依照法律规定申报债权的，在和解协议执行期间不得行使权利；在和解协议执行完毕后，可以按照和解协议规定的清偿条件行使权利。和解债权人对债务人的保证人和其他连带债务人所享有的权利，不受和解协议的影响。

债务人的保证人或连带债务人，仍应按原来的债务约定或法定责任承担保证或连带责任。在破产和解中，不适用主债务减少从债务随之减少的原则。

（三）和解协议的终止

（1）因债务人的欺诈或者其他违法行为而成立的和解协议，人民法院应当裁定无效，并宣告债务人破产。

（2）债务人不能执行或者不执行和解协议的，人民法院经和解债权人请求，应当裁定终止和解协议的执行，并宣告债务人破产。

（3）人民法院受理破产申请后，债务人与全体债权人就债权债务的处理自行达成协议的，可以请求人民法院裁定认可，并终结破产程序。

人民法院裁定终止和解协议执行的，和解债权人在和解协议中作出的债权调整的承诺失去效力，但债务人方面为和解协议的执行提供的担保继续有效。和解债权人因执行和解协议所受的清偿仍然有效，不予退回，和解债权未受清偿的部分作为破产债权。

本节考核的知识点

1. 重整：了解重整的特点、重整计划草案的表决、重整计划的执行、重整计划的效力。

2. 和解：了解和解协议的表决、和解协议的效力、和解协议的终止。

3. 重点理解重整与和解的异同。

第5节 破产清算

一、债务人财产

（一）债务人财产的构成

根据《企业破产法》第三十条的规定，破产财产包括两部分：（1）破产申请受理时属于债务人的全部财产；（2）破产申请受理后至破产程序终结前债务人取得的财产。通过仓储、保管、承揽、借用等合同关系占有、使用的他人财产不属于债务人财产。

（二）债务人财产的取回

（1）根据《公司法》的规定，出资人是以认缴的而不是实缴的出资或股份对公司承担责任，因此在企业破产时，出资人立即缴纳所认缴的出资而不受原出资期限是否已到的限制。

（2）债务人的董事、监事和高级管理人员利用职权从企业获取的非正常收入和侵占的企业财产，管理人应当追回。

（3）在人民法院受理破产申请后，管理人可以通过清偿债务或者提供为债权人接受的担保，取回质物、留置物。

（三）破产撤销权与无效行为制度

1. 撤销权

撤销权是指管理人对债务人在破产案件受理前的法定期间内进行的欺诈逃债或损害公平清偿的行为，有申请法院撤销，并追回财产的权利。根据《企业破产法》第三十一条的规定，人民法院受理破产申请前1年内，涉及债务人财产的下列行为，管理人有权请求人民法院予以撤销：（1）无偿转让财产的；（2）以明显不合理的价格进行交易的；（3）对没有财产担保的债务提供财产担保的（指对原来已经成立的债务补充设置担保，不包括在可撤销期间内设定债务的同时提供的财产担保）；（4）对未到期的债务提前清偿的；（5）放弃债权的。

2. 无效行为

根据《企业破产法》第三十三条的规定，涉及债务人财产的下列行为无效：（1）为逃避债务而隐匿、转移财产的；（2）虚构债务或者承认不真实的债务的。

3. 个别清偿行为

根据《企业破产法》第三十二条的规定，人民法院受理破产申请前6个月内，债务人有《企业破产法》第二条第一款规定的情形，仍对个别债权人进行清偿的，管理人有权请求人民法院予以撤销。但是，个别清偿使债务人财产受益的除外。

债务人对债权人进行的以下个别清偿，管理人请求撤销的，人民法院不予支持：（1）债务人为维系基本生产需要而支付的水费、电费等；（2）债务人支付劳动报酬、人身损害赔偿金；（3）使债务人财产受益的其他个别清偿。

在破产清算程序终结后2年内，债权人可以行使破产撤销权或针对债务人的无效行为而追回财产。在此期间内追回的财产，应用于对全体债权人分配。在此期间之后，债权人发现因无效行为而应追回的财产，或可行使《民法典》上的撤销权追回的财产时，仍可行使相应权利追回财产，但追回的财产不再用于对全体债权人清偿，而是用于对追回财产的债权人个别清偿。

（四）取回权

1. 一般取回权

人民法院受理破产申请后，债务人占有的不属于债务人的财产，该财产的权利人可以通过管理人取回，但是《企业破产法》另有规定的除外。一般取回权的行使通常只限于取回原物。如果原物已被违法转让给第三人，依据《民法典》的规定，第三人已善意取得财产所有权，原权利人无法取回该财产的，人民法院应当按照以下规定处理：（1）转让行为发生在破产申请受理前的，原权利人因财产损失形成的债权，作为普通破产债权清偿；（2）转让行为发生在破产申请受理后的，因管理人或相关人员执行职务导致原权利人损害产生的债务，作为共益债务清偿。

债务人占有的他人财产被违法转让给第三人，第三人已经向债务人支付了转让价款，但依据《民法典》的规定，未取得财产所有权，原权利人依法追回转让财产的，对因第三人已支付对价而产生的债务，人民法院应当按照以下规定处理：（1）转让行为发生在破产申请受理前的，作为普通破产债权清偿；（2）转让行为发生在破产申请受理后的，作为共益债务清偿。

债务人占有的他人财产毁损、灭失，因此获得的保险金、赔偿金、代偿物尚未交付给债务人，或者代偿物虽已交付给债务人但能与债务人财产相区分的，权利人有权主张取回就此获得的保险金、赔偿金、代偿物。如果保险金、赔偿金已经交付给债务人，或者代偿物已经交付给债务人且不能与债务人财产相区分，人民法院应当按照以下规定处理：（1）财产毁损、灭失发生在破产申请受理前的，权利人因财产损失形成的债权，作为普通破产债权清偿；（2）财产毁损、灭失发生在破产申请受理后的，因管理人或相关人员执行职务导致原权利人损害产生的债务，作为共益债务清偿。

2. 出卖人的取回权

《企业破产法》第三十九条规定，人民法院受理破产申请时，出卖人已将买卖标的物向作为买受人的债务人发运，债务人尚未收到且未付清全部价款的，出卖人可以取回在运途中的标的物。但是，管理人可以支付全部价款，请求出卖人交付标的物。

（五）抵销权

抵销权指债权人在破产申请受理前对债务人即破产人负有债务的，无论是否已到清偿期限、标的是否相同，均可在破产财产最终分配确定前向管理人主张相互抵销的权利。

为防止破产抵销权被当事人滥用，损害他人利益，根据《企业破产法》第四十条的规定，债权人在破产申请受理前对债务人负有债务的，可以向管理人主张抵销。但是，有下列情形之一的不得抵销：（1）债务人的债务人在破产申请受理后取得他人对债务人的债权的。（2）债权人已知债务人有不能清偿到期债务或者破产申请的事实，对债务人负担债务的；但是，债权人因为法律规定或者有破产申请一年前所发生的原因而负担债务的除外。（3）债务人的债务人已知债务人有不能清偿到期债务或者破产申请的事实，对债务人取得债权的；但是，债务人的债务人因为法律规定或者有破产申请一年前所发生的原因而取得债权的除外。

此外，股东之破产债权，不得与其欠缴的注册资本相抵销。根据《最高人民法院关于适用〈中华人民共和国企业破产法〉若干问题的规定（二）》的规定，债务人的股东主张以下列债务与债务人对其负有的债务抵销，债务人管理人提出异议的，人民法院应予支持：（1）债务人股东因欠缴债务人的出资或者抽逃出资对债务人所负的债务；（2）债务人股东滥用股东权利或者关联关系损害公司利益对债务人所负的债务。

二、破产债权

破产债权是指依破产程序启动前原因成立的，经依法申报确认，并得由破产财产中获得清偿的可强制执行的财产请求权，但法律另有明文规定的除外。

（一）破产债权申报的一般规则

1. 债权申报期限

债权申报期限自人民法院发布受理破产申请公告之日起计算，最短不得少于30日，最长不得超过3个月。在法律规定的期间内，人民法院可以根据案件的具体情况确定申报债权的期限。

2. 债权申报要求

（1）债务人所欠职工的工资和医疗、伤残补助、抚恤费用，所欠的应当划入职工个人账户的基本养老保险、基本医疗保险费用，以及法律、行政法规规定应当支付给职工的补偿金，不必申报，由管理人调查后列出清单并予以公示（职工债权不必申报）。

（2）未到期的债权，在破产申请受理时视为到期。附利息的债权自破产申请受理时起停止计息。无利息的债权，无论是否到期均以本金申报债权。

（3）附条件、附期限的债权和诉讼、仲裁未决的债权，债权人也可以申报。职工劳动债权计算到解除劳动合同时止。

（4）债权人申报债权时，应当书面说明债权的数额和有无财产担保，并提交有关证据。申报的债权是连带债权的，应当说明。连带债权人可以由其中一人代表全体连带债权人申报债权，也可以共同申报债权。

（5）在人民法院确定的债权申报期限内，债权人未申报债权的，可以在破产财产最后分配前补充申报；但是，此前已进行的分配，不再对其补充分配。为审查和确认补充申报债权的费用，由补充申报人承担。

（二）破产债权申报的特别规定

1. 保证人的债权申报

债务人的保证人或者其他连带债务人已经代替债务人清偿债务的，以其对债务人的求偿权申报债权；尚未代替债务人清偿债务的，以其对债务人的将来求偿权预先申报债权。

2. 连带债务人的破产债权申报

连带债务人数人的破产案件均被受理的，其债权人有权就全部债权分别在各破产案件中申报债权。

3. 有保证的债务人破产债权申报

人民法院受理债务人破产案件后，对于负连带责任的保证人，债权人有权直接要求其清偿保证债务，也可以先向进入破产程序的债务人求偿，然后以未受偿的余额向保证人追偿。在债务追偿问题上，债权人享有向债务人或保证人追偿的选择权。债权人也可以同时向债务人和保证人追偿，债务人先做清偿的，相应减少保证人的保证责任；保证人先做清偿的，债权人将其申报的破产债权转移给保证人行使。负补充责任的保证人在债务人未破产的情况下，仍可享有先诉抗辩权，但依据《民法典》第六百八十七条第二款的规定，人民法院受理债务人破产案件，中止执行程序的，保证人不得行使先诉抗辩权。但是，债务人破产案件受理时主债务未到期的，负补充责任的保证人并无提前履行保证责任的义务，仍应按照原保证合同的约定承担保证责任。债权人先向债务人申报债权追偿的，对于其在破产程序中未受清偿的部分，债权人要求保证人承担到期保证责任的，最迟应当在破产程序终结后 6 个月内提出。

4. 保证人破产的债权申报

（1）人民法院受理保证人破产案件的，保证人的保证责任不得因其破产而免除。保证债务已到期时，债权人可依保证合同的约定向保证人申报债权追偿。保证债务尚未到期的，可适用《企业破产法》第四十六条的规定，将其未到期的保证责任视为已到期，在减去未到期的利息后予以提前清偿。

（2）取消保证人的期限利益后，对负连带责任的保证人可以直接申报债权求偿。

（3）对负补充责任的保证人的追偿，此时应当取消保证人的先诉抗辩权。作如下处理：1）可先以保证债权额的全部向保证人申报债权；2）在破产分配过程中，如债权人先获得债务人清偿，应根据清偿结果相应调整其对保证人的破产债权额；3）如债权人先从保证人处获得清偿，应先行提存，待债权人在债务到期从债务人处获偿后，并按保证人实际应承担补充责任的范围向债权人支付，余款由法院收回，分配给保证人的其他破产债权人。

需要注意的是，保证人的补充责任应按破产债权数额而不是实际分配数额确定，否则会不适当地扩大其责任范围，使保证人的补充责任变成连带责任。例如，债权人的债权为 10 万元，保证担保的范围为债务全额，保证人的破产分配比例为 50%。债权人以 10 万元申报债权后，先从保证人处获得破产分配 5 万元，债务到期后债务人已破产，债权人又从债务人处获得破产分配 5 万元。这时，虽然债权人从两破产人处获得的破产清偿总额未超过原债权额，但保证人所作的清偿却超出了其应付的补充责任范围，因为当债权人从债务人处获得 5 万元的破产清偿后，其对保证人享有的破产债权便不再是原来推定的 10 万元，而应根据债务人的实际清偿情况相应核减为5万元，即保证人仅应对债权人未从债务人处得到清偿的5万元债权承担补充清偿责任，依破产分配比例，实际清偿额应为2.5万元。在此案例中，债权人的10万元债权额，从债务人和保证人的破产分配中，共应得到7.5万元清偿。如果不依此方式计算，就会使保证人从仅对债务人未能清偿部分承担补充责任，变成实际上对全部债务承担连带责任，违背保证合同的责任约定。

5. 合同相对人的债权申报

管理人或者债务人依照《企业破产法》的规定解除双方均未履行完毕的合同，对方当事人以因合同解除所产生的损害赔偿请求权申报债权，这时可申报的债权以实际损失为限，违约金不得作为破产债权申报。

6. 票据付款人的债权申报

债务人是票据中的出票人，其破产案件被人民法院受理，该票据的付款人继续付款或者承兑的，付款人以由此产生的请求权申报债权。

7. 别除权

对破产人的特定财产享有担保权的权利人，对该特定财产享有优先受偿的权利。别除权人放弃优先受偿权利的，其债权作为普通债权。破产人仅作为担保人为他人债务提供物权担保，担保债权人的债权虽然在破产程序中可以构成别除权，但因破产人不是主债务人，在担保物价款不足以清偿担保债额时，余债不得作为破产债权向破产人要求清偿，只能向原主债务人求偿。此时，别除权人如放弃优先受偿权利，其债权也不能转为对破产人的破产债权，因为两者之间只有担保关系，无基础债务关系。

三、破产费用与共益债务

（一）破产费用

破产费用是在破产程序中为全体债权人共同利益而支付的各项费用的总称。根据《企业破产法》第四十一条的规定，人民法院受理破产申请后发生的下列费用，为破产费用：(1) 破产案件的诉讼费用；(2) 管理、变价和分配债务人财产的费用；(3) 管理人执行职务的费用、报酬和聘用工作人员的费用。

（二）共益债务

共益债务是在破产程序中发生的应由债务人财产负担的债务的总称。根据《企业破产法》第四十二条的规定，人民法院受理破产申请后发生的下列债务，为共益债务：(1) 因管理人或者债务人请求对方当事人履行双方均未履行完毕的合同所产生的债务；(2) 债务人财产受无因管理所产生的债务；(3) 因债务人不当得利所产生的债务；(4) 为债务人继续营业而应支付的劳动报酬和社会保险费用以及由此产生的其他债务；(5) 管理人或者相关人员执行职务致人损害所产生的债务；(6) 债务人财产致人损害所产生的债务。

破产费用与共益债务均是以债务人财产为清偿对象的，并享有优先于其他债权人的受偿权，但是它们优先受偿的范围仅限于债务人的无担保财产，对债务人的特定财产享有担保权的权利人，仍对该特定财产享有优先于破产费用和共益债务受偿的权利。

破产费用和共益债务由债务人财产随时清偿。债务人财产不足以清偿所有破产费用和共益债务的，先行清偿破产费用。债务人财产不足以清偿所有破产费用或者共益债务的，按照比例清偿。债务人财产不足以清偿破产费用的，管理人应当提请人民法院终结破产程序。人民法院应当自收到请求之日起15日内裁定终结破产程序，并予以公告。在债权人或者债务人等提出破产清算申请时，人民法院即发现破产人财产不足以支付破产费用、无财产可供分配的，在经审查确认后，应当受理破产案件，并作出破产宣告，同时作出终结破产程序的裁定。

本节考核的知识点

1. 债务人财产（破产财产）：重点掌握应当追回的财产，包括撤销权、抵销权、取回权的行使。

2. 破产债权：重点掌握破产债权申报的特别规定。

3. 破产费用与共益债务：重点掌握破产费用与共益债务的范围；与一般债务和费用的主要区别；清偿规则。

第6节 破产财产的分配与破产程序的终结

一、破产财产的变价

在宣告破产后，管理人应当及时拟订破产财产变价方案，提交债权人会议讨论。管理人应当按照债权人会议通过的或者人民法院依法裁定的破产财产变价方案，适时变价出售破产财产。

变价出售破产财产应当通过拍卖方式进行，但债权人会议另有决议的除外。

二、破产财产的分配

依据《企业破产法》的规定，破产财产在优先清偿破产费用和共益债务后，依照下列顺序清偿：

（1）破产人所欠职工的工资和医疗、伤残补助、抚恤费用，所欠的应当划入职工个人账户的基本养老保险、基本医疗保险费用，以及法律、行政法规规定应当支付给职工的补偿金；

（2）破产人欠缴的除前项规定以外的社会保险费用和破产人所欠税款；

（3）普通破产债权。

破产财产不足以清偿同一顺序的清偿要求的，按照比例分配。

破产企业的董事、监事和高级管理人员的工资按照该企业职工的平均工资计算。破产分配时，对债务人的董事、监事和高级管理人员在破产申请受理前拖欠的工资，应当按照企业拖欠职工工资的平均期间，以同期职工平均工资为标准予以调整，此前如有多发放的，应作为非正常收入予以追回。此外，董事、监事和高级管理人员高出该企业职工平均工资计算的部分，可以作为普通破产债权清偿。

企业在破产案件受理前因欠缴税款产生的滞纳金属于普通破产债权，不享有与欠缴税款相同的优先受偿地位。破产案件受理后因欠缴税款产生的滞纳金不属于破产债权，在破产程序中不予清偿。

商业银行破产清算时，在支付清算费用、所欠职工工资和劳动保险费用后，应当优先支付个人储蓄存款的本金和利息。

破产财产分配时，对于诉讼或者仲裁未决的债权，管理人应当将其分配额提存。自破产程序终结之日起满两年仍不能受领分配的，人民法院应当将提存的分配额分配给其他债权人。

三、破产程序的终结

破产人无财产可供分配的，管理人应当请求人民法院裁定终结破产程序。在破产人有财产可供分配的情况下，管理人在最后分配完结后，应当及时向人民法院提交破产财产分配报告，并提请人民法院裁定终结破产程序。人民法院应当自收到管理人终结破产程序的请求之日起 15 日内作出是否终结破产程序的裁定。裁定终结的，应当予以公告。管理人应当自破产程序终结之日起 10 日内，持人民法院终结破产程序的裁定，向破产人的原登记机关办理注销登记。在破产程序因债务人财产不足以支付破产费用而终结，或者因破产人无财产可供分配或破产财产分配完毕而终结时，自终结之日起两年内，有下列情形之一的，债权人可以请求人民法院按照破产财产分配方案进行追加分配：

（1）发现在破产案件中有可撤销行为、无效行为或者债务人的董事、监事和高级管理人员利用职权从企业获取非正常收入和侵占企业财产的情况，应当追回财产的。

（2）发现破产人有应当供分配的其他财产的。有上述情形，但财产数量不足以支付分配费用的，不再进行追加分配，由人民法院将其上交国库。破产人的保证人和其他连带债务人，在破产程序终结后，对债权人依照破产清算程序未受清偿的债权，依法继续承担清偿责任。

本节考核的知识点

1. 破产财产的分配顺序。
2. 破产程序终结的效力。

第 4 章即测即评

练习题

选择题

1. 根据《企业破产法》的规定，下列主体中，可以担任管理人的是（　　）。

A. 与债权人有尚未了结债务的人

B. 曾被吊销注册会计师证书的人

C. 破产案件受理的 4 年前曾担任债务人董事的人

D. 破产案件受理前 2 年内曾担任债务人法律顾问的人

2. 根据《企业破产法》的规定，下列关于债权人会议的表述中，正确的有（　　）。

A. 所有债权人都可以参加债权人会议，并享有表决权

B. 第一次债权人会议由人民法院召集

C. 所有申报债权者均有权参加第一次债权人会议

D. 债权人会议的决议，由出席会议的有表决权的债权人过半数通过即可

3. 根据企业破产法律制度的规定，下列各项中，属于债权人会议职权的是（　　）。

A. 调查债务人的财产状况，制作财产状况报告

B. 决定债务人的日常开支

C. 决定债务人的内部管理事务

D. 通过债务人财产的管理方案

4. 根据《企业破产法》的规定，债权人会议表决的下列事项中，对债务人的特定财产享有担保权且未放弃优先受偿权利的债权人享有表决权的有（　　）。

A. 通过重整计划　　B. 通过和解协议

C. 通过破产财产的分配方案　　D. 通过破产财产的变价方案

5. 根据《企业破产法》的规定，下列关于债权人委员会的表述中，正确的是（　　）。

A. 在债权人会议中应当设置债权人委员会

B. 债权人委员会的成员人数最多不得超过 7 人

C. 债权人委员会中的债权人代表由人民法院指定

D. 债权人委员会中应当有 1 名债务人企业的职工代表或者工会代表

6. 下列关于和解的表述中，符合《企业破产法》规定的有（　　）。

A. 和解申请只能由债务人一方提出

B. 和解申请只能由债权人一方提出

C. 在和解程序中，对债务人特定财产享有的担保权暂停行使

D. 和解债权人未依照法律规定申报债权的，在和解协议执行完毕后，仍可按和解协议规定的清偿条件行使权利

7. 根据企业破产法律制度的规定，在重整期间，有关当事人的下列行为中，符合规定的有（　　）。

A. 对债务人的机器设备享有抵押权的甲银行行使了抵押权

B. 管理人为继续营业向乙银行借款 100 万元，并以厂房为该笔借款设定了抵押担保

C. 债务人的出资人丙企业请求投资收益分配

D. 债务人的董事丁经人民法院同意，将其持有的债务人的股权全部转让给第三人戊

8. 根据《企业破产法》的规定，下列财产中，属于债务人财产的有（　　）。

A. 破产申请受理时属于债务人的房屋

B. 破产宣告后破产人得到的银行存款利息

C. 破产申请受理时债务人用于抵押担保的财产

D. 破产申请受理后至破产程序终结前债务人取得的财产

9. 人民法院于2024年5月16日受理了债权人甲公司申请债务人乙公司破产案。管理人在对乙公司的债权债务进行清理时发现，乙公司曾于2023年9月11日为所欠丙公司的一笔原本没有财产担保的债务提供抵押担保。根据企业破产法律制度的规定，下列表述中，正确的是（　　）。

A. 若管理人能够证明丙公司知悉乙公司在为其债权提供担保时已濒临破产，则有权请求人民法院撤销该抵押担保行为

B. 管理人无须证明丙公司知悉乙公司在为其债权提供担保时已濒临破产，即可请求人民法院撤销该抵押担保行为

C. 若甲公司能够证明丙公司知悉乙公司在为其债权提供担保时已濒临破产，则有权请求人民法院撤销该抵押担保行为

D. 甲公司无须证明丙公司知悉乙公司在为其债权提供担保时已濒临破产，即可请求人民法院撤销该抵押担保行为

10. 根据《企业破产法》的规定，在人民法院受理破产申请一年前，债务人所为的下列行为中，无效或者可以撤销的是（　　）。

A. 债务人对没有财产担保的债务提供财产担保

B. 债务人对未到期的债务提前清偿

C. 债务人承认不真实的债务

D. 债务人对个别债权人进行清偿

11. 根据《企业破产法》的规定，对破产人的特定财产享有担保权的权利人，对该特定财产享有优先受偿的权利。下列选项中，构成该项优先受偿权的有（　　）。

A. 破产人为他人债务提供的保证担保

B. 破产人为自己的债务提供的质押担保

C. 破产人为他人债务提供的抵押担保

D. 第三人为破产人的债务提供的抵押担保

12. 根据《企业破产法》的规定，下列选项中，可以作为破产债权申报的有（　　）。

A. 破产宣告时尚未到期的债权

B. 破产宣告时附停止条件的债权

C. 破产案件受理前成立的有财产担保的债权

D. 管理人决定解除破产企业未履行的合同，除实际损失之外，依合同约定应支付给对方当事人的违约金

13. 根据企业破产法律制度的规定，下列债务中，在清偿破产费用和共益债务后，应从破产财产中按第一顺位获得清偿的是（　　）。

A. 破产人所欠职工的伤残补助　　B. 破产人所欠税款

C. 破产人所欠红十字会的捐款　　D. 破产人所欠环保部门的罚款

14. 根据《企业破产法》的规定，下列情形中，债权人可以行使抵销权的是（　　）。

A. 甲享有债务人 120 万元的债权，同时又是债务人股东，在债务人破产时，甲尚有 100 万元的分期出资额未缴纳

B. 乙享有债务人 120 万元的债权，但在听说债务人申请破产后，购买了债务人 100 万元的货物并拒绝支付货款而形成债务

C. 丙应付债务人 100 万元的货款，在债务人破产申请被受理后，从另一债权人手中以六折的价格买入了 100 万元的债权

D. 丁应付债务人 100 万元的货款，在债务人的破产申请被受理后，继续向债务人提供了 100 万元的货物，未能及时收到货款而形成债权

15. 根据《企业破产法》的规定，破产程序终结后，债权人发现破产人有应当可供分配的其他财产，可以请求人民法院按照破产财产分配方案进行追加分配的法定期间是（　　）。

A. 破产程序终结后半年内　　B. 破产程序终结后一年内

C. 破产程序终结后两年内　　D. 破产程序终结后三年内

案例题

【案例 1】 2023 年 1 月 8 日，A 以甲公司不能清偿到期债务且资不抵债为由向人民法院提出破产申请。1 月 21 日，人民法院裁定受理破产申请，指定了管理人，并发出公告，要求甲公司的所有债权人在 5 月 21 日之前申报债权。在申报债权到期日前，A 申报到期债权 1 000 万元，其中，欠债 800 万元，违约利息 200 万元；B 申报到期债权 1 000 万元，该债权附有乙公司提供的连带责任保证；C 申报债权 50 万元，该债权在一年后到期；D 申报债权 1 200 万元，该债权附有在甲公司一栋楼房上设定的抵押权。在 6 月 1 日召开的第一次债权人会议上，管理人和其他债权人认为：A 的债权应当只计本金 800 万元，不计违约利息 200 万元；B 的债权不应当申报，应当由连带保证人承担；C 的债权未到期，不能确认；D 的债权有抵押担保，无须申报确认。

6 月 10 日，甲公司的控股股东 E 向人民法院提出申请，请求对甲公司进行破产重整。人民法院审查后认为，该重整申请符合法律规定，裁定甲公司重整。随后，D 要求拍卖抵押楼房以清偿自己的债权，被甲公司拒绝。重整期间，经甲公司申请，人民法院批准，甲公司在管理人监督下自行管理公司财产和营业事务。6 月 30 日，甲公司为维持营业正常进行，以其所有的另一栋楼房设定抵押向银行借款 1 000 万元。

10 月 10 日，甲公司向人民法院和债权人会议提交了重整计划草案。该草案的主要内容包括：（1）一般债权人的债权偿还 60%，并且分两年支付；（2）公司股东将其拥有的 50%的股份按照债权比例分配给一般债权人作为补偿；（3）抵押担保债权人的债权在两年后可以得到本金的全额支付；（4）自破产申请受理开始，所有债权停止计算利息。债权人会议对上述重整计划草案进行了分组表决。除担保债权人组外，各类债权人组出资人都通过了重整计划草案。甲公司在与担保债

权人协商不成的情况下，申请人民法院批准了重整计划草案。

2024年5月，甲公司按照重整计划规定的30%的支付比例清偿第一笔债务之后，发现公司现金严重不足，重整计划无法继续执行。经管理人申请，人民法院裁定终止重整计划的执行，宣告债务人破产。甲公司请求一般债权人返还已经支付的30%的清偿款。

要求：根据上述内容，分别回答下列问题：

（1）人民法院确定的债权人申报债权的期限是否合法？说明理由。

（2）在第一次债权人会议上，管理人和其他债权人对A、B、C和D申报债权的异议是否成立？分别说明理由。

（3）甲公司能否拒绝D为清偿自己的债权而拍卖抵押楼房的要求？说明理由。

（4）在重整期间，甲公司为向银行借款而以其所有的另一栋楼房作抵押的做法是否合法？说明理由。

（5）人民法院批准重整计划是否符合规定？说明理由。

（6）在终止执行重整计划后，甲公司能否请求一般债权人返还已清偿的款项？说明理由。

【案例2】 甲公司向自然人乙借款，丙公司为一般保证人。后人民法院受理了丙公司破产案，但此时甲公司所欠乙的借款尚未到期。乙就其担保债权向管理人进行了申报。在第一次债权人会议对已申报债权进行核查时，债权人丁提出：丙公司作为一般保证人对乙享有先诉抗辩权；借款到期后，如果甲公司向乙偿还了全部借款，则丙公司不承担清偿责任；如果甲公司在借款到期后未向乙清偿债务，乙应先通过诉讼或仲裁向甲公司求偿，当就甲公司的财产依法强制执行后仍不能清偿乙的债务时，乙方可就未能获得清偿部分进行债权申报。

要求：根据上述内容，分别回答下列问题：

（1）债权人丁提出的丙公司对乙享有先诉抗辩权的主张是否成立？说明理由。

（2）若在借款到期前，乙先从丙公司破产案中通过破产分配获得部分清偿，对乙获得的该部分清偿应如何处理？

（3）若乙先从丙公司破产案中获得部分清偿，在借款到期后，乙应以债权全额还是应以债权未获清偿部分向甲公司主张权利？说明理由。

（4）若甲公司主动全额清偿了乙的债权，且乙此前已从丙公司破产案中获得了部分清偿，则对乙已从丙公司破产案中获得的该部分清偿应如何处理？

第5章

票据法

学习目标

掌握：

1. 票据行为；
2. 票据权利；
3. 票据抗辩；
4. 票据的伪造与变造；
5. 汇票的适用。

理解：

1. 票据关系与票据的基础关系；
2. 本票的适用；
3. 支票的适用。

了解：

1. 票据的概念与特征；
2. 票据的功能。

第1节　票据法概述

一、票据的概念

票据的概念有广义和狭义之分。广义的票据包括各种有价证券和凭证，如股票、国库券、企业债券、发票、提单等；狭义的票据，即《中华人民共和国票据法》（以下简称《票据法》）中规定的“票据”，包括汇票、本票和支票，是指由出票人依法签发的，约定自己或委托付款人在见票时或指定的日期向收款人或持票人无条件支付一定金额的有价证券。

二、票据的特点

（1）票据是债权证券和金钱证券。持票人可以就票据上所载的金额向特定的票据债务人行使其请求权，其性质是债权，因而票据是债权证券。就债权的标的而言，持票人享有的权利就是请求债务人给付一定的金钱，因此，票据是一种金钱证券。

（2）票据是设权证券。票据上所表示的权利，是由出票这种行为而创设的，没有票据，就没有票据上的权利，因此，票据是一种设权证券。

（3）票据是文义证券。票据上的一切权利和义务，都严格依照票据上记载的文义而定，文义之外的任何理由、事项都不得作为票据。

（4）票据是无因证券。票据如果符合《票据法》规定的条件，票据权利即成立，持票人不必证明取得票据的原因，仅以票据文义请求履行票据权利。

（5）票据是要式证券。票据的制作、形式、文义都有规定的格式和要求，必须符合《票据法》的规定。

（6）票据是流通证券。票据可以流通转让。从2024年起，中国票据业务系统整合了电子商业汇票系统和原中国票据交易系统，实现了纸质票据和电子票据交易的一体化。

电子票据的特点在于：（1）电子票据的票据行为只能在中国票据业务系统中实施。（2）票据行为成立和生效条件的“表现形式”与纸质票据行为有明显差异，电子票据的出票、承兑、背书等票据行为只能通过中国票据业务系统办理，签章只能是电子签名，票据交付也由纸质票据转移占有变为电子交付。由此可以看出，电子票据与传统的纸质票据相比，只是其载体有所区别、签章方式有所区别，票据法律制度原则上也适用于电子票据。当然，由于载体的变化，某些制度的适用性也发生了变化，例如，票据丧失补救制度基本无适用余地，善意取得规则在电子票据情境下的适用性也大大降低。在电子汇票情境下，如果在出票或背书时选择“不得转让”选项（即在电子票据上记载了“不得转让”），则后续基本不可能再转让。另外，中国票据业务系统优化了提示付款流程，当汇票到期时，系统会自动发起付款提示，持票人无须再手动发起提示付款，这对遵期提示付款相关规则的实际适用也会有所影响。

三、票据的功能

（1）支付职能。票据可以充当支付工具，代替现金使用。

（2）汇兑职能。票据可以代替货币在不同地方之间运送，方便异地之间的支付。

（3）信用职能。票据当事人可以凭借自己的信誉，将未来才能获得的金钱作为现在的金钱来使用。

（4）结算职能。票据具有债务抵销功能。

（5）融资职能。票据可以融通资金或调度资金。

本节考核的知识点

1. 票据的特点。
2. 票据的功能。

第 2 节　票据关系与票据行为

一、票据关系与非票据关系

票据关系是指基于票据行为而发生的、以请求支付票据金额为内容的债权债务关系。如因出票行为而产生的出票人与收款人之间的关系、收款人与付款人之间的关系；因汇票的承兑行为而产生的持票人与承兑人之间的关系等。在各种票据关系中，出票人、持票人、付款人三者之间的关系是票据的基本关系。

非票据关系是指与票据有密切联系，但是并非基于票据行为而发生，并且不以请求支付票据金额为内容的法律关系。非票据关系分成两大类：

（1）《票据法》上的非票据关系。这是指由《票据法》直接规定的、不基于票据行为而发生的票据当事人之间与票据有关的法律关系。如票据上的正当权利人对于因恶意取得票据的人行使票据返还请求权而发生的关系，因时效届满或手续欠缺丧失票据权利的持票人对于出票人或承兑人行使利益偿还请求权而发生的关系，票据付款人付款后请求持票人交还票据而发生的关系等。

（2）民法上的非票据关系。这是指依据《民法典》的一般规定而发生的、与票据有紧密联系的法律关系，称为票据基础关系。其中最重要的是票据签发、转让的当事人之间的票据原因关系。

票据关系与票据基础关系具有密切的联系。一般来说，票据关系的发生总是以票据基础关系为原因和前提的，但是票据关系一经形成，就与票据基础关系相分离，票据基础关系是否存在、是否有效，都对票据关系不起作用。这就是说，如果票据当事人违反《票据法》的相关规定而签发、取得和转让没有真实交易关系和债权债务关系的票据，该票据只要符合法定的形式要件，票据关系就是有效的，该票据关系的债务人就必须依票据上的记载事项对票据债权人承担票据责任，不得以该票据没有真实的交易和债权债务关系为由进行抗辩。除非《票据法》规定，持票人是不履行约定义务的与自己有直接债权债务关系的人，票据债务人才可进行抗辩。此外，票据关系因一定原因失效，亦不影响票据基础关系的效力。《票据法》规定，持票人因超过票据权利时效或者因票据记载事项欠缺而丧失票据权利的，仍享有民事权利，可以请求出票人或者承兑人返还其与未支付的票据金额相当的利益。因此，票据关系与票据基础关系不容混淆。

二、票据行为

（一）票据行为的概念与特点

票据行为是票据法律行为的简称，是指能够发生票据权利和义务的法律行为。包括出票、背书、承兑、保证四种，其中承兑为汇票所独有。与一般的民事法律行为相比，票据行为具有以下特点：

（1）票据行为是要式法律行为。这种行为必须满足特定的形式要件才能够成立和生效。票据行为的这一特点，通常表述为票据行为的“要式性”，因此票据是一种“要式证券”。

（2）票据行为的解释以文义解释为主。与一般民事法律行为的解释不同，票据行为的解释，原则上仅仅使用文义解释。根据《票据法》第四条的规定，出票人和其他票据义务人都应当按照（票据）所记载的事项承担票据责任。

（3）票据行为是一种“格式”化的法律行为。

（4）票据行为的独立性。票据上的各个票据行为之间互相独立，是否有效根据各自的要件来判断。一个票据行为如果形式上合法但因为欠缺其他要件而无效，原则上不影响其他票据行为的效力。例如，《票据法》第六条规定：“无民事行为能力人或者限制民事行为能力人在票据上签章的，其签章无效，但是不影响其他签章的效力。”

（二）票据行为成立的有效条件

票据行为是一种民事法律行为，必须符合民事法律行为成立的一般条件。同时，票据行为又是特殊的要式民事法律行为，必须具备《票据法》规定的特别要件。

1. 行为人必须具有从事票据行为的能力

无民事行为能力人或者限制民事行为能力人不具有票据行为能力，只有具备完全民事行为能力的自然人才具有票据行为能力。法人的票据行为能力一般不受限制。

2. 行为人的意思表示必须真实或无缺陷

以欺诈、偷盗或者胁迫等手段取得票据的，或者明知有前列情形，出于恶意取得票据的，不得享有票据权利。

3. 票据行为的内容必须符合法律、法规的规定

票据行为的进行程序、记载的内容等必须合法，至于票据的基础关系涉及的行为是否合法，则与此无关。

4. 票据行为必须符合法定形式

（1）签章。行为人在票据上签章，可以采用签名、盖章或者签名加盖章。票据上的签章是票据行为表现形式中绝对应记载事项，如无该项内容，票据行为即为无效。法人和其他使用票据的单位在票据上的签章，为该法人或者该单位的盖章加其法定代表人或者其授权的代理人的签章；银行汇票的出票人在票据上的签章和银行承兑汇票的承兑人的签章，应为经中国人民银行批准使用的该银行汇票专用章加其法定代表人或者其授权的代理人的签名或者盖章；商业汇票的出票人在票据上的签章，为该法人或者该单位的财务专用章或者公章加其法定代表人、单位负责人或者其授权的代理人的签名或者盖章；银行本票的出票人在票据上的签章，应为经中国人民银行批准使用的该银行本票专用章加其法定代表人或者其授权的代理人的签名或者盖章；单位在票据上的签章，应为该单位的财务专用章或者公章加其法定代表人或者其授权的代理人的签名或者盖章；个人在票据上的签章，应为该个人的签名或者盖章；支票的出票人和商业承兑汇票的承兑人在票据上的签章，应为其预留银行的签章。

银行汇票、银行本票的出票人以及银行承兑汇票的承兑人在票据上未加盖

规定的专用章而加盖该银行的公章，支票的出票人在票据上未加盖与该单位在银行预留签章一致的财务专用章而加盖该出票人公章的，签章人应当承担票据责任。

出票人在票据上的签章不符合规定的，票据无效；承兑人、保证人在票据上的签章不符合规定的，或者无民事行为能力人、限制民事行为能力人在票据上签章的，其签章无效，但不影响其他符合规定签章的效力；背书人在票据上的签章不符合规定的，其签章无效，但不影响其前手符合规定签章的效力。在中国票据业务系统中的电子签名，适用《中华人民共和国电子签名法》。

（2）票据记载事项。票据记载事项一般分为绝对应记载事项、相对应记载事项、非法定记载事项等。绝对应记载事项是指《票据法》明文规定必须记载的，如无记载，票据即为无效的事项；相对应记载事项是指某些应该记载而未记载，适用法律的有关规定而不使票据失效的事项；非法定记载事项是指《票据法》规定由当事人任意记载的事项。

各类票据共同的绝对应记载事项为：票据种类的记载；票据金额的记载（票据金额以中文大写和数码同时记载，两者必须一致，两者不一致的，票据无效）；票据收款人的记载；年、月、日的记载。票据金额、日期、收款人名称不得更改，更改的票据无效。

本节考核的知识点

1. 票据关系：重点掌握票据关系与非票据关系的区别、票据关系与票据基础关系的联系。

2. 票据行为：重点掌握票据行为成立的有效要件、票据记载事项、票据签章的具体要求。

第 3 节 票据权利与抗辩

一、票据权利

票据权利是指持票人向票据债务人请求支付票据金额的权利。票据权利包括付款请求权和追索权。付款请求权一般是指持票人对主债务人的权利，也称第一顺序权利。追索权是指持票人的付款请求权没有获得满足或者有可能无法获得满足的情况下，在符合法定条件之后，可以向偿还义务人所主张的票据权利，也称第二顺序权利。

（一）票据权利的取得

1. 取得的方式

（1）出票取得；

（2）转让取得；

（3）通过税收、继承、赠与、企业合并等方式取得。

2. 取得的条件

（1）客观条件：必须给付对价，即应当给付票据双方当事人认可的相对应的代价。无对价或无相当对价取得票据的，如果属于善意取得，即不存在欺诈、偷盗、胁迫等情形，仍然享有票据权利，但持有人必须承担其前手的权利瑕疵。因税收、继承、赠与可以依法无偿取得票据的，不受给付对价的限制，但是所享有的票据权利不得优于其前手。如果前手的权利因违法或有瑕疵而受影响或丧失，该持票人的权利也因此受影响或丧失。

（2）主观条件：善意取得。因欺诈、偷盗、胁迫、恶意取得票据或因重大过失取得不符合法律规定的票据的，不得享有票据权利。

（二）票据权利的补救

票据权利与票据紧密相连，如果票据丧失，票据权利的实现就会受到影响。因此，《票据法》规定了票据丧失后的三种补救措施。

1. 挂失止付

挂失止付是指失票人将票据丧失的情况通知付款人并由接收通知的付款人暂停支付的一种方法。

（1）可以挂失止付的票据种类：已承兑的商业汇票、支票、填明“现金”字样和代理付款人的银行汇票以及填明“现金”字样的银行本票。

（2）挂失的有效期：付款人或者代理付款人自收到挂失止付通知书之日起12日内没有收到人民法院的止付通知书的，自第13日起，挂失止付通知书失效。如果付款人或者代理付款人在收到挂失止付通知书前，已经依法向持票人付款的，不再接受挂失止付。

（3）挂失的效力：挂失止付并不是票据丧失后票据权利补救的必经程序，只是一种暂时的预防措施，最终要通过申请公示催告或提起普通诉讼来补救票据权利。

2. 公示催告

公示催告是指在票据丧失后，由失票人向人民法院提出申请，请求法院以公告方法通知不确定的利害关系人限期申报权利，逾期未申报者，由法院通过除权判决宣告所丧失票据无效的一种制度。《民事诉讼法》规定，按照规定可以背书转让的票据持有人，因票据被盗、遗失或者灭失，可以向票据支付地的基层人民法院申请公示催告。失票人应当在通知挂失止付后3日内，也可以在票据丧失后，依法向人民法院申请公示催告。人民法院收到公示催告的申请后，经审查认为符合受理条件的，应在受理后的3日内发出公告，催促利害关系人申报权利。公示期间不得少于60日。

3. 普通诉讼

普通诉讼是指丧失票据的失票人向法院提起民事诉讼，要求法院判定付款人向其支付票据金额的活动。丧失票据的失票人提起诉讼应注意以下几点：第一，票据丧失后的诉讼被告一般是付款人，但在找不到付款人或付款人不能付款时，也可将其他票据债务人（出票人、背书人、保证人等）作为被告；第二，诉讼请求的内容是要求付款人或其他票据债务人在票据的到期日或判决生效后支付或清偿票据金额；第三，失票人在向法院起诉时，应提供所丧失票据的有关书面证明；第四，失票人向法院起诉时，应当提供担保，以防由于付款人支付已丧失票据票款后可能出现的损失，担保的数额相当于票据载明的金额；第五，在判决前，丧失的票据出现时，付款人应以该票据正处于诉讼阶段为由暂不付款，将情况迅速通知失票人和人民法院，法院应终结诉讼程序。

（三）票据权利的消灭

票据权利的消灭是指因发生一定的法律事实而使票据权利不复存在。《票据法》着重规定了持票人的票据权利因时效届满而消灭的四种情形：

（1）持票人对票据的出票人和承兑人的权利（包括付款请求权和追索权），自票据到期日起2年。见票即付的汇票、本票，自出票日起2年。

（2）持票人对支票出票人的权利（包括付款请求权和追索权），自出票日起6个月。

（3）持票人对前手（不包括出票人）的追索权，自被拒绝承兑或者被拒绝付款之日起6个月。

（4）持票人对前手（不包括出票人）的再追索权，自清偿日或者被提起诉讼之日起3个月。

二、票据抗辩

（一）票据抗辩的概念

票据抗辩是指票据债务人依照《票据法》的规定，对票据债权人拒绝履行义务的行为。票据抗辩是票据债务人的一种权利。

（二）票据抗辩的种类

（1）对物抗辩，又称绝对的抗辩，是指基于票据本身存在的事由而发生的抗辩，可以对任何持票人提出。包括：

1）票据行为不成立而为的抗辩。如票据应记载的内容有欠缺；背书上有禁止记载的事项；背书不连续；持票人的票据权利有瑕疵等。

2）依票据记载不能提出请求而为的抗辩。如票据未到期、付款地不符等。

3）票据载明的权利已消灭或已失效而为的抗辩。如时效届满。

4）票据权利的保全手续欠缺而为的抗辩。如应作成拒绝证书而未作等。

5）票据上有伪造、变造情形而为的抗辩。

（2）对人抗辩，又称相对的抗辩，即对抗特定债权人。债务人只能对票据基础关系中的直接相对人不履行约定义务的行为进行抗辩，该基础关系必须是该票据赖以产生的民事法律关系而不是其他的民事法律关系；如果该票据已被不履行约定义务的持票人转让给第三人而该第三人属善意、已付对价取得票据的持票人，则票据债务人不能对其进行抗辩。

（三）票据抗辩的限制

（1）票据债务人不得以自己与出票人之间的抗辩事由对抗持票人。这就是说，如果票据债务人（如承兑人、付款人）与出票人之间存在抗辩事由（如出票人与票据债务人存在合同纠纷，出票人存入票据债务人的资金不够等），该票据债务人不得以此抗辩事由对抗善意持票人。

（2）票据债务人不得以自己与持票人的前手之间的抗辩事由对抗持票人。例如，票据债务人与持票人的前手（如背书人、保证人等）存在抵销关系，持票人的前手将票据转让给了持票人，票据债务人就不能以其与持票人的前手存在抗辩事由而拒绝向持票人付款。

（3）凡是善意的、已付对价的正当持票人可以向票据上的一切债务人请求付款，不受前手权利瑕疵和前手相互间抗辩的影响。如持票人不知道其前手取得票据存在欺诈、偷盗、胁迫、重大过失等情形，并已为取得票据支付了相应的对价，那么票据债务人不能以持票人的前手存在权利瑕疵而对抗持票人。

（4）持票人取得的票据是无对价或不相当对价的，由于其享有的权利不能优于其前手，故票据债务人可以对抗持票人前手的抗辩事由对抗该持票人。

三、票据的伪造与变造

（一）票据的伪造

1. 概念

票据的伪造是指假冒他人名义或虚构人的名义而进行的票据行为，包括票据的伪造和票据上签章的伪造。前者是指假冒他人或虚构人的名义进行出票行为，如在空白票据上伪造出票人的签章或者盗盖出票人的印章而进行出票；后者是指假冒他人名义进行出票行为之外的其他票据行为，如伪造背书签章、承兑签章、保证签章等。

2. 后果

票据的伪造行为是一种扰乱社会经济秩序、损害他人利益的行为，在法律上不具有任何票据行为的效力。由于其自始无效，故持票人即使是善意取得，对被伪造人也不能行使票据权利。对伪造人而言，由于票据上没有以自己名义所作的签章，因此也不承担票据责任。伪造人的行为给他人造成损害的，应承担民事责任；构成犯罪的，还应承担刑事责任。

根据《票据法》的规定，票据上有伪造签章的，不影响票据上其他真实签章的效力。持票人依法提示承兑、提示付款或行使追索权时，票据上的真实签章人不能以票据伪造为由进行抗辩。

（二）票据的变造

票据的变造是指无权更改票据内容的人，对票据上签章以外的记载事项加以变更的行为。例如，变更票据上的到期日、付款日、付款地、金额等。由于电子商业票据业务的推广等原因，票据变造的情形已极为罕见。

本节考核的知识点

1. 票据权利：重点掌握票据权利取得的方式及条件、票据权利的补救。
2. 票据抗辩：重点掌握票据抗辩的种类、票据抗辩的限制。
3. 票据的伪造与票据的变造之间的区别及其后果。

第4节 汇票、本票、支票的适用

一、汇票

（一）汇票的概念与种类

汇票是出票人签发的，委托付款人在见票时或者在指定日期无条件支付确定的金额给收款人或者持票人的票据，包括银行汇票、商业汇票。

银行汇票是出票银行签发的，由其在见票时按照实际结算金额无条件支付给收款人或者持票人的票据。商业汇票是出票人签发的，委托付款人在指定日期无条件支付确定的金额给收款人或者持票人的票据。商业汇票又区分为银行承兑汇票和商业承兑汇票。（1）银行承兑汇票：出票人记载银行为付款人，并由付款人（银行）予以承兑。（2）商业承兑汇票：出票人记载银行之外的人为付款人，并由付款人予以承兑。

（二）汇票的出票

出票亦称发票，是指出票人签发票据并将其交付给收款人的票据行为。出票包括两个行为：一是出票人依照《票据法》的规定作成票据，即在原始票据上记载法定事项并签章；二是交付票据，即将作成的票据交付给他人占有。这两者缺一不可。

汇票是要式证券，出票是要式行为，汇票出票必须依据《票据法》的规定记载一定的事项，且符合法定的格式。出票的记载事项分为绝对应记载事项、相对应记载事项和非法定记载事项。

（1）绝对应记载事项：1）表明“汇票”的字样；2）无条件支付的委托；3）确定的金额；4）付款人名称；5）收款人名称；6）出票日期；7）出票人签章。未记载上述内容之一的，汇票无效。

（2）相对应记载事项：1）付款日期，未记载的，推定为见票即付；2）付款地，未记载的，推定为付款人的营业场所、住所或者经常居住地；3）出票地，未记载的，推定为出票人的营业场所、住所或者经常居住地。

（3）非法定记载事项。该记载事项不具有汇票上的效力。该类事项主要是指与汇票的基础关系有关的事项，如签发票据的原因或用途、该票据项下交易的合同号码等。

（三）汇票的背书

1．背书的概念

背书是指持票人以转让汇票权利或授予他人一定的票据权利为目的，按法定的事项和方式在票据背面或者粘单上记载有关事项并签章的票据行为。根据《票据法》的规定，持票人可以将汇票权利转让给他人或者将一定的汇票权利授予他人行使，持票人行使此项权利时，应当背书并交付汇票。

2．背书应记载的事项

（1）绝对应记载事项：1）背书签章；2）被背书人名称。未记载上述内容之一的，背书无效。

（2）相对应记载事项：背书日期。未记载日期的，视为在汇票到期日前背书。

（3）非法定记载事项：背书人在汇票上记载“不得转让”字样，其后手再背书转让的，原背书人对其后手的被背书人不承担保证责任。

（4）不得记载的事项：1）附条件的背书，所附条件不具有汇票上的效力；2）部分背书，是指背书人在背书时，将汇票金额的一部分或者将汇票金额分别转让给两个人以上的背书。部分背书无效。

以背书转让的汇票，背书应当连续。如果背书不连续，付款人可以拒绝向持票人付款，否则付款人自行承担责任。背书连续主要是指背书在形式上连续，如果背书在实质上不连续，如有伪造签章等，付款人仍应对持票人付款。但是，如果付款人明知持票人不是真正票据权利人，则不得向持票人付款，否则应自行承担责任。

3. 委托收款背书和质押背书——非转让背书

（1）委托收款背书。这是指持票人以行使票据上的权利为目的而授予被背书人以代理权的背书。委托收款背书确立的法律关系不属于票据上的权利转让与被转让关系，而是背书人（原持票人）与被背书人（代理人）之间在民法上的代理关系。该关系形成后，被背书人可以代理行使票据上的一切权利。在此情形下，被背书人只是代理人而未取得票据权利，背书人仍是票据权利人。

（2）质押背书。这是指持票人以票据权利设定质权为目的而在票据上做成的背书。背书人是原持票人，也是出质人，被背书人则是质权人。质押背书确立的是一种担保关系，即在背书人（原持票人）与被背书人（代理人）之间产生一种质押关系，而不是票据权利的转让与被转让关系。

以汇票设定质押时，出质人在汇票上只记载了“质押”字样而未在票据上签章的，或者出质人未在汇票、粘单上记载“质押”字样而另行签订质押合同、质押条款的，不构成票据质押。

4. 法定禁止背书

法定禁止背书是指根据《票据法》的规定而禁止背书转让的情形。如果背书人将此类汇票以背书方式转让的，应当承担汇票责任。法定禁止背书的情形有三种：（1）被拒绝承兑的汇票；（2）被拒绝付款的汇票；（3）超过付款提示期限的汇票。

背书人以背书行为将该种票据进行转让，应该承担汇票责任。

（四）汇票的保证

保证是指票据债务人以外的他人充当保证人，担保票据债务履行的票据行为。

（1）绝对应记载事项：1）表明“保证”的字样；2）保证人签章。未记载上述内容之一的，保证无效。

（2）相对应记载事项：1）保证人名称和住所。2）被保证人的名称。未记载被保证人的名称的：已承兑的汇票，以承兑人为被保证人；未承兑的汇票，以出票人为被保证人。3）保证日期。未记载保证日期的，以出票日期为保证日期。同时，保证不得附有条件；附有条件的，不影响对汇票的保证责任。

（3）保证人的责任。保证人应当与被保证人对持票人承担连带责任。共同保证的，保证人之间承担连带责任。

（4）保证人的追索权。保证人清偿汇票债务后，可以行使持票人对被保证人及其前手的追索权。

（五）汇票的承兑

承兑是指汇票付款人承诺在汇票到期日支付汇票金额的票据行为。承兑是汇票特有的制度。付款人承兑汇票后，便成为汇票的主债务人，应当承担到期付款的责任。

1. 提示承兑

提示承兑是指持票人向付款人出示汇票，并要求付款人承兑付款的行为。因汇票付款日期的形式不同，提示承兑的期限亦不一样。

（1）定日付款和出票后定期付款的汇票，从出票人出票日起至汇票到期日止。在此期间，持票人应当向付款人提示承兑，否则，丧失对其前手的追索权。

（2）见票后定期付款的汇票，自出票日起1个月内向付款人提示承兑。汇票未按照规定期限提示承兑的，持票人丧失对出票人之外的其他前手的追索权。

（3）见票即付的汇票，无须提示承兑。

2. 承兑时间

付款人应当自收到提示承兑的汇票之日起3日内承兑或者拒绝承兑。如果付款人在3日内不作承兑与否表示的，应视为拒绝承兑，持票人可以请求其作出拒绝承兑证明，向其前手行使追索权。

3. 承兑记载的事项

（1）“承兑”字样；

（2）承兑日期；

（3）签章。

付款人承兑汇票，不得附有条件；承兑附有条件的，视为拒绝承兑。

4. 承兑的效力

（1）承兑人于汇票到期日必须向持票人无条件地支付汇票上的金额，否则其必须承担延迟付款责任。

（2）承兑人必须对汇票上的一切权利人承担责任，这些权利人包括付款请求权人和追索人。

（3）承兑人不得以其与出票人之间的资金关系来对抗持票人，拒绝支付汇票金额。

（4）承兑人的票据责任不因持票人未在法定期限提示付款而解除。

（六）汇票的付款

付款是指付款人依据票据文义支付票据金额，以消灭票据关系的行为。

1. 付款提示

付款提示是指持票人向付款人出示票据，请求付款的行为。根据《票据法》的规定，持票人应当按照下列期限提示付款：（1）见票即付的汇票，自出票日起1

个月内向付款人提示付款；（2）定日付款、出票后定期付款或者见票后定期付款的汇票，自到期日起10日内向承兑人提示付款。

持票人未按照上述规定期限提示付款的，在作出说明后，承兑人或者付款人仍应当继续对持票人承担付款责任。通过委托收款银行或者通过票据交换系统向付款人提示付款的，视同持票人提示付款。

此外，持票人在以下情形下可不为付款提示：（1）付款人拒绝承兑，无须再为付款提示；（2）票据丧失，只能通过公示催告或普通诉讼来补救；（3）因不可抗力不能在规定期限提示，可直接行使追索权；（4）付款人或承兑人主体资格消灭，持票人无法提示。

2. 支付票款

持票人向付款人进行付款提示后，付款人无条件地在当日按票据金额足额支付给持票人。

付款人或者代理付款人在付款时应当履行审查义务，即应当审查持票人提示的汇票背书是否连续，并应审查提示付款人的合法身份证明或者有效证件。该审查义务仅限于汇款格式是否合法，即汇票形式上的审查，而不负责实质上的审查。如果付款人或者其代理付款人以恶意或者有重大过失付款的，应当自行承担责任。此外，如果付款人对定日付款、出票后定期付款或者见票后定期付款的汇票在到期日前付款，应由付款人自行承担所产生的责任。在持票人不是票据权利人时，对于真正的票据权利人并不能免除其票据责任，对由此造成损失的，付款人只能向非正当持票人请求赔偿。

3. 付款的效力

付款人依法足额付款后，全体汇票债务人的责任解除。如果付款人付款存在瑕疵，即未尽审查义务而对不符合法定形式的票据付款，或其存在恶意或者重大过失而付款的，则不发生上述法律效力，付款人的义务不能免除，其他债务人也不能免除责任。

（七）汇票的追索权

追索权是指持票人在票据到期后不获付款或到期前不获承兑或有其他法定原因，并在实施行使或保全票据上权利的行为后，可以向其前手请求偿还票据金额、利息及其他法定款项的一种票据权利。追索权是在票据权利人的付款请求权得不到满足之后，法律赋予持票人对票据债务人进行追偿的权利。追索权与付款请求权在权利行使对象上有一定的区别：后者的行使对象是票据上的付款人；前者的行使对象可以是票据上的主债务人，但主要还是票据上的次债务人，如票据上的出票人、背书人、保证人等。

1. 追索权发生的实质要件

追索权发生的实质要件包括：（1）汇票到期被拒绝付款；（2）汇票在到期日前被拒绝承兑；（3）在汇票到期日前，承兑人或付款人死亡、逃匿的；（4）在汇票到期日前，承兑人或付款人被依法宣告破产或因违法被责令终止业务活动。

2. 追索权发生的形式要件

追索权的发生除了具有前述实质要件外，还要具有一定的形式要件。形式要件指持票人行使追索权必须履行一定的保全手续而不致追索权丧失。保全手续包括：

（1）在法定提示期限提示承兑或提示付款。

（2）在不获承兑或不获付款时，在法定期限内作成拒绝证明。该拒绝证明主要有：1）拒绝证书；2）退票理由书；3）承兑人、付款人或者代理付款银行直接在汇票上记载提示日期、拒绝事由、拒绝日期并盖章；4）死亡证明、失踪证明书等；5）人民法院的有关司法文件；6）有关行政主管部门的处罚决定。

3. 追索权的行使

（1）发出追索通知。持票人应当自收到被拒绝承兑或者被拒绝付款的有关证明之日起 3 日内，将被拒绝事由书面通知其前手，其前手应当自收到通知之日起 3 日内书面通知其再前手。持票人也可以同时向各汇票债务人发出书面通知。

如果持票人未按规定期限发出追索通知或其前手收到通知后未按规定期限通知其再前手，持票人仍可行使追索权。因延期通知其前手或者出票人造成损失的，由没有按照规定期限通知的汇票当事人承担对该损失的赔偿责任，但是所赔偿的金额以汇票金额为限。

（2）确定追索对象。被追索人包括出票人、背书人、承兑人和保证人。持票人可以不按照汇票债务人的先后顺序，对其中任何一人、数人或者全体行使追索权。持票人对票据债务人中的一人或者数人已经进行追索的，对其他票据债务人仍可行使追索权，但是持票人为出票人的，对其前手无追索权。持票人为背书人的，对其后手无追索权。

（3）被追索人的责任承担。被追索人对持票人承担连带责任。持票人对汇票债务人中的一人或者数人已经进行追索的，对其他汇票债务人仍可行使追索权。被追索人清偿债务后，与持票人享有同一权利。

（4）追索的范围：1）汇票金额；2）利息；3）费用。

（5）被追索人清偿债务后的效力。被追索人清偿债务后，其票据责任解除。同时，被追索人清偿债务后，与持票人享有同一票据权利，可以向其他汇票债务人行使再追索权，请求其他汇票债务人支付相应的金额和费用。

二、本票

（一）本票的概念与种类

本票是出票人签发的，承诺自己在见票时无条件支付确定的金额给收款人或者持票人的票据。在我国，本票仅限于银行本票，且为记名式本票和即期本票。银行本票分为定额银行本票和不定额银行本票，定额银行本票面额为 1 000 元、5 000 元、1 万元和 5 万元。

本票作为票据的一种，具有与其他票据相同的一般性质和特点，《票据法》只是对本票与其他票据不同的方面加以规定，即对其个性方面的问题作了特别规定，有关其一般性的问题，则适用《票据法》总则中的有关规定和汇票中的相关规定。除特别规定外，本票的背书、保证、付款行为和追索权的行使，适用汇票的有关规定。

（二）本票的出票

本票的出票行为是以自己负担支付本票金额的债务为目的的票据行为。出票人为经中国人民银行当地分支行批准办理银行本票业务的银行机构。本票的记载事项包括绝对应记载事项和相对应记载事项。

（1）绝对应记载事项：1）表明“本票”的字样；2）无条件支付的承诺；3）确定的金额；4）收款人名称；5）出票日期；6）出票人签章。未记载上述内容之一的，本票无效。

（2）相对应记载事项：1）付款地，未记载付款地的，以出票人的营业场所为付款地；2）出票地，未记载出票地的，以出票人的营业场所为出票地。

（三）本票的付款

本票自出票日起，付款期限最长不得超过2个月。持票人在规定的期限内提示见票的，出票人必须承担付款的责任。如果持票人超过提示付款期限不获付款的，在票据权利时效内向出票银行作出说明，并提供本人身份证或单位证明，可持银行本票向出票银行请求付款。如果本票的持票人未按照规定期限提示见票的，丧失对出票人以外的前手的追索权。

三、支票

（一）支票的概念和种类

支票是出票人签发的，委托银行或者其他金融机构在见票时无条件支付一定金额给收款人或者持票人的票据。支票分现金支票、转账支票和普通支票。现金支票只能用于支取现金；转账支票只能用于转账，不得支取现金；普通支票可以用于支取现金，也可以用于转账。普通支票用于转账时，应当在支票正面注明，即在普通支票左上角划两条平行线。有该划线标志的支票，也称为划线支票，划线支票只能用于转账，不得支取现金。

与本票一样，《票据法》只是对支票的个性方面的问题作了规定，有关其一般性的问题，则适用《票据法》总则中的有关规定和汇票中的相关规定。除特别规定外，支票的背书、付款行为和追索权的行使，适用汇票的有关规定。

（二）支票的出票

出票人签发支票并交付的行为即为出票。支票出票人为在经中国人民银行当地分支行批准办理支票业务的银行机构开立可以使用支票的存款账户的单位和个人。支票出票人作成有效的支票，必须按法定要求记载有关事项。记载事项可分为绝对应记载事项、授权补记事项和相对应记载事项。

（1）绝对应记载事项：1）表明“支票”的字样；2）无条件支付的委托；3）确定的金额；4）付款人名称；5）出票日期；6）出票人签章。

（2）授权补记事项：1）支票金额，未补记前，不得使用；2）收款人名称，未补记前，不得背书转让和提示付款。

（3）相对应记载事项：1）付款地，未记载付款地的，以付款人的营业场所为付款地；2）出票地，未记载出票地的，以出票人的营业场所、住所或者经常居住地为出票地。

（4）支票的出票要求：1）不得签发空头支票。出票人签发支票的金额不得超过付款时其在付款人处实有的存款金额。2）出票人不得签发与其预留本名的签名式样或者印鉴不符的支票。3）使用支付密码的，出票人不得签发支付密码错误的支票。4）签发现金支票和用于支取现金的普通支票，必须符合国家现金管理的规定。

（三）支票的付款

支票限于见票即付，不得另行记载付款日期。另行记载付款日期的，该记载无效。持票人应当自出票日起 10 日内提示付款；超过提示付款期限提示付款的，付款人可以不予付款。付款人不予付款的，出票人仍应当对持票人承担票据责任。持票人超过提示付款期限的，并不丧失对出票人的追索权，出票人仍应当对持票人承担支付票款的责任。出票人在付款人处的存款足以支付支票金额时，付款人应当在当日足额付款。

付款人依法支付支票金额的，对出票人不再承担受委托付款的责任，对持票人不再承担付款的责任，但是付款人以恶意或者有重大过失付款的除外。这里所说的恶意或者有重大过失付款是指付款人在收到持票人提示的支票时，明知持票人不是真正的票据权利人，支票的背书以及其他签章系伪造，或者付款人不按照正常的操作程序审查票据等情形。在此情况下，付款人不能解除付款责任，由此造成损失的，由付款人承担赔偿责任。

本节考核的知识点

1. 汇票：重点掌握汇票出票时的记载事项；背书时应当记载的事项、不得记载的事项、法定禁止背书；承兑应当记载的事项、承兑的效力；保证应当记载的事项、保证人的责任；付款的提示期限；追索权的行使条件、追索的对象。

2. 本票：重点掌握本票与汇票的主要区别。

3. 支票：重点掌握支票与汇票的主要区别。

练习题

第 5 章即测即评

选择题

1. 某公司签发一张商业汇票。根据票据法律制度的规定，该公司的下列签章行为中，正确的是（　　）。

A. 公司盖章

B. 公司法定代表人李某盖章

C. 公司法定代表人李某签名加盖章

D. 公司盖章加公司法定代表人李某盖章

2. 根据票据法律制度的规定，下列有关在票据上签章效力的表述中，正确的有（　　）。

A. 出票人在票据上签章不符合规定的，票据无效

B. 承兑人在票据上签章不符合规定的，其签章无效，但不影响其他符合规定签章的效力

C. 保证人在票据上签章不符合规定的，其签章无效，但不影响其他符合规定签章的效力

D. 背书人在票据上签章不符合规定的，其签章无效，但不影响其前手符合规定签章的效力

3. 根据支付结算法律制度的规定，下列各项中，属于无效票据的是（　　）。

A. 更改出票金额的票据

B. 更改出票日期的票据

C. 更改收款人名称的票据

D. 金额中文大写与数码记载不一致的票据

4. 根据票据法律制度的规定，下列各背书情形中，属于背书无效的有（　　）。

A. 将汇票金额全部转让给甲某

B. 将汇票金额的一半转让给甲某

C. 将汇票金额分别转让给甲某和乙某

D. 将汇票金额转让给甲某但要求甲某不得对背书人行使追索权

5. 根据票据法律制度的规定，背书人在汇票上记载“不得转让”字样，其后手再背书转让的，将产生的法律后果是（　　）。

A. 该汇票无效

B. 该背书转让无效

C. 原背书人对其后手的被背书人不承担保证责任

D. 原背书人对其后手的被背书人承担保证责任

6. 根据票据法律制度的规定，下列选项中，属于禁止背书转让汇票的情形有（　　）。

A. 汇票未记载付款地的

B. 汇票超过付款提示期限的

C. 汇票被拒绝承兑的

D. 汇票被拒绝付款的

7. 根据票据法律制度的规定，下列有关汇票背书的表述中，正确的是（　　）。

A. 背书日期为绝对应记载事项

B. 背书不得附有条件，背书时附有条件的，背书无效

C. 出票人在汇票上记载“不得转让”字样的，汇票不得转让

D. 委托收款背书的被背书人可以再背书转让汇票权利

8. 下列关于商业汇票提示承兑期限的表述中，符合法律规定的有（　　）。

A. 商业汇票的提示承兑期限为自汇票到期日起10日内

B. 定日付款的商业汇票，持票人应该在汇票到期日前提示承兑

C. 出票后定期付款的商业汇票，提示承兑期限为自出票日起1个月内

D. 见票后定期付款的商业汇票，持票人应该自出票日起1个月内提示承兑

9. 甲公司持有一张商业汇票，到期委托开户银行向承兑人收取票款。甲公司

行使的票据权利是（　　）。

A. 付款请求权　　B. 利益返还请求权

C. 票据追索权　　D. 票据返还请求权

10. 根据票据法律制度的规定，下列各项中，可以行使票据追索权的当事人有（　　）。

A. 票据记载的收款人　　B. 代为清偿票据债务的保证人

C. 最后被背书人　　D. 代为清偿票据债务的背书人

11. 根据票据法律制度的规定，下列各项中，属于票据丧失后可以采取的补救措施有（　　）。

A. 挂失止付　　B. 公示催告　　C. 普通诉讼　　D. 仲裁

12. 根据支付结算法律制度的规定，下列票据丧失后，可以挂失止付的有（　　）。

A. 未承兑的商业汇票

B. 支票

C. 填明“现金”字样和代理付款人的银行汇票

D. 填明“现金”字样的银行本票

13. 根据票据法律制度的规定，下列选项中，属于票据权利消灭的情形有（　　）。

A. 持票人对前手的再追索权，自清偿日或者被提起诉讼之日起 3 个月未行使

B. 持票人对前手的追索权，在被拒绝承兑或者被拒绝付款之日起 6 个月未行使

C. 持票人对支票出票人的权利，自出票日起 6 个月未行使

D. 持票人对本票出票人的权利，自票据到期日起 2 年未行使

14. 根据票据法律制度的规定，下列选项中，属于因时效而致使票据权利消灭的情形有（　　）。

A. 甲持有一张本票，出票日期为 2022 年 5 月 20 日，于 2023 年 5 月 27 日行使票据的付款请求权

B. 乙持有一张为期 30 天的汇票，出票日期为 2022 年 5 月 20 日，于 2024 年 5 月 27 日行使票据的付款请求权

C. 丙持有一张见票即付的汇票，出票日期为 2022 年 5 月 20 日，于 2024 年 5 月 27 日行使票据的付款请求权

D. 丁持有一张支票，出票日期为 2022 年 5 月 20 日，于 2023 年 4 月 27 日行使票据的付款请求权

15. 根据票据法律制度的规定，银行汇票的提示付款期限是（　　）。

A. 自出票日起 6 个月　　B. 自出票日起 1 个月

C. 自出票日起 10 日　　D. 自出票日起 2 个月

16. 根据票据法律制度的规定，支票的下列记载事项中，可由出票人授权补记的是（　　）。

A. 付款人名称　　B. 出票日期

C. 收款人名称　　D. 出票人签章

17. 根据票据法律制度的规定，支票的提示付款期限为（　　）。

A. 自出票日起10日内　　　　B. 自出票日起1个月内

C. 自出票日起2个月内　　　　D. 自出票日起6个月内

18. 根据票据法律制度的规定，持票人应在法定期限内向付款人提示付款。关于票据提示付款期限的下列表述中，正确的有（　　）。

A. 商业汇票自到期日起1个月内提示付款

B. 银行汇票自出票日起2个月内提示付款

C. 银行本票自出票日起2个月内提示付款

D. 支票自出票日起10日内提示付款

19. 根据票据法律制度的规定，下列各项中，属于无效支票的有（　　）。

A. 更改出票日期的支票

B. 更改收款单位名称的支票

C. 中文大写金额和数码金额不一致的支票

D. 由出票人授权补记金额的支票

20. 根据支付结算法律制度的规定，下列关于票据提示付款期限的表述中，不正确的是（　　）。

A. 银行汇票的提示付款期限为自出票日起1个月

B. 商业汇票的提示付款期限为自出票日起10日

C. 银行本票的提示付款期限为自出票日起最长不得超过2个月

D. 支票的提示付款期限为自出票日起10日

案例题

【案例1】 甲公司为支付货款，向乙公司签发了一张以A银行为承兑人、金额为20万元的银行承兑汇票。A银行在票据承兑栏中进行了签章。乙公司为向丙公司支付租金，将该票据交付丙公司，但未在票据上背书和签章。丙公司因需向丁公司支付工程款，欲将该票据转让给丁公司。丁公司发现票据上无转让背书，遂提出异议。丙公司便私刻了乙公司法定代表人刘某的人名章和乙公司公章，加盖于背书栏，并直接记载丁公司为被背书人。丁公司不知有假，接受了票据。之后，丁公司为偿付欠款将该票据背书转让给了戊公司。

甲公司收到乙公司货物后，发现货物存在严重质量问题，遂要求乙公司退还货款并承担违约责任。票据到期时，戊公司向A银行提示付款，A银行以甲公司存入本行的资金不足为由拒绝付款。

要求：根据上述内容，分别回答下列问题：

（1）A银行拒绝向戊公司付款的理由是否成立？说明理由。

（2）A银行拒绝付款后，戊公司可以向哪些当事人进行追索？

（3）若戊公司在A银行拒绝付款后向甲公司进行追索，甲公司可否以与乙公司之间的买卖合同纠纷尚未解决为由拒绝向戊公司承担票据责任？说明理由。

（4）丙公司将私刻的人名章和公章加盖于背书栏，并直接记载丁公司为被背书人的行为属于《票据法》中的什么行为？应当承担何种法律责任？

【案例2】 A公司为支付货款，向B公司签发了一张金额为200万元的银行承兑汇票，某商业银行作为承兑人在票面上签章。B公司收到汇票后将其背书转让给C公司，以偿还所欠C公司的租金，但未在被背书人栏内记载C公司的名称。C公司欠D公司一笔应付账款，遂直接将D公司记载为B公司的被背书人，并将汇票交给D公司。D公司随后又将汇票背书转让给E公司，用于偿付工程款，并于票据上注明“工程验收合格则转让生效”。

D公司与E公司因工程存在严重质量问题，未能验收合格而发生纠纷。纠纷期间，E公司为支付广告费，欲将汇票背书转让给F公司。F公司负责人知悉D公司与E公司之间存在工程纠纷，对该汇票产生疑虑，遂要求E公司之关联企业G公司与F公司签订了一份保证合同。该保证合同约定，G公司就E公司对F公司承担的票据责任提供连带责任保证，但是G公司未在汇票上记载任何内容，亦未签章。

F公司于汇票到期日向银行提示付款，银行以A公司未在该行存入足额资金为由拒绝付款。F公司遂向C、D、E、G公司追索。

要求：根据上述内容，分别回答下列问题：

(1) C公司是否应向F公司承担票据责任？说明理由。

(2) D公司对E公司的背书转让是否生效？说明理由。

(3) D公司能否以其与E公司的工程纠纷尚未解决为由，拒绝向F公司承担票据责任？说明理由。

(4) F公司能否向G公司行使票据上的追索权？说明理由。

(5) G公司是否应向F公司承担保证责任？说明理由。

第6章

合同法

学习目标

掌握：

1. 合同的履行；
2. 合同的担保；
3. 违约责任。

理解：

1. 合同的订立；
2. 合同的效力；
3. 合同的变更、转让与终止。

了解：

1. 合同的概念与分类；
2.《民法典》合同编的适用范围。

第1节 合同法概述

一、合同的概念和分类

合同是指平等主体之间设立、变更、终止民事法律关系的协议。按照不同的标准可以将合同划分成不同的类型，合同主要有以下分类：

（1）有名合同与无名合同。有名合同是立法上规定了确定名称与规则的合同，又称典型合同。如买卖合同、借款合同、租赁合同等。无名合同是立法上尚未确定名称与规则的合同，又称非典型合同。

区分两者的法律意义在于：法律适用的不同。有名合同可直接适用《中华人民共和国民法典》第三编“合同”（以下简称《民法典》合同编）中关于该种合同的具体规定。无名合同则只能适用《民法典》合同编通则中规定的一般规则，同时，参照该法分则或其他法律中最相类似的规定执行。

（2）单务合同与双务合同。单务合同是指仅有一方当事人承担义务的合同，如赠与合同。双务合同是指双方当事人互负对价义务的合同，如买卖合同、承揽合同等。

区分两者的法律意义在于：双务合同中当事人之间的给付义务具有依存和牵连关系，故双务合同中存在同时履行抗辩权和风险负担的问题，单务合同则不存在这些问题。

（3）诺成合同与实践合同。诺成合同是指当事人意思表示一致即可认定合同成立的合同，如买卖合同。实践合同是指在当事人意思表示一致以外，尚需有实际交付标的物或者有其他现实给付行为才能成立的合同，如保管合同、定金合同等。

区分两者的法律意义在于：实践合同中作为合同成立要件的给付义务的违反不产生违约责任，只是一种缔约过失责任。

二、《民法典》合同编的适用范围

（1）因合同产生的债权债务关系。

（2）非因合同产生的债权债务关系，如基于侵权行为产生的债权债务关系，适用有关该债权债务关系的法律规定；没有规定的，适用《民法典》合同编通则的有关规定，但是根据其性质不能适用的除外。

（3）婚姻、收养、监护等有关身份关系的协议，适用有关该身份关系的法律规定；没有规定的，可以根据其性质参照适用《民法典》合同编的规定。

（4）涉外合同的当事人可以选择处理合同争议所适用的法律，但法律另有规定的除外。涉外合同的当事人对此没有选择的，适用与合同有最密切联系的国家的法律。但在中华人民共和国境内履行的中外合资经营企业合同、中外合作经营企业合同、中外合作勘探开发自然资源合同，只能适用中华人民共和国法律。

本节考核的知识点

1. 了解合同的分类。
2. 了解《民法典》合同编的适用范围。

第2节 合同的订立与效力

一、合同订立程序——要约与承诺

（一）要约

要约是希望和他人订立合同的意思表示。

1. 要约应具备的条件

（1）内容具体确定。此处的“内容具体确定”并非要求要约已经具备《民法典》第四百七十条第一款规定的所有条款。当事人对合同是否成立存在争议，人民法院能够确定当事人名称或者姓名、标的和数量的，一般应当认定合同成立，但法律另有规定或者当事人另有约定的除外。

（2）表明经受要约人承诺，要约人即受该意思表示约束。

2. 要约邀请

要约邀请是希望他人向自己发出要约的意思表示。与要约的区别在于：要约是一个一经承诺就成立合同的意思表示，要约邀请则是邀请他人向自己发出要约，自己如果承诺才成立合同。要约邀请处于合同的准备阶段，没有法律约束力。要约邀请表现为拍卖公告、招标公告、招股说明书、债券募集办法、基金招募说明书、商业广告和宣传、寄送的价目表等；商业广告和宣传的内容符合要约条件的，构成要约。

3. 要约生效时间

（1）以对话方式作出的意思表示，相对人知道其内容时生效。

（2）以非对话方式作出的意思表示，到达相对人时生效。以非对话方式作出的采用数据电文形式的意思表示，相对人指定特定系统接收数据电文的，该数据电文进入该特定系统时生效；未指定特定系统的，相对人知道或者应当知道该数据电文进入其系统时生效。当事人对采用数据电文形式的意思表示的生效时间另有约定的，按照其约定。

4. 要约的撤回与撤销

（1）时间不同：要约的撤回发生在要约生效前；要约的撤销发生在要约生效后、受要约人承诺前。

（2）目的不同：要约撤回的目的是阻止要约的生效；要约撤销的目的是让生效的要约失效。

（3）条件不同：要约的撤回必须是撤回要约的通知在要约到达受要约人之前或者与要约同时到达受要约人（即要约生效前）；要约的撤销则必须是撤销要约的通知在受要约人发出承诺通知之前到达受要约人（即承诺发出前）。

（4）限制不同：要约的撤回不受限制；要约的撤销受到法律的限制。下列情形要约不得撤销：要约人以确定承诺期限或者以其他形式明示要约不得撤销；受要约人有理由认为要约是不可撤销的，并已经为履行合同做了合理准备工作。

5. 要约的失效

有下列情形之一的，要约失效：（1）要约被拒绝；（2）要约被依法撤销；（3）承诺期限届满，受要约人未作出承诺；（4）受要约人对要约的内容作出实质性变更。

（二）承诺

承诺是受要约人同意要约的意思表示。

1. 承诺应当具备的条件

（1）承诺必须由受要约人作出。如由代理人作出承诺，则代理人须有合法的委托手续。

（2）承诺必须向要约人作出。

（3）承诺的内容必须与要约的内容一致。

（4）承诺必须在有效期限内作出。

2. 承诺的方式

承诺应当以通知的方式作出；但是，根据交易习惯或者要约表明可以通过行为作出承诺的除外。

3. 承诺的期限

（1）要约明确了承诺期限的：要约以信件或者电报作出的，承诺期限自信件载明的日期或者电报交发之日开始计算；信件未载明日期的，自投寄该信件的邮戳日期开始计算；要约以电话、传真、电子邮件等快速通信方式作出的，承诺期限自要约到达受要约人时开始计算。

（2）要约没有确定承诺期限的：要约以对话方式作出的，应当即时作出承诺；要约以非对话方式作出的，承诺应当在合理期限内到达。

（3）逾期承诺的后果：受要约人超过承诺期限发出承诺，或者在承诺期限内发出承诺，按照通常情形不能及时到达要约人的，为新要约；但是，要约人及时通知受要约人该承诺有效的除外。受要约人在承诺期限内发出承诺，按照通常情形能够及时到达要约人，但是因其他原因致使承诺到达要约人时超过承诺期限的，除要约人及时通知受要约人因承诺超过期限不接受该承诺外，该承诺有效。

4. 承诺生效的时间

（1）以通知方式作出的承诺：以对话方式作出的意思表示，相对人知道其内容时生效。以非对话方式作出的意思表示，到达相对人时生效。以非对话方式作出的采用数据电文形式的意思表示，相对人指定特定系统接收数据电文的，该数据电文进入该特定系统时生效；未指定特定系统的，相对人知道或者应当知道该数据电文进入其系统时生效。当事人对采用数据电文形式的意思表示的生效时间另有约定的，按照其约定。

（2）承诺不需要通知的，根据交易习惯或者要约的要求作出承诺的行为时生效。承诺生效时合同成立，但是法律另有规定或者当事人另有约定的除外。

5. 承诺的撤回

承诺可以撤回。撤回的通知应当在承诺通知到达要约人之前或者与承诺通知同时到达要约人。

6. 更改要约的后果

承诺对要约的内容作出实质性变更的，为新要约。有关合同标的、数量、质量、价款或者报酬、履行期限、履行地点和方式、违约责任和解决争议方法等的变更，是对要约内容的实质性变更。

承诺对要约的内容作出非实质性变更的，除要约人及时表示反对或者要约表明承诺不得对要约的内容做出任何变更外，该承诺有效，合同的内容以承诺的内容为准。

二、合同成立的时间和地点

（一）合同成立的时间

（1）承诺生效时合同成立。

（2）采用合同书形式订立合同的，自双方当事人签字、盖章或者按指印时合同成立。如当事人未同时在合同书上签名、盖章或者按指印，则以当事人中最后一方签名、盖章或者按指印的时间为合同的成立时间。在签字、盖章或者按指印之前，当事人一方已经履行主要义务并且对方接受的，该合同成立。法律、行政法规规定或者当事人约定采用书面形式订立合同，当事人未采用书面形式但一方已经履行主要义务并且对方接受的，该合同成立。

（3）当事人采用信件、数据电文等形式订立合同，可以要求在合同成立之前签订确认书，签订确认书时合同成立。

（4）当事人一方通过互联网等信息网络发布的商品或者服务信息符合要约条件的，对方选择该商品或者服务并提交订单成功时合同成立，但是当事人另有约定的除外。

（二）合同成立的地点

（1）承诺生效的地点为合同成立的地点。

（2）采用数据电文形式订立合同的，收件人的主营业地为合同成立的地点；没有主营业地的，其住所地为合同成立的地点。当事人另有约定的，按照其约定。

（3）当事人采用合同书形式订立合同的，最后签名、盖章或者按指印的地点为合同成立的地点，但是当事人另有约定的除外。

（4）采用书面形式订立合同，合同约定的签订地与实际签名、盖章或者按指印地点不符的，约定的签订地为合同签订地；合同没有约定签订地，最后签名、盖章或者按指印的地点为合同签订地。

三、格式条款

（一）格式条款的概念

格式条款是当事人为了重复使用而预先拟定，并在订立合同时未与对方协商的条款。

（二）格式条款的限制

格式条款的适用可以简化签约程序，加快交易速度，减少交易成本，避免道德风险，但由于格式条款由一方当事人事先拟定，且在合同谈判中不容对方协商修改，因此难免存在不公平之处。为此，《民法典》对格式条款的适用加以一定的限制：

（1）提供格式条款的一方应当遵循公平原则确定当事人之间的权利和义务，并采取合理的方式提示对方注意免除或者减轻其责任等与对方有重大利害关系的条款，按照对方的要求，对该条款予以说明。提供格式条款一方对已尽合理提示及说明义务承担举证责任。

（2）格式条款具有《民法典》规定的合同无效和免责条款无效的情形，或者提供格式条款一方不合理地免除或者减轻其责任、加重对方责任、限制对方主要权利，或提供格式条款一方排除对方主要权利的，该条款无效。

（3）对格式条款的理解发生争议的，应当按照字面含义及通常理解予以解释。对格式条款有两种以上解释的，应当作出不利于提供格式条款一方的解释。格式条款和非格式条款不一致的，应当采用非格式条款。

四、缔约过失责任

缔约过失责任亦称缔约过错责任，是指当事人在订立合同的过程中，因故意或者过失致使合同未成立、未生效、被撤销或无效，给他人造成损失而应承担的损害赔偿责任。

（一）适用的情形

当事人在订立合同过程中，有下列情形之一，给对方造成损失的，应当承担损害赔偿责任：（1）假借订立合同，恶意进行磋商；（2）故意隐瞒与订立合同有关的重要事实或者提供虚假情况；（3）当事人泄露或者不正当地使用在订立合同过程中知悉的商业秘密或者其他应当保密的信息；（4）有其他违背诚信原则的行为。

（二）后果

负有缔约过失责任的当事人，应当赔偿受损害的当事人信赖利益的损失。

五、合同的效力

（一）合同的生效

（1）依法成立的合同，原则上自成立时生效，但是法律另有规定或者当事人另有约定的除外。

（2）法律、行政法规规定合同应当办理批准等手续生效的，在依照其规定办理批准手续后生效。

（3）未办理批准等手续影响合同生效的，不影响合同中履行报批等义务条款以及相关条款的效力。应当办理申请批准等手续的当事人未履行义务的，对方可以请求其承担违反该义务的责任。

（4）法律、行政法规规定合同应当办理登记手续，但未规定登记后生效的，当事人未办理登记手续不影响合同的效力，但合同标的物所有权及其他物权不能转移。

（5）附生效条件的合同，自条件成就时生效。当事人为了自己的利益不正当地阻止条件成就时，视为条件已经成就；当事人不正当地促成条件成就的，视为条件不成就。

（6）附生效期限的合同，自期限届至时生效。

（二）合同效力的层次

合同可以根据其效力层次分为有效合同、效力待定合同、可撤销合同及无效合同。

根据《民法典》合同编第三章的规定，需要注意的内容包括：

（1）无权代理人以被代理人的名义订立合同，被代理人已经开始履行合同义务或者接受相对人履行的，视为对合同的追认。

（2）法人的法定代表人或者非法人组织的负责人超越权限订立的合同，除相对人知道或者应当知道其超越权限外，该代表行为有效，订立的合同对法人或者非法人组织发生效力。

（3）当事人超越经营范围订立的合同的效力，应当依照《民法典》总则编和合同编的有关规定确定，不得仅以超越经营范围确认合同无效。

本节考核的知识点

1. 合同订立：重点掌握合同订立程序，即要约和承诺；了解格式条款的概念及限制；了解合同成立的时间与地点。

2. 合同的效力：了解合同生效的情形；合同效力的层次。

第3节 合同的履行

一、合同的履行规则

（一）内容约定不明确时的履行规则

1. 总原则

当事人就质量、价款或者报酬、履行地点等内容没有约定或约定不明确的，可以协议补充；不能达成补充协议的，按照合同有关条款或者交易习惯确定。

2. 具体规则

（1）质量要求不明确的，按照强制性国家标准履行；没有强制性国家标准的，按照推荐性国家标准履行；没有推荐性国家标准的，按照行业标准履行；没有国家标准、行业标准的，按照通常标准或者符合合同目的的特定标准履行。

（2）价款或者报酬不明确的，按照订立合同时履行地的市场价格履行；依法应当执行政府定价或者政府指导价的，在合同约定的交付期限内政府价格调整时，按照交付时的价格计价。逾期交付标的物的，遇价格上涨时，按照原价格执行；价格下降时，按照新价格执行。逾期提取标的物或者逾期付款的，遇价格上涨时，按照新价格执行；价格下降时，按照原价格执行。

（3）履行地点不明确的，给付货币的，在接受货币一方所在地履行；交付不动产的，在不动产所在地履行；其他标的，在履行义务一方所在地履行。

（4）履行期限不明确的，债务人可以随时履行，债权人也可以随时要求履行，但应当给对方必要的准备时间。

（5）履行方式不明确的，按照有利于实现合同目的的方式履行。

（6）履行费用的负担不明确的，由履行义务一方负担；因债权人原因增加的履行费用，由债权人负担。

（二）涉及第三人的履行规则

（1）向第三人履行的合同。包括真正的利他合同和不真正的利他合同。真正的利他合同是指法律规定或者当事人约定第三人可以直接请求债务人向其履行债务，第三人未在合理期限内明确拒绝，债务人未向第三人履行债务或者履行债务不符合约定的，第三人可以请求债务人承担违约责任；债务人对债权人的抗辩，可以向第三人主张。不真正的利他合同是指当事人约定由债务人向第三人履行债务的，债务人未向第三人履行债务或者履行债务不符合约定的，应当向债权人承担违约责任。

（2）由第三人履行的合同。当事人约定由第三人向债权人履行债务的，第三人不履行债务或者履行债务不符合约定的，债务人应当向债权人承担违约责任。

（3）第三人代为履行的合同。是指债务人不履行债务，第三人对履行该债务具有合法利益的，第三人有权向债权人代为履行；但是，根据债务性质、按照当事人约定或者依照法律规定只能由债务人履行的除外。债权人接受第三人履行后，其对债务人的债权转让给第三人，但是债务人和第三人另有约定的除外。

（三）电子合同的履行

（1）通过互联网等信息网络订立的电子合同的标的为交付商品并采用快递物流方式交付的，收货人的签收时间为交付时间。

（2）电子合同的标的为提供服务的，生成的电子凭证或者实物凭证中载明的时间为提供服务时间；前述凭证没有载明时间或者载明时间与实际提供服务时间不一致的，以实际提供服务的时间为准。

（3）电子合同的标的物为采用在线传输方式交付的，合同标的物进入对方当事人指定的特定系统且能够检索识别的时间为交付时间。

电子合同当事人对交付商品或者提供服务的方式、时间另有约定的，按照其约定。

二、抗辩权的行使

抗辩权是指在双务合同中，一方当事人在对方不履行或履行不符合约定时，依法对抗对方要求或否认对方权利主张的权利。

（一）同时履行抗辩权

同时履行抗辩权是指在双务合同中应当同时履行的一方当事人有证据证明另一方当事人在同时履行的时间不能履行或不适当履行，到期履行时其享有不履行或部分履行的权利。

1. 行使的条件

（1）互负债务且双方债务已届清偿期；

（2）没有先后顺序；

（3）有履行的可能性。

2. 效力

只是暂时阻止对方当事人请求权的行使，而不是永久地终止合同。当对方当事人完全履行了合同义务，履行抗辩权即告消灭，主张抗辩权的当事人就应当履行自己的义务。

（二）先履行抗辩权

先履行抗辩权是指合同当事人互负债务，有先后履行顺序，先履行一方未履行的，后履行一方有权拒绝其履行要求。

1. 行使条件

（1）互负债务；

（2）有先后顺序；

（3）先履行的当事人不履行合同或不适当履行合同。

2. 效力

不是永久性的，只是暂时阻止了当事人请求权的行使。先履行一方的当事人如果完全履行了合同义务，则后履行抗辩权消灭，后履行当事人就应当按照合同约定履行自己的义务。

（三）不安抗辩权

不安抗辩权是指当事人互负债务，有先后履行顺序的，先履行的一方有确切证据证明另一方丧失履行债务能力时，在对方没有履行或者没有提供担保之前，有权中止合同履行的权利。

1. 行使的条件

（1）互负债务；

（2）有先后顺序；

（3）行使人是履行义务顺序在先的一方当事人；

（4）后履行的一方当事人有丧失或可能丧失履行债务能力的情形。

2. 不安抗辩权的适用

根据《民法典》的规定，应当先履行债务的当事人，有确切证据证明对方有下列情形之一的，可以中止履行：

（1）经营状况严重恶化；

（2）有转移财产、抽逃资金，以逃避债务；

（3）丧失商业信誉；

（4）有丧失或者可能丧失履行债务能力的其他情形。

3. 效力

（1）中止合同。先履行合同的当事人行使中止权时，应当及时通知对方，以免给对方造成损害，也便于对方在接到通知后，提供相应的担保，使合同得以履行。如果对方当事人恢复了履行能力或提供了相应的担保，先履行一方当事人不安的原因消除，应当恢复合同的履行。

（2）解除合同。中止履行合同后，如果对方在合理期限内未恢复履行能力并且未提供适当担保的，视为以自己的行为表明不履行主要债务，中止履行的一方可以解除合同并可以请求对方承担违约责任。

三、保全措施

（一）债权人代位权

债权人代位权是指因债务人怠于行使其对第三人（次债务人）享有的到期债权或者与该债权有关的从权利，危及债权人债权实现时，债权人为保障自己的债权，可以向人民法院请求以自己的名义代位行使债务人对次债务人的债权的权利，但是该权利专属于债务人自身的除外。

1. 行使的条件

（1）债权人对债务人的债权合法。

（2）债务人怠于行使其到期债权或者与该债权有关的从权利，影响债权人的到期债权实现。债务人的懈怠行为必须是债务人不以诉讼方式或者仲裁方式向次债务人主张其享有的债权或者与该债权有关的从权利。因此，如果债务人以书面或者口头方式催促次债务人履行债务，但没有就此提起诉讼或者申请仲裁，仍然构成懈怠。

（3）债务人的债权已到期。除了债务人的债权要到期以外，债权人的债权原则上也应到期。根据《民法典》第五百三十六条的规定，债权人的债权到期前，债务人的债权或者与该债权有关的从权利存在诉讼时效期间即将届满或者未及时申报破产债权等情形，影响债权人的债权实现的，债权人可以代位向债务人的相对人请求其向债务人履行、向破产管理人申报或者作出其他必要的行为。

（4）债务人的债权不是专属于债务人自身的债权。所谓专属于债务人自身的债权，是指基于扶养关系、抚养关系、赡养关系、继承关系产生的给付请求权和劳动报酬、退休金、养老金、抚恤金、安置费、人寿保险、人身伤害赔偿请求权等权利。需要指出的是，债权人的债权不受是否专属于债权人自身的限制。

2. 行使的范围

以债权人的到期债权为限，对超出部分人民法院不予支持。

3. 费用负担

债权人行使代位权的必要费用由债务人负担。在代位权诉讼中，债权人胜诉的，诉讼费由次债务人负担，且从实现的债权中优先支付。

4. 行使的后果

人民法院认定代位权成立的，由债务人的相对人向债权人履行义务，债权人接受履行后，债权人与债务人、债务人与相对人之间相应的权利义务终止。债务人对相对人的债权或者与该债权有关的从权利被采取保全、执行措施，或者债务人破产的，依照相关法律的规定处理。

（二）债权人撤销权

债权人撤销权是指债务人以放弃其债权、放弃债权担保、无偿转让财产等方式无偿处分财产权益，或者恶意延长其到期债权的履行期限，影响债权人的债权实现的，债权人可以请求人民法院撤销债务人的行为。

1. 行使的条件

（1）债权人须以自己的名义行使撤销权；

（2）债权人对债务人存在有效债权，债权人对债务人的债权可以到期，也可以不到期；

（3）债务人实施了减少财产的处分行为；

（4）债务人的处分行为有害于债权人债权的实现。

2. 表现

（1）债务人放弃其到期、未到期债权，放弃债权担保或者恶意延长到期债权的履行期，影响债权人的债权实现；

（2）无偿转让财产，影响债权人的债权实现；

（3）以明显不合理的低价转让财产或者以明显不合理的高价受让他人财产，影响债权人的债权实现，并且债务人的相对人知道或者应当知道该情形的。

3. 行使的期限

撤销权自债权人知道或者应当知道撤销事由之日起1年内行使。自债务人的民事法律行为发生之日起5年内没有行使撤销权的，该撤销权消灭。此处的5年期间为除斥期间，不适用诉讼时效中止、中断或者延长的规定。

4. 行使的后果

（1）债务人处分财产的行为归于无效；

（2）恢复债务人的责任财产；

（3）债权人就撤销权行使的结果并无优先受偿的权利。

本节考核的知识点

1. 合同的履行规则：重点掌握涉及第三人的履行规则。
2. 抗辩权：重点掌握先履行抗辩权和不安抗辩权。
3. 保全措施：重点掌握代位权和撤销权各自行使的条件。

第4节　合同的担保

一、担保合同无效的情形

（1）违反法律、行政法规的强制性规定或者违背公序良俗的。

（2）以公益为目的的非营利性学校、幼儿园、医疗机构、养老机构等提供担保的，原则上担保合同无效，但是有下列情形之一的除外：1）在购入或者以融资租赁方式承租教育设施、医疗卫生设施、养老服务设施和其他公益设施时，出卖人、出租人为担保价款或者租金实现而在该公益设施上保留所有权；2）以教育设施、医疗卫生设施、养老服务设施和其他公益设施以外的不动产、动产或者财产权利设立担保物权。登记为营利法人的学校、幼儿园、医疗机构、养老机构等提供担保，当事人不得以其具有担保资格为由主张担保合同无效。

二、担保合同无效的法律责任

（1）主合同有效而第三人提供的担保合同无效。担保人有过错而债权人无过错的，担保人对债务人不能清偿的部分承担赔偿责任；债权人有过错而担保人无过错的，担保人不承担赔偿责任；债权人与担保人均有过错的，担保人承担的赔偿责任不应超过债务人不能清偿部分的1/2。

（2）主合同无效导致第三人提供的担保合同无效。担保人无过错的，不承担赔偿责任；担保人有过错的，其承担的赔偿责任不应超过债务人不能清偿部分的1/3。

（3）承担了担保责任或者赔偿责任的担保人，有权在其承担责任的范围内向债务人追偿。

（4）法定代表人的越权担保。公司的法定代表人违反《公司法》关于公司对外担保决议程序的规定，超越权限代表公司与相对人订立担保合同，应当依照《民法典》第六十一条和第五百零四条等规定处理：相对人善意的，担保合同对公司发生效力，相对人有权请求公司承担担保责任；相对人非善意的，担保合同对公司不发生效力，相对人请求公司承担赔偿责任的，参照主合同有效而担保合同无效的情形处理。

法定代表人超越权限提供担保造成公司损失，公司有权请求法定代表人承担赔偿责任。

所谓善意，是指相对人在订立担保合同时不知道且不应当知道法定代表人超越权限。相对人有证据证明已对公司决议进行了合理审查的，应当认定其构成善意，但是公司有证据证明相对人知道或者应当知道决议系伪造、变造的除外。

三、担保的方式

（一）保证

保证是指第三人为债务人的债务履行作担保，由保证人和债权人约定，当债务人不履行债务时，保证人按照约定履行债务或者承担责任的行为。

1. 保证人

具有代为清偿债务能力的法人、其他组织或者公民，可以作保证人。机关法人不得为保证人，但是经国务院批准为使用外国政府或者国际经济组织贷款进行转贷的除外；以公益为目的的学校、幼儿园、医疗机构、养老机构等非营利法人、非法人组织原则上不得为保证人。

2. 保证方式

（1）一般保证。在主合同纠纷未经审判或者仲裁，并就债务人财产依法强制执行仍不能履行债务前，对债权人可以拒绝承担保证责任。有下列情况之一的，一般保证人不能行使先诉抗辩权：1）债务人下落不明，且无财产可供执行；2）人民法院已经受理债务人破产案件；3）债权人有证据证明债务人的财产不足以履行全部债务或者丧失履行债务能力；4）保证人书面表示放弃先诉抗辩权的。

（2）连带责任保证。债务人在主合同的履行期限届满没有履行债务时，债权人可以要求债务人履行债务，也可以要求保证人在其保证范围内承担保证责任。

当事人在保证合同中对保证方式没有约定或者约定不明确的，按照一般保证承担保证责任。

3. 保证责任

（1）保证责任的范围。

1）保证人在约定的保证担保范围内承担保证责任。保证担保的范围包括主债权及利息、违约金、损害赔偿金和实现债权的费用。保证合同另有约定的，按照约定。

2）两个以上保证人共同担保的，保证人应当按照保证合同约定的保证份额，承担保证责任；没有约定保证份额的，债权人可以请求任何一个保证人在其保证范围内承担保证责任。已经承担保证责任的保证人，有权向债务人追偿，或者要求承担连带保证责任的其他保证人清偿其应当承担的份额。

需要注意的是，这里的连带保证责任是指保证人之间的连带而非保证人与主债务人之间的连带。连带共同保证的债务人在主合同规定的债务履行期届满没有履行债务的，债权人可以要求债务人履行债务，也可以要求任何一个保证人承担全部保证责任。

3）担保范围没有约定或约定不明的，保证人应当对全部债务承担责任。

4）人保和物保并存时，债权人应当按照约定实现债权。没有约定或约定不明确的，物保是主债务人提供的，债权人应当首先执行主债务人提供的物保，保证人在物保不足清偿时承担补充清偿责任；物保是第三人提供的，债权人可以执行第三人的物保，也可以首先要求保证人承担保证责任。在保证与第三人提供的物保并存的情况下，如果其中一人承担了担保责任，则只能向主债务人追偿，不能向另一个担保人追偿。

（2）保证责任的免除。

1）保证期间，债权人转让全部或者部分债权，未通知保证人的，该转让对保证人不发生效力。保证人与债权人约定禁止债权转让，债权人未经保证人书面同意转让债权的，保证人对受让人不再承担保证责任。

2）保证期间，债权人未经保证人书面同意，允许债务人转移全部或者部分债务，保证人对未经其同意转移的债务不再承担保证责任，但是债权人和保证人另有约定的除外。第三人加入债务的，保证人的保证责任不受影响。

3）保证期间，债权人与债务人协议变更主合同的，应当取得保证人的书面同意。未经保证人同意的主合同变更，如果减轻债务人的债务的，保证人仍应当对变更后的合同承担保证责任；如果加重债务人的债务的，保证人对加重的部分不承担保证责任。债权人和债务人变更主债权债务合同的履行期限，未经保证人书面同意的，保证期间不受影响。

4. 保证期间与保证的诉讼时效

（1）保证期间的界定。保证期间为保证责任的存续期间，是债权人向保证人行使追索权的期间。保证期间性质上属于除斥期间，不发生诉讼时效的中止、中断和延长。债权人与保证人可以约定保证期间，但是约定的保证期间早于主债务履行期限或者与主债务履行期限同时届满的，视为没有约定；保证合同约定保证人承担保证责任直至主债务本息还清时为止等类似内容的，视为约定不明；没有约定或者约定不明确的，保证期间为主债务履行期限届满之日起6个月。债权人与债务人对主债务履行期限没有约定或者约定不明确的，保证期间自债权人请求债务人履行债务的宽限期届满之日起计算。

（2）保证合同的诉讼时效。一般保证的债权人在保证期间届满前对债务人提起诉讼或者申请仲裁的，从保证人拒绝承担保证责任的权利消灭之日起，开始计算保证债务的诉讼时效。连带责任保证的债权人在保证期届满前请求保证人承担保证责任的，从债权人要求保证人承担保证责任之日起，开始计算保证债务的诉讼时效。

债权人在保证期间内未依法行使权利的，保证责任消灭。保证责任消灭后，债权人书面通知保证人请求承担保证责任，保证人在通知书上签名、盖章或者按指印，债权人请求保证人继续承担保证责任的，人民法院不予支持，但是债权人有证据证明成立了新的保证合同的除外。

5. 保证人的追偿权

保证人承担保证责任后，除当事人另有约定外，有权在其承担保证责任范围内追偿，享有债权人对债务人的权利，但是不得损害债权人的利益。

6. 涉及保证人的诉讼问题

一般保证的债权人向债务人和保证人一并提起诉讼的，人民法院可以将债务人和保证人列为共同被告参加诉讼。但是，应当在判决书中明确，在对债务人财产依法强制执行后仍不能履行债务时，由保证人承担保证责任。连带责任保证的债权人可以将债务人或者保证人作为被告提起诉讼，也可以将债务人和保证人作为共同被告提起诉讼。债务人对债权人提起诉讼，债权人提起反诉的，保证人可以作为第三人参加诉讼。

（二）抵押

抵押是指为担保债务的履行，债务人或者第三人不转移财产的占有，将该财产抵押给债权人，债务人不履行到期债务或者发生当事人约定的实现抵押权的情形，债权人有权就该财产优先受偿。

1. 抵押财产

（1）可以抵押的财产：1）建筑物和其他土地附着物；2）建设用地使用权；3）海域使用权；4）生产设备、原材料、半成品、产品；5）正在建造的建筑物、船舶、航空器；6）交通运输工具；7）法律、行政法规未禁止抵押的其他财产。

（2）不得抵押的财产：1）土地所有权；2）宅基地、自留地、自留山等集体所有的土地使用权，但法律规定可以抵押的除外；3）学校、幼儿园、医疗机构等为公益目的成立的非营利法人的教育设施、医疗卫生设施和其他公益设施；4）所有权、使用权不明或者有争议的财产；5）依法被查封、扣押、监管的财产；6）法律、行政法规规定不得抵押的其他财产。

2. 抵押物的登记

（1）登记生效：抵押权自登记时成立。包括：1）建筑物和其他土地附着物；2）建设用地使用权；3）海域使用权；4）正在建造的建筑物。

（2）登记对抗：抵押权自抵押合同生效时成立。未经登记，不得对抗善意第三人。包括：1）动产；2）家庭承包方式取得的土地经营权。

需要注意的是，动产抵押即使已经登记，也不得对抗正常经营活动中已支付合理价款并取得抵押财产的买受人。

3. 抵押的效力

（1）抵押与租赁。

当同一物上既存在抵押权又存在租赁关系时，应遵循“在后抵押不破在先租赁”规则，即订立抵押合同前抵押财产已出租并转移占有的，原租赁关系不受该抵押权的影响，抵押权实现后，租赁合同在有效期内对抵押物的受让人继续有效。

（2）抵押物转让及其限制。

1）抵押人转让抵押财产的，应当及时通知抵押权人。

2）抵押权人能够证明抵押财产转让可能损害抵押权的，可以请求抵押人将转让所得的价款向抵押权人提前清偿债务或者提存。转让价款超过债权数额的部分归抵押人所有，不足部分由债务人清偿。

3）当事人约定禁止或者限制转让抵押财产但是未将约定登记，抵押人违反约定转让抵押财产，抵押权人请求确认转让合同无效的，不予支持；抵押财产已经交付或者登记，抵押权人请求确认转让不发生物权效力的，不予支持，但是抵押权人有证据证明受让人知道的除外；抵押权人请求抵押人承担违约责任的，可依法予以支持。

4）当事人约定禁止或者限制转让抵押财产且已经将约定登记，抵押人违反约定转让抵押财产，抵押权人请求确认转让合同无效的，不予支持；抵押财产已经交付或者登记，抵押权人主张转让不发生物权效力的，应予支持，但是因受让人代替债务人清偿债务导致抵押权消灭的除外。

4. 抵押权之保全

（1）抵押人的行为足以使抵押财产价值减少的，抵押权人有权要求抵押人停止其行为。

（2）抵押财产价值减少的，抵押权人有权请求恢复抵押财产的价值，或者提供与减少的价值相应的担保。抵押人不恢复抵押财产的价值也不提供担保的，抵押权人有权请求债务人提前清偿债务。

（3）在抵押物灭失、毁损或者被征用的情况下，抵押权人可以就该抵押物的保险金、赔偿金或者补偿金优先受偿。

（4）抵押物灭失、毁损或者被征用的情况下，抵押权所担保的债权未届清偿期的，抵押权人可以请求法院对保险金、赔偿金或者补偿金等采取保全措施。

5. 抵押权的实现

（1）抵押物拍卖价款的清偿顺序：实现抵押权的费用；主债权的利息；主债权。

（2）抵押权顺位的变更。抵押权人与抵押人可以协议变更抵押权顺位以及被担保的债权数额等内容，但抵押权的变更，未经其他抵押权人书面同意，不得对其他抵押权人产生不利影响。

（3）抵押权并存的清偿顺序：都登记的，按照登记的先后顺序清偿；已登记的先于未登记的受偿；都未登记的，按照债权比例清偿。

（4）放弃抵押权的清偿。同一债权有两个以上抵押人的，债权人放弃主债务人提供的抵押担保的，其他抵押人可以请求人民法院减轻或者免除其应当承担的担保责任。

6. 最高额抵押

最高额抵押是指为担保债务的履行，债务人或者第三人对一定期间内将要连续发生的债权提供担保财产的，债务人不履行到期债务或者发生当事人约定的实现抵押权的情形，抵押权人有权在最高债权额限度内就该担保财产优先受偿。

（1）最高额抵押的条件。

1）抵押担保的是将来发生的债权，现在尚未发生；

2）抵押担保的债权额不定，但设有最高限制额；

3）实际发生的债权是连续的、不特定的，即债权人并不规定对方实际发生债权的次数和数额；

4）债权人仅对抵押财产行使最高限度内的优先受偿权；

5）最高抵押只需登记即可设置。

（2）最高额抵押权的转让及变更。最高额抵押担保的债权确定前，部分债权转让的，最高额抵押权不得转让，但当事人另有约定的除外；最高额抵押担保的债权确定前，抵押权人与抵押人可以通过协议变更债权确定的期间、债权范围以及最高债权额，但变更的内容不得对其他抵押权人产生不利影响。

（3）最高额抵押权所担保的债权确定。有下列情形之一的，抵押权人的债权确定：1）约定的债权确定期间届满；2）没有约定债权确定期间或者约定不明确，抵押权人或者抵押人自最高额抵押权设立之日起满2年后请求确定债权；3）新的债权不可能发生；4）抵押权人知道或者应当知道抵押财产被查封、扣押；5）债务人、抵押人被宣告破产或者解散；6）法律规定债权确定的其他情形。

7. 动产抵押的特殊规则

（1）动产抵押的生效与登记。以动产抵押的，抵押权自抵押合同生效时设立；未经登记，不得对抗善意第三人。动产抵押合同订立后未办理抵押登记，动产抵押权的效力按照下列情形分别处理：

1）抵押人转让抵押财产，受让人占有抵押财产后，抵押权人向受让人请求行使抵押权的，人民法院不予支持，但是抵押权人能够举证证明受让人知道或者应当知道已经订立抵押合同的除外；

2）抵押人将抵押财产出租给他人并移转占有，抵押权人行使抵押权的，租赁关系不受影响，但是抵押权人能够举证证明承租人知道或者应当知道已经订立抵押合同的除外；

3）抵押人的其他债权人向人民法院申请保全或者执行抵押财产，人民法院已经作出财产保全裁定或者采取执行措施，抵押权人主张对抵押财产优先受偿的，人民法院不予支持；

4）抵押人破产，抵押权人主张对抵押财产优先受偿的，人民法院不予支持。

（2）动产抵押与正常经营活动。以动产抵押的，不得对抗正常经营活动中已经支付合理价款并取得抵押财产的买受人。根据《最高人民法院关于适用〈中华人民共和国民法典〉有关担保制度的解释》（以下简称《民法典担保制度解释》）第五十六条的规定，买受人在出卖人正常经营活动中通过支付合理对价取得已被设立担保物权的动产，担保物权人请求就该动产优先受偿的，人民法院不予支持，但是有下列情形之一的除外：1）购买商品的数量明显超过一般买受人；2）购买出卖人的生产设备；3）订立买卖合同的目的在于担保出卖人或者第三人履行债务；4）买受人与出卖人存在直接或者间接的控制关系；5）买受人应当查询抵押登记而未查询的其他情形。

（3）动产抵押权人的超级优先权。根据《民法典》第四百一十六条的规定，动产抵押担保的主债权是抵押物的价款，标的物交付后10日内办理抵押登记的，该抵押权人优先于抵押物买受人的其他担保物权人受偿，但是留置权人除外。

根据《民法典担保制度解释》第五十七条的规定，担保人在设立动产浮动抵押并办理抵押登记后又购入或者以融资租赁方式承租新的动产，下列权利人为担保价款债权或者租金的实现而订立担保合同，并在该动产交付后10日内办理登记，主张其权利优先于在先设立的浮动抵押权的，人民法院应予支持：1）在该动产上设立抵押权或者保留所有权的出卖人；2）为价款支付提供融资而在该动产上设立抵押权的债权人；3）以融资租赁方式出租该动产的出租人。

买受人取得动产但未付清价款或者承租人以融资租赁方式占有租赁物但是未付清全部租金，又以标的物为他人设立担保物权，上述所列权利人为担保价款债权或者租金的实现而订立担保合同，并在该动产交付后10日内办理登记，主张其权利优先于买受人为他人设立的担保物权的，人民法院应予支持。

同一动产上存在多个价款优先权的，人民法院应当按照登记的时间先后确定清偿顺序。

（三）质押

质押是指为担保债务的履行，债务人或者第三人将其动产或权利出质给债权人占有，当债务人不履行到期债务或者发生当事人约定的实现质权的情形时，债权人有权就该动产或权利财产优先受偿。

1. 动产质押

质押合同自成立时生效，质权自出质人交付质押财产时设立。出质人以间接占有的财产出质的，自书面通知送达占有人时视为移交。出质人代质权人占有质物的，质押合同不生效。质权人将质物返还于出质人后，以其质权对抗第三人的，人民法院不予支持。在质押合同中对质押的财产约定不明，或者约定的出质财产与实际交付的财产不一致的，以实际交付占有的财产为准。

质物有隐蔽瑕疵造成质权人其他财产损害的，应由出质人承担赔偿责任，但是质权人在质物移交时明知质物有瑕疵而予以接受的除外。债务人以自己的财产出质，质权人放弃该质权的，其他担保人在质权人丧失优先受偿权益的范围内免除担保责任，但其他担保人承诺仍然提供担保的除外。

2. 权利质押

（1）以汇票、支票、本票、债券、存款单、仓单、提单出质的，质权自权利凭证交付质权人时设立；没有权利凭证的，质权自办理出质登记时设立。法律另有规定的，依照其规定。

（2）以基金份额、股权出质的，质权自办理出质登记时设立。

（3）以可以转让的注册商标专用权、专利权、著作权等知识产权中的财产权出质的，质权自办理出质登记时设立。设定质权后，出质人不得转让或者许可他人使用，但经出质人与质权人协商同意的除外。出质人转让或者许可他人使用出质的知识产权中的财产权所得的价款，应当向质权人提前清偿债务或者提存。

（4）以应收账款出质的，质权自办理出质登记时设立。中国人民银行征信中心是应收账款质押的登记机构。应收账款出质后不得转让，但经出质人与质权人协商同意的除外。出质人转让应收账款所得的价款，应当向质权人提前清偿债务或者提存。

（四）留置

留置是指债权人按照合同约定占有债务人的动产，当债务人不履行到期债务时，债权人可以留置已经合法占有债务人的动产，并有权就该动产优先受偿。

（1）适用的范围。保管合同、运输合同、承揽合同。

（2）适用的条件。

1）债权人合法占有债务人或第三人之动产。可被留置的动产与债权如果属于同一法律关系，该动产不必属于债务人所有。《民法典担保制度解释》第六十二条规定，债权人因同一法律关系留置合法占有的第三人的动产，并主张就该留置财产优先受偿的，人民法院应予支持。第三人以该留置财产并非债务人的财产为由请求返还的，人民法院不予支持。企业之间留置的动产与债权并非同一法律关系，债权人留置第三人的财产，第三人请求债权人返还留置财产的，人民法院应予支持。

2）债权已届清偿期。债权人的债权未届清偿期，其交付或返回所占有标的物的义务已届履行期的，不能行使留置权。但是，债权人能够证明债务人无支付能力的除外。

3）动产之占有与债权属同一法律关系。《民法典》第四百四十八条规定，债权人留置的动产，应当与债权属于同一法律关系，但是企业之间留置的除外。

（3）留置的期限。留置权人与债务人应当约定留置财产后的债务履行期限；没有约定或者约定不明确的，债权人留置债务人财产后，应当确定60日以上的期限，通知债务人在该期限内履行债务。债权人未按上述期限通知债务人履行义务，而直接变价处置留置物的，应当对此造成的损失承担赔偿责任。但若债权人与债务人已在合同中约定宽限期的，债权人可以不经通知，直接行使留置权。

（4）留置权的消灭。1）债权消灭；2）债务人另行提供担保并被留置权人接受；3）留置权人对留置财产丧失占有。

（5）抵押权、质权与留置权的效力等级。同一动产上已设立抵押权或者质权，该动产又被留置的，留置权人优先受偿；同一动产既设立抵押权又设立质权的，拍卖、变卖该动产所得价款按照登记、交付的时间先后确定清偿顺序。

（五）定金

定金是指以确保合同的履行为目的，由当事人一方在合同订立后、合同履行前预先交付于另一方的金钱或者其他替代物。

（1）定金的性质。定金合同是实践性合同，从实际交付定金之日起生效。

（2）定金的最高限额。定金的数额由当事人约定；但是不得超过主合同标的额的20%，超过20%的部分，人民法院不予支持。实际交付的定金数额多于或者少于约定数额的，视为变更定金合同；收受定金一方提出异议并拒绝接受定金的，定金合同不生效。

(3) 定金的担保作用。给付定金的一方不履行约定的债务的，无权要求返还定金；收受定金的一方不履行约定的债务的，应当双倍返还定金。

(4) 定金罚则的适用。

1) 因不可抗力、意外事件致使主合同不能履行的，不适用定金罚则。

2) 因合同关系以外的第三人的过错，致使主合同不能履行时，适用定金罚则。受定金处罚的一方当事人，可以向第三人追偿。

3) 因当事人一方延迟履行或者有其他违约行为，致使合同目的不能实现的，可以适用定金罚则。

4) 当事人一方不完全履行合同的，应当按照未履行部分所占合同约定内容的比例，适用定金罚则。

本节考核的知识点

1. 担保合同无效的情形及法律责任。
2. 保证：重点掌握保证方式、保证责任、保证期间与保证合同的诉讼时效。
3. 抵押：重点掌握抵押财产、抵押物的登记、抵押的效力、抵押权的实现。
4. 质押：重点掌握权利质押。
5. 留置：重点掌握留置适用的范围、留置适用的条件、留置的期限。
6. 定金：重点掌握定金的担保作用、定金的最高限额、定金罚则的适用。

第5节 合同的变更、转让与终止

一、合同的变更

(1) 变更的特点。合同的变更是在合同的主体不改变的前提下对合同内容的变更，合同性质并不改变。

(2) 变更的效力。原则上仅对未履行的部分有效，对已经履行的部分没有溯及力，但法律另有规定或者当事人另有约定的除外。

(3) 合同变更的形式和程序。当事人应当协商一致并采用书面形式。但法律、行政法规规定变更合同应当办理批准等手续的，应当办理相应手续。当事人对合同变更的内容约定不明确的，推定为未变更。

二、合同的转让

(一) 转让的特点

仅变更权利和义务的主体，不变更权利和义务的内容。

(二) 转让的类型

1. 债权转让

(1) 禁止转让的情形。1) 根据债权性质不得转让，主要是指基于债务人特定身份、技能等而产生的债权，如出版合同中出版公司的债权、委托合同中委托人的债权等；2）按照当事人约定不得转让。3）依照法律规定不得转让。

（2）转让的要求。不需要经债务人同意，但应当通知债务人。未经通知，该转让对债务人不发生效力。根据《民法典》的有关规定，当事人约定非金钱债权不得转让的，不得对抗善意第三人。当事人约定金钱债权不得转让的，不得对抗第三人。

2. 债务承担

债务人将合同义务全部或者部分转移给第三人，应当经债权人同意，债务人或者第三人可以催告债权人在合理期限内予以同意，债权人未作表示的，视为不同意。债务人转移义务的，新债务人可以主张原债务人对债权人的抗辩；原债务人对债权人享有债权的，新债务人不得向债权人主张抵销。新债务人应当承担与主债务有关的从债务，但该从债务专属于原债务人自身的除外。

3. 债务加入

债务加入是指第三人加入债权债务关系中来，债务人不退出债权债务关系，第三人和债务人成为共同债务人。根据《民法典》第五百五十二条的规定，第三人与债务人约定加入债务并通知债权人，或者第三人向债权人表示愿意加入债务，债权人未在合理期限内明确拒绝的，债权人可以请求第三人在其愿意承担的债务范围内和债务人承担连带债务。

4. 债权债务的概括移转

合同关系的一方当事人将权利和义务一并转让时，除了应当征得另一方当事人的同意外，还应当遵守《民法典》有关转让权利和义务的规定。

三、合同的终止

（一）合同终止的具体情形

1. 合同履行

债务已经按照约定履行，即清偿。

2. 合同解除

（1）意定解除。意定解除是指根据当事人事先约定的情况或经当事人协商一致而解除合同。

1）约定解除权和附解除条件。

约定解除权是一种单方解除，即双方在订立合同时，约定了合同当事人一方解除合同的事由。一旦该事由发生，解除权人就可以通过行使解除权终止合同。法律规定或者当事人约定了解除权行使期限，期限届满当事人不行使的，解除权消灭。法律没有规定或者当事人没有约定解除权行使期限，经对方催告后在合理期限内不行使的，该权利消灭。

附解除条件是指双方在订立合同时，约定了合同解除的条件。一旦该条件成就，合同自动失效，不需要任何一方当事人行使权利或者作出意思表示。

2）协议解除。协议解除是以一个新的合同解除旧的合同。合同订立后，经当事人协商一致，当然可以解除合同。

（2）法定解除。法定解除是指根据法律规定解除合同。根据《民法典》第五百六十三条的规定，有下列情形之一的，当事人可以单方面解除合同：

1）因不可抗力致使不能实现合同目的。行使此项解除权，除了有不可抗力事件的发生，还必须要求是因不可抗力导致合同目的不能实现。合同目的不能实现的当事人可以行使解除权。

2）因预期违约解除合同（在履行期限届满前，当事人一方明确表示或者以自己的行为表明不履行主要债务）。此项解除权的行使必须是不履行“主要”债务才行。不履行方的对方有权解除合同。

3）当事人一方迟延履行主要债务，经催告后在合理期限内仍未履行。此项解除权的行使，必须符合两个条件：①迟延履行“主要”债务；②催告后在合理期限内仍未履行。

4）当事人一方迟延履行债务或者有其他违约行为致使不能实现合同目的。此项解除权的行使条件之一必须是“致使不能实现合同目的”。既然考虑的是不能实现合同目的这个结果，迟延履行的债务不强调必须是“主要”债务，也不需要催告程序。

5）以持续履行的债务为内容的不定期合同，当事人可以随时解除合同，但是应当在合理期限之前通知对方。借款合同、租赁合同等都是持续性合同。

6）法律规定的其他情形。

当事人一方行使解除权应当通知对方，合同自通知到达对方时解除。合同解除后，尚未履行的，终止履行；已经履行的，根据履行情况和合同性质，当事人可以请求恢复原状或者采取其他补救措施，并有权要求赔偿损失。

3. 债务相互抵销

（1）法定抵销。当事人互负到期债务，该债务的标的物种类、品质相同的，任何一方可以将自己的债务与对方的债务抵销，但是，根据债务性质、按照当事人约定或者依照法律规定不得抵销的除外。当事人主张抵销的，应当通知对方，通知自到达对方时生效。

（2）约定抵销。当事人互负债务，标的物种类、品质不相同的，经双方协商一致，也可以抵销。

（3）不得抵销的情形。1）法律规定不得抵销的债务，如因故意侵权行为而产生债务的，债务人不得主张抵销；2）根据债务的性质不能抵销，如以提供劳务或者不作为为债务内容的，债务人不得主张抵销；3）当事人约定不得抵销的债务。

4. 债务人依法将标的物提存

提存是指由于债权人的原因，债务人无法向其交付合同标的物而将该标的物交给提存机关，以终止合同权利与义务关系的行为。

（1）提存的原因。1）债权人无正当理由拒绝受领；2）债权人下落不明；3）债权人死亡未确定继承人、遗产管理人，或者丧失民事行为能力未确定监护人；4）法律规定的其他情形。

（2）提存的后果。1）提存期间，标的物的孳息归债权人所有；2）提存费用由债权人负担；3）标的物提存后，毁损、灭失的风险由债权人承担；4）债权人领取提存物的权利，自提存之日起 5 年内不行使而消灭，提存物扣除提存物费用后归国家所有。此处规定的 5 年为除斥期间，不适用诉讼时效中止、中断或者延长的规定。但是，债权人未履行对债务人的到期债务，或者债权人向提存部门书面表示放弃领取提存物权利的，债务人负担提存费用后有权取回提存物。

5. 债权人免除债务

债权人免除债务人部分或全部债务的，合同的权利与义务部分或全部终止，但是债务人在合理期限内拒绝的除外。

6. 债权债务同归于一人

债权和债务同归于一人的，债权债务终止，但是损害第三人利益的除外。

（二）合同终止的法律后果

（1）债权债务终止后，当事人仍应当遵循诚信等原则，根据交易习惯履行通知、协助、保密、旧物回收等义务。

（2）债权债务终止时，债权的从权利同时消灭，但是法律另有规定或者当事人另有约定的除外。

（3）不影响合同中解决争议的方法、结算和清理条款的效力。

本节考核的知识点

1. 了解合同变更的特点、形式和程序。
2. 了解合同转让与合同变更的区别。
3. 了解合同权利转让与合同义务转让的区别。
4. 了解合同终止的情形：重点掌握合同解除与提存。

第 6 节　违约责任

一、违约责任的基本理论

1. 违约责任的概念

违约责任也称违反合同的民事责任，是指合同当事人因违反合同义务所承担的责任。

2. 违约责任的特点

（1）违约责任以合同的有效存在为前提。

（2）违约责任是合同当事人不履行合同义务所产生的责任。如果当事人违反的不是合同义务，而是法律规定的其他义务，则应负其他责任。

（3）违约责任具有相对性，即违约责任只能在合同关系的当事人之间发生。当事人一方因第三人的原因造成违约的，影响对方承担违约责任。

二、违约形态

（1）预期违约，是指在履行期到来之前一方无正当理由而明确表示其在履行期到来后将不履行合同，或者其行为表明其在履行期到来以后将不可能履行合同。

（2）届期违约，是指在履行期到来以后，当事人不履行或不完全履行合同义务。具体又分为不履行和不适当履行。

（3）债权人迟延又称受领迟延，是指债权人对给付未受领或者未提供必要协助的事实。

三、承担违约责任的形式

（一）继续履行

根据《民法典》的规定，当事人一方未支付价款、报酬、租金、利息，或者不履行其他金钱债务的，对方可以请求其支付。当事人一方不履行非金钱债务或者履行非金钱债务不符合约定的，对方可以请求履行，但有下列情形之一的除外：（1）法律上或者事实上不能履行；（2）债务的标的不适于强制履行或者履行费用过高；（3）债权人在合理期限内未请求履行。

（二）采取补救措施

当事人履行合同义务，质量不符合约定的，应当按照约定承担违约责任。对违约责任没有约定或约定不明确的，依据《民法典》第五百一十条的规定仍不能确定的，受损害方根据标的的性质以及损失的大小，可以合理选择请求对方承担修理、重作、更换、退货、减少价款或者报酬等违约责任。

（三）赔偿损失

损失赔偿额应当相当于因违约所造成的损失，包括合同履行后可以获得的利益，但不得超过违反合同一方订立合同时预见到或者应当预见到的因违反合同可能造成的损失。

当事人一方违约后，对方应当采取适当措施防止损失的扩大；没有采取适当措施致使损失扩大的，不得就扩大的损失要求赔偿。当事人因防止损失扩大而支出的合理费用，由违约方承担。

（四）支付违约金

违约金是对不能履行或者不能完全履行合同行为的一种带有惩罚性质的经济补偿手段，不论违约的当事人一方是否已给对方造成损失，都应当支付。当约定的违约金低于造成的损失的，当事人可以请求人民法院或者仲裁机关予以增加；当约定的违约金过分高于造成的损失的，当事人可以请求人民法院或者仲裁机关予以适当减少。当事人就迟延履行约定违约金的，违约方支付违约金后，还应当履行债务。

（五）适用定金罚则

当事人既约定违约金，又约定定金的，一方违约时，对方可以选择适用违约金或者定金条款，但由于二者在目的、性质、功能等方面具有共性而不能并用。定金不足以弥补一方违约造成的损失的，对方可以请求赔偿超过定金数额的损失。

（六）过失相抵规则

过失相抵是指一方违约时，对方对于损失的发生或者扩大有过错，应当相应减轻违约方的违约责任。根据《民法典》的规定，包括两种情况：（1）当事人一方违约后，对方应当采取适当措施防止损失的扩大；没有采取适当措施致使损失扩大的，不得就扩大的损失请求赔偿。当事人因防止损失扩大而支出的合理费用，由违约方承担。（2）当事人一方违约造成对方损失，对方对损失的发生有过错的，可以减少相应的损失赔偿额。

四、违约责任的免除

根据《民法典》的规定，因不可抗力不能履行合同的，根据不可抗力的影响，部分或者全部免除责任。当事人迟延履行后发生不可抗力的，不能免除其责任。不可抗力事件发生后，主张不可抗力一方要履行两个义务：一是及时通知对方相关情况，以减轻可能给对方造成的损失；二是在合理期限内提供有关不可抗力的证明。

本节考核的知识点

1. 了解承担违约责任的形式。
2. 重点掌握违约金的适用规则。
3. 重点掌握定金罚则的适用规则。

第7节　具体合同

一、买卖合同

（一）买卖合同的性质

买卖合同是诺成、双务、有偿合同，既可以是要式的，也可以是不要式的。

（二）买卖合同的标的物

1. 标的物交付及转移标的物的所有权

（1）出卖人应当履行向买受人交付标的物或者交付提取标的物的单证，并转移标的物所有权的义务。法律、行政法规禁止或者限制转让的标的物，不得随意转让，应依照有关规定执行。

（2）出卖人就交付的标的物，负有保证第三人对该标的物不享有任何权利的义务，但买受人订立合同时知道或者应当知道第三人对买卖的标的物享有权利的，或法律另有其他规定的除外。买受人有确切证据证明第三人对该标的物享有权利的，可以中止支付相应的价款，但出卖人提供适当担保的除外。

（3）标的物的所有权自标的物交付时起转移，但法律另有规定或者当事人另有约定的除外。出卖具有知识产权的标的物的，除法律另有规定或者当事人另有约定外，该标的物的知识产权不属于买受人。

（4）出卖人应当按照约定的期限交付标的物。约定交付期限的，出卖人可以在该交付期限内的任何时间交付。当事人没有约定交付期限或者约定不明确的，依照法律规定执行。标的物在订立合同之前已为买受人占有的，合同生效的时间为交付时间。

（5）出卖人应当按照约定的地点交付标的物。当事人没有约定交付地点或者约定不明确，依据《民法典》第五百一十条的规定仍不能确定的，适用下列规定：1）标的物需要运输的，出卖人应当将标的物交付给第一承运人以运交给买受人。2）标的物不需要运输，出卖人和买受人订立合同时知道标的物在某一地点的，出卖人应当在该地点交付标的物；不知道标的物在某一地点的，应当在出卖人订立合同时的营业地交付标的物。

（6）出卖人就同一标的物订立多重买卖合同，原则上各个买卖合同均属有效，但标的物所有权归谁，依据《最高人民法院关于审理买卖合同纠纷案件适用法律问题的解释》的规定处理：

1）属于普通动产情形，如果出卖人就同一标的物订立多重买卖合同，在买卖合同均有效的情况下，买受人均要求实际履行合同的，应当按照以下情形分别处理：第一，先行受领交付的买受人请求确认所有权已经转移的，人民法院应予支持；第二，均未受领交付，先行支付价款的买受人请求出卖人履行交付标的物等合同义务的，人民法院应予支持；第三，均未受领交付，也未支付价款，依法成立在先合同的买受人请求出卖人履行交付标的物等合同义务的，人民法院应予支持。

2）属于船舶、航空器、机动车等特殊动产情形，如果出卖人就同一标的物订立多重买卖合同，在买卖合同均有效的情况下，买受人均要求实际履行合同的，应当按照以下情形分别处理：第一，先行受领交付的买受人请求出卖人履行办理所有权转移登记手续等合同义务的，人民法院应予支持；第二，均未受领交付，先行办理所有权转移登记手续的买受人请求出卖人履行交付标的物等合同义务的，人民法院应予支持；第三，均未受领交付，也未办理所有权转移登记手续，依法成立在先合同的买受人请求出卖人履行交付标的物和办理所有权转移登记手续等合同义务的，人民法院应予支持；第四，出卖人将标的物交付给买受人之一，又为其他买受人办理所有权转移登记，已受领交付的买受人请求将标的物所有权登记在自己名下的，人民法院应予支持。

2. 标的物的风险负担

（1）一般情况下，标的物毁损、灭失的风险，在标的物交付之前由出卖人承担，交付之后由买受人承担，但是法律另有规定或者当事人另有约定的除外。

（2）因买受人的原因致使标的物不能按照约定的期限交付的，买受人应当自违反约定之日起承担标的物毁损、灭失的风险。

（3）出卖人出卖交由承运人运输的在途标的物，除当事人另有约定外，毁损、灭失的风险自合同成立之日起由买受人承担。

（4）出卖人按照约定将标的物运送至买受人指定地点并交付给承运人后，标的物毁损、灭失的风险由买受人承担。当事人没有约定交付地点或者约定不明确，依据《民法典》第六百零三条第二款第一项的规定，标的物需要运输的，出卖人将标的物交付给第一承运人后，标的物毁损、灭失的风险由买受人承担。

(5) 出卖人按照约定或者依据《民法典》第六百零三条第二款第二项的规定，将标的物置于交付地点，买受人违反约定没有收取的，标的物毁损、灭失的风险自违反约定时起由买受人承担。

(6) 出卖人按照约定未交付有关标的物的单证和资料的，不影响标的物毁损、灭失风险的转移。

(7) 因标的物不符合质量要求，致使不能实现合同目的的，买受人可以拒绝接受标的物或者解除合同。买受人拒绝接受标的物或者解除合同的，标的物毁损、灭失的风险由出卖人承担。

(8) 标的物毁损、灭失的风险由买受人承担的，不影响因出卖人履行债务不符合约定，买受人要求其承担违约责任的权利。

3. 标的物的检验

(1) 当事人约定检验期限的，买受人应当在检验期限内将标的物的数量或者质量不符合约定的情形通知出卖人。买受人怠于通知的，视为标的物的数量或者质量符合约定。

(2) 当事人没有约定检验期限的，买受人应当在发现或者应当发现标的物的数量或者质量不符合约定的合理期限内通知出卖人。买受人在合理期限内未通知或者自标的物收到之日起2年内未通知出卖人的，视为标的物的数量或者质量符合约定，但对标的物有质量保证期的，适用质量保证期，不适用2年的规定。

(3) 当事人约定的检验期限过短，根据标的物的性质和交易习惯，买受人在检验期限内难以完成全面检验的，该期限仅视为买受人对标的物的外观瑕疵提出异议的期限。

约定的检验期限或者质量保证期短于法律、行政法规规定期限的，应当以法律、行政法规规定的期限为准。

(4) 当事人对检验期限未作约定，买受人签收的送货单、确认单等载明标的物数量、型号、规格的，推定买受人已经对数量和外观瑕疵进行检验，但是有相关证据足以推翻的除外。

(5) 出卖人依照买受人的指示向第三人交付标的物，出卖人和买受人约定的检验标准与买受人和第三人约定的检验标准不一致的，以出卖人和买受人约定的检验标准为准。

(三) 所有权保留

(1) 当事人可以在买卖合同中约定，买受人未履行支付价款或者其他义务的，标的物的所有权属于出卖人。

(2) 当事人约定所有权保留，在标的物所有权转移前，买受人有下列情形之一的，对出卖人造成损害，出卖人主张取回标的物的，人民法院应予支持：1) 未按约定支付价款，经催告后在合理期限内仍未支付的；2) 未按约定完成特定条件的；3) 将标的物出卖、出质或者作出其他不当处分的。

出卖人取回标的物后，买受人在双方约定的或者出卖人指定的回赎期内，消除出卖人取回标的物的事由，主张回赎标的物的，人民法院应予支持。买受人在回赎期内没有回赎标的物的，出卖人可以以合理价格将标的物出卖给第三人，出卖所得价款扣除买受人未支付的价款以及必要费用后仍有剩余的，应当返还买受人；不足部分由买受人清偿。

（四）试用买卖

（1）试用买卖的买受人在试用期内已经支付部分价款或者对标的物实施出卖、出租、设立担保物权等行为的，视为同意购买。

（2）试用买卖的当事人可以约定标的物的试用期限。对试用期限没有约定或者约定不明确，依据《民法典》第五百一十条的规定仍不能确定的，由出卖人确定。

（3）试用买卖的买受人在试用期内可以购买标的物，也可以拒绝购买。试用期限届满，买受人对是否购买标的物未作表示的，视为购买。

（4）试用买卖的当事人对标的物使用费没有约定或者约定不明确的，出卖人无权请求买受人支付。

（5）标的物在试用期内毁损、灭失的风险由出卖人承担。

二、赠与合同

（一）赠与合同的性质

赠与合同是一种单务、无偿合同。如果赠与合同具有救灾、扶贫、助残等社会公益、道德义务的性质，或者是经过公证的赠与合同，赠与人不交付赠与的财产的，受赠人可以要求交付。

（二）当事人的权利与义务

（1）赠与的财产有瑕疵的，赠与人不承担责任。附义务的赠与，赠与的财产有瑕疵的，赠与人在附义务的限度内承担与出卖人相同的责任。赠与人故意不告知瑕疵或者保证无瑕疵，造成受赠人损失的，应当承担损害赔偿责任。

（2）赠与人的经济状况显著恶化，严重影响其生产经营或者家庭生活的，可以不再履行赠与义务。

（3）赠与附义务的，受赠人应当按照约定履行义务。

（三）赠与的撤销

1. 任意撤销

赠与人在赠与财产的权利转移之前可以撤销赠与，但具有救灾、扶贫、助残等公益、道德义务性质的赠与合同或者经过公证的赠与合同，不得撤销。

2. 法定撤销

受赠人有下列法定情形之一的，无论赠与财产的权利是否转移，赠与是否具有救灾、扶贫、助残性质或者经过公证，赠与人均可以撤销赠与：（1）严重侵害赠与人或者赠与人近亲属的合法权益；（2）对赠与人有扶养义务而不履行；（3）不履行赠与合同约定的义务。

赠与人的撤销权，自知道或者应当知道撤销原因之日起1年内行使；因受赠人的违法行为致使赠与人死亡或者丧失民事行为能力的，赠与人的继承人或者法定代理人的撤销权，自知道或者应当知道撤销原因之日起6个月内行使。

三、借款合同

（一）借款合同的性质

自然人之间的借款合同为实践合同，自贷款人提供借款时生效。金融机构贷款或其他主体贷款的借款合同是诺成合同，自双方当事人意思表示一致时成立。

（二）双方当事人的权利与义务

（1）借款人未按照约定的借款用途使用借款的，贷款人可以：1）停止发放借款；2）提前收回借款；3）解除合同。

（2）《民法典》第六百八十条规定，禁止高利放贷，借款的利率不得违反国家有关规定。借款合同对支付利息没有约定的，视为没有利息。借款合同对支付利息约定不明确，当事人不能达成补充协议的，按照当地或者当事人的交易方式、交易习惯、市场利率等因素确定利息；自然人之间借款的，视为没有利息。

（3）借款的利息不得预先在本金中扣除。利息预先在本金中扣除的，应当按照实际借款数额返还借款并计算利息。

（4）借款人应当按照约定的期限支付利息。对支付利息的期限没有约定或者约定不明确的，借款期限不满1年的，应当在返还借款时一并支付；借款期限1年以上的，应当在每届满1年时支付，剩余期间不满1年的，应当在返还借款时一并支付。

（5）借款人未按照合同约定的期限返还借款的，应当按照合同约定或者国家有关规定支付逾期利息。借款人提前偿还借款的，除当事人另有约定的以外，应当按照实际借款的期间计算利息。

（三）民间借贷合同

1. 民间借贷的范围

民间借贷是指自然人之间、法人之间、其他组织之间及其相互之间进行资金融通的行为。经金融监管部门批准设立的从事贷款业务的金融机构及其分支机构，因发放贷款等相关金融业务引发的纠纷，不属于民间借贷。

2. 民间借贷案件的受理与管辖

（1）受理。在民间借贷中，当事人之间往往没有书面借款合同，因此借据、收据、欠条等债权凭证以及其他能够证明借贷关系存在的证据可以作为证明借贷关系的证据。如果当事人持有的借据、收据、欠条等债权凭证没有载明债权人，仍可以提起诉讼，但被告对原告的债权人资格提出有事实依据的抗辩，人民法院经审理认为原告不具有债权人资格的，裁定驳回起诉。

（2）管辖。如果借贷双方就合同的履行地未约定或约定不明的，事后未达成补充协议，按照合同有关条款或者交易习惯仍不能确定的，以接受货币一方所在地为合同履行地。

3. 民间借贷合同的效力

（1）法人之间、非法人组织之间及其相互之间为生产、经营需要订立的民间借贷合同，原则上有效，除非存在如下情形之一：1）套取金融机构贷款转贷的；

2）以向其他营利法人借贷、向本单位职工集资，或者以向公众非法吸收存款等方式取得的资金转贷的；3）未依法取得放贷资格的出借人，以营利为目的向社会不特定对象提供借款的；4）出借人事先知道或者应当知道借款人借款用于违法犯罪活动仍然提供借款的；5）违反法律、行政法规强制性规定的；6）违背公序良俗的。

（2）法人或者非法人组织在本单位内部通过借款形式向职工筹集资金，用于本单位生产、经营且不存在《民法典》第一百四十四条、第一百四十六条、第一百五十三条、第一百五十四条以及《最高人民法院关于审理民间借贷案件适用法律若干问题的规定》第十三条规定的情形，当事人主张民间借贷合同有效的，人民法院应予支持。

（3）借款人或者出借人的借贷行为涉嫌犯罪，或者已经生效的判决认定构成犯罪，当事人提起民事诉讼的，民间借贷合同并不当然无效。人民法院应当根据上述规定认定民间借贷合同的效力。担保人以借款人或者出借人的借贷行为涉嫌犯罪或者已经生效的判决认定构成犯罪为由，主张不承担民事责任的，人民法院应当依据民间借贷合同与担保合同的效力、当事人的过错程度，依法确定担保人的民事责任。

4. 互联网贷款平台的法律责任

借贷双方通过网络贷款平台形成借贷关系，网络贷款平台的提供者仅提供媒介服务，不承担担保责任。网络贷款平台的提供者通过网页、广告或者其他媒介明示或者有其他证据证明其为借贷提供担保的，网络贷款平台的提供者应承担担保责任。

5. 法定代表人在民间借贷合同中的责任

法人的法定代表人或者非法人组织的负责人以单位名义与出借人签订的民间借贷合同，有证据证明所借款项系法定代表人或负责人个人使用，出借人可以请求将法定代表人或负责人列为共同被告或者第三人。法人的法定代表人或者非法人组织的负责人以个人名义与出借人签订的民间借贷合同，所借款项用于单位生产经营，出借人可以请求单位与个人共同承担责任。

6. 民间借贷的利息与利率

（1）利息的约定。借贷双方未约定利息的，出借人不得主张支付借款期内利息。除自然人之间借贷外，借贷双方对借贷利息约定不明，出借人主张利息的，人民法院应当结合合同的内容，并根据当地或当事人的交易方式、交易习惯、市场报价利率等因素确定利息。

（2）利率的约定。1）出借人请求借款人按照合同约定利率支付利息的，人民法院应予支持，但是双方约定的利率超过合同成立时1年期贷款市场报价利率4倍的除外。2）双方对前期借款本息结算后将利息计入后期借款本金并重新出具债权凭证，如果前期利率没有超过合同成立时1年期贷款市场报价利率4倍，重新出具的债权凭证载明的金额可认定为后期借款本金；超过部分的利息不能计入后期借款本金。3）借款人在借款期间届满后应当支付的本息之和，超过最初借款本金与以最初借款本金为基数、以合同成立时1年期贷款市场报价利率4倍计算的整个借款期间的利息之和的，人民法院不予支持。

（3）关于逾期利率。双方有约定的，从其约定，但以不超过合同成立时 1 年期贷款市场报价利率 4 倍为限。双方未约定逾期利率或约定不明的，区分不同情况处理：1）既未约定借期内利率，也未约定逾期利率，出借人主张借款人自逾期还款之日起参照当时 1 年期贷款市场报价利率标准计算的利息承担逾期还款违约责任的，人民法院应予支持。2）约定了借期内利率但未约定逾期利率，出借人主张借款人自逾期还款之日起按照借期内利率支付资金占用期间利息的，人民法院应予支持。

（4）逾期利率与其他违约责任。出借人与借款人既约定了逾期利率，又约定了违约金或其他费用，出借人可以选择主张逾期利息、违约金或者其他费用，也可以一并主张，但总计超过合同成立时 1 年期贷款市场报价利率 4 倍的部分，人民法院不予支持。

7. 自然人之间的借款合同

具有下列情形之一的，可以认为满足了出借人提供借款的要件，合同有效：

（1）以现金支付的，自借款人收到借款时；

（2）以银行转账、网上电子汇款或者通过网络贷款平台等形式支付的，自资金到达借款人账户时；

（3）以票据交付的，自借款人依法取得票据权利时；

（4）出借人将特定资金账户支配权授权给借款人的，自借款人取得对该账户实际支配权时；

（5）出借人以与借款人约定的其他方式提供借款并实际履行完成时。

自然人之间的借款合同对支付利息没有约定或约定不明的，视为没有利息。自然人之间的借款合同有约定偿还期限而借款人不按期偿还，或者未约定偿还期限但经出借人催告后，借款人仍不偿还的，出借人可要求借款人偿付逾期利息。

四、租赁合同

（一）租赁合同的性质及期限

租赁合同为双务、有偿、诺成合同。租赁合同转让的是租赁物的使用权，故租赁物一般应为特定的非消耗物。合同的最长期限应有所限制。根据《民法典》的规定，租赁期限不得超过 20 年。超过 20 年的，超过部分无效。租赁期限届满，当事人可以续订租赁合同，但约定的租赁期限自续订之日起仍不得超过 20 年。

双方如果没有约定租赁期限，租赁合同按不定期租赁处理。不定期租赁主要有以下几种情况：（1）租赁期限 6 个月以上的，合同应当采用书面形式。当事人未采用书面形式的，视为不定期租赁。（2）当事人对租赁期限没有约定或者约定不明确，可以协议补充，不能达成补充协议的，按照合同有关条款或者交易习惯确定；仍不能确定的，视为不定期租赁。（3）租赁期届满，承租人继续使用租赁物，出租人没有提出异议的，原租赁合同继续有效，但租赁期限为不定期。

对于不定期租赁，双方当事人均可以随时解除合同，但出租人解除合同应当在合理期限之前通知承租人。

（二）双方当事人的权利与义务

1. 维修义务

出租人应当履行租赁物的维修义务，但当事人另有约定的除外。承租人在租赁物需要维修时可以请求出租人在合理期限内维修。出租人未履行维修义务的，承租人可以自行维修，维修费用由出租人负担。因维修租赁物影响承租人使用的，应当相应减少租金或者延长租期。因承租人的过错致使租赁物需要维修的，出租人不承担法律规定的维修义务。

2. 合理使用

承租人经出租人同意，可以对租赁物进行改善或者增设他物，如未经出租人同意，出租人可以请求承租人恢复原状或者赔偿损失。

3. 转租

承租人经出租人同意，可以将租赁物转租给第三人，承租人与出租人的租赁合同继续有效，第三人对租赁物造成损失的，承租人应当赔偿损失。承租人未经出租人同意转租的，出租人可以解除合同。出租人知道或者应当知道承租人转租，但是在6个月内未提出异议的，视为出租人同意转租。

4. 支付租金

对租金的支付期限未确定的，当事人可以协议补充，不能达成补充协议的，可以根据合同的有关条款或者交易习惯确定。仍不能确定的，适用以下规则：（1）租赁期限不满1年的，应当在租赁期限届满时支付；（2）租赁期限1年以上的，应当在每届满1年时支付，剩余期间不满1年的，应当在租赁期限届满时支付。

（三）租赁合同的解除

因不可归责于承租人的事由，致使租赁物部分或者全部毁损、灭失的，承租人可以要求减少租金或者不支付租金；因租赁物部分或者全部毁损、灭失，致使不能实现合同目的的，承租人可以解除合同。租赁物危及承租人的安全或者健康的，即使承租人订立合同时明知该租赁物质量不合格，承租人也可以随时解除合同。有下列情形之一，非因承租人原因致使租赁物无法使用的，承租人可以解除合同：（1）租赁物被司法机关或者行政机关依法查封、扣押；（2）租赁物权属有争议；（3）租赁物具有违反法律、行政法规关于使用条件的强制性规定情形。

（四）买卖与租赁

出租人出卖租赁房屋的，应当在出卖之前的合理期限内通知承租人，承租人享有以同等条件优先购买的权利。这是房屋租赁合同中特别为承租人设计的优先购买权，其他标的物租赁并不适用优先购买权。在承租人行使优先购买权时，应注意以下几点：

（1）出租人委托拍卖人拍卖租赁房屋的，应当在拍卖5日前通知承租人。承租人未参加拍卖的，人民法院应当认定承租人放弃优先购买权。

（2）出租人出卖租赁房屋未在合理期限内通知承租人或者存在其他侵害承租人优先购买权的情形，承租人可以请求出租人承担赔偿责任，但不得主张出租人与第三人签订的房屋买卖合同无效。

（3）具有下列情形之一的，承租人不得主张优先购买权：1）房屋共有人行使优先购买权的；2）出租人将房屋出卖给近亲属，包括配偶、父母、子女、兄弟姐妹、祖父母、外祖父母、孙子女、外孙子女的；3）出租人履行通知义务后，承租人在 15 日内未明确表示购买的；4）第三人善意购买租赁房屋并已经办理登记手续的。

五、融资租赁合同

（一）融资租赁合同概述

融资租赁合同是出租人根据承租人对出卖人、租赁物的选择，向出卖人购买租赁物，提供给承租人使用，承租人支付租金的合同。典型的融资租赁关系涉及三方当事人，即出租人、承租人、出卖人。内容涉及两个合同，即租赁合同、买卖合同。

（二）质量瑕疵责任

租赁物不符合约定或者不符合使用目的的，出租人不承担违约责任（承租人仍应按照合同约定支付租金），但承租人依赖出租人的技能确定租赁物的或者出租人干涉选择租赁物的除外。

（三）双方当事人的权利与义务

（1）承租人（而非出租人）承担标的物的维修义务。

（2）承租人占有租赁物期间，租赁物造成第三人的人身伤害或者财产损害的，出租人对第三人不承担赔偿责任。

（3）出租人和承租人可以约定租赁期限届满租赁物的归属；对租赁物的归属没有约定或者约定不明确，依据《民法典》第五百一十条的规定仍不能确定的，租赁物的所有权归出租人。

（4）当事人约定租赁期限届满租赁物归承租人所有，承租人已经支付大部分租金，但无力支付剩余租金，出租人因此解除合同收回租赁物的，收回的租赁物的价值超过承租人欠付的租金以及其他费用的，承租人可以请求相应返还。当事人约定租赁期限届满租赁物归出租人所有，因租赁物毁损、灭失或者附合、混合于他物致使承租人不能返还的，出租人有权请求承租人给予合理补偿。

（5）当事人约定租赁期限届满，承租人仅需向出租人支付象征性价款的，视为约定的租金义务履行完毕后租赁物的所有权归承租人。

（6）融资租赁合同无效，当事人就该情形下租赁物的归属有约定的，按照其约定；没有约定或者约定不明确的，租赁物应当返还出租人。但是，因承租人原因致使合同无效，出租人不请求返还或者返还后会显著降低租赁物效用的，租赁物的所有权归承租人，由承租人给予出租人合理补偿。

六、保理合同

（一）保理合同概述

（1）保理合同的概念。保理合同是应收账款债权人将现有的或者将有的应收账款转让给保理人，保理人提供资金融通、应收账款管理或者催收、应收账款债务人付款担保等服务的合同。

（2）保理合同的内容和形式。保理合同的内容一般包括业务类型、服务范围、服务期限、基础交易合同情况、应收账款信息、保理融资款或者服务报酬及其支付方式等条款。保理合同应当采用书面形式。

（二）虚构应收账款的法律后果

应收账款债权人与债务人虚构应收账款作为转让标的，与保理人订立保理合同的，应收账款债务人不得以应收账款不存在为由对抗保理人，但是保理人明知虚构的除外。

（三）保理的效力

（1）应收账款债务人接到应收账款转让通知后，应收账款债权人与债务人无正当理由协商变更或者终止基础交易合同，对保理人产生不利影响的，对保理人不发生效力。

（2）当事人约定有追索权保理的，保理人可以向应收账款债权人主张返还保理融资款本息或者回购应收账款债权，也可以向应收账款债务人主张应收账款债权。保理人向应收账款债务人主张应收账款债权，在扣除保理融资款本息和相关费用后有剩余的，剩余部分应当返还给应收账款债权人。

（3）当事人约定无追索权保理的，保理人应当向应收账款债务人主张应收账款债权，保理人取得超过保理融资款本息和相关费用的部分，无需向应收账款债权人返还。

（四）多重保理的清偿顺序

应收账款债权人就同一应收账款订立多个保理合同，致使多个保理人主张权利的，已经登记的先于未登记的取得应收账款；均已经登记的，按照登记时间的先后顺序取得应收账款；均未登记的，由最先到达应收账款债务人的转让通知中载明的保理人取得应收账款；既未登记也未通知的，按照保理融资款或者服务报酬的比例取得应收账款。

七、承揽合同

（一）承揽合同概述

承揽合同是承揽人按照定作人的要求完成工作，交付工作成果，定作人给付报酬的合同。承揽合同是双务、有偿、诺成合同，包括加工、定作、修理、复制、测试、检验等工作。

（二）双方当事人的权利与义务

（1）承揽人将其承揽的主要工作交由第三人完成的，应当就该第三人完成的工作成果向定作人负责；未经定作人同意的，定作人可以解除合同。承揽人可以将其承揽的辅助工作交由第三人完成，并就该第三人完成的工作成果向定作人负责。

（2）定作人未向承揽人支付报酬或者材料费等价款的，承揽人对完成的工作成果享有留置权或者有权拒绝交付，但当事人另有约定的除外。定作人在承揽人完成工作前可以随时解除承揽合同，但因此造成承揽人损失的，应当赔偿损失。定作人应当验收工作成果，对于承揽人交付的工作成果不符合质量要求的，定作人可以合理选择请求承揽人承担修理、重作、减少报酬、赔偿损失等违约责任。

八、建设工程合同

（一）建设工程合同概述

建设工程合同是承包人进行工程建设，发包人支付价款的合同，包括工程勘察、设计、施工合同。建设工程合同本质上属于承揽合同，故建设工程合同没有规定的部分，适用承揽合同的有关规定。

建设工程合同应当采用书面形式。采用招投标方式订立合同的，当事人就同一建设工程另行订立的建设工程施工合同与经过备案的中标合同实质性内容不一致的，应当以备案的中标合同作为结算工程价款的根据。

（二）发包人的义务

（1）发包人不得将应当由一个承包人完成的建设工程支解成若干部分发包给数个承包人。

（2）发包人未按照约定支付工程价款的，承包人可以催告发包人在合理期限内支付价款。发包人逾期不支付的，除根据建设工程的性质不宜折价、拍卖的以外，承包人可以与发包人协议将工程折价，也可以申请人民法院将该工程依法拍卖，建设工程的价款享有优先受偿权。承包人的上述优先受偿权优于抵押权和其他债权。消费者交付购买商品房的全部或大部分款项后，承包人就该商品房享有的工程价款优先受偿权不得对抗买受人。建筑工程价款包括承包人为建设工程应当支付的工作人员的报酬、材料款等实际支出的费用，不包括承包人因发包方违约所造成的损失。承包人行使优先受偿权的期限为18个月，自发包人应当给付建设工程价款之日起计算。发包人与承包人约定放弃或者限制建设工程价款优先受偿权，损害建筑工人利益，发包人根据约定主张承包人不享有建设工程价款优先受偿权的，人民法院不予支持。

（三）承包人的义务

（1）经发包人同意，总承包人可以将自己承包的部分工作交由第三人完成。第三人就其完成的工作成果与总承包人向发包人承担连带责任。

（2）总承包人不得将其承包的建设工程全部转包给第三人或者将其承包的全部建设工程支解后以分包的名义分别转包给第三人。

九、运输合同

（一）客运合同

（1）客运合同自承运人向旅客出具客票时成立，但当事人另有约定或者另有交易习惯的除外。旅客应当持有效客票乘运。旅客不交付票款的，承运人可以拒绝运输。

（2）旅客可以自行决定解除客运合同。旅客因自己的原因不能按照客票记载的时间乘坐的，应当在约定的期限内办理退票或者变更手续。逾期办理的，承运人可以不退票款，并不再承担运输义务。

（3）承运人应当严格履行安全运输义务，及时告知旅客安全运输应当注意的事项。承运人应当按照有效客票载明的时间和班次运输旅客。承运人迟延运输或者有其他不能正常运输情形的，应当根据旅客的要求安排改乘其他班次或者退票；由此造成旅客损失的，承运人应当承担赔偿责任，但是不可归责于承运人的除外。

（4）承运人擅自降低服务标准的，应当根据旅客的请求退票或者减收票款；提高服务标准的，不得加收票款。在运输过程中旅客随身携带物品毁损、灭失，承运人有过错的，应当承担损害赔偿责任。

（二）货运合同

（1）在承运人将货物交付收货人之前，托运人可以要求承运人中止运输、返还货物、变更到达地或者将货物交给其他收货人，但应当赔偿承运人因此受到的损失。

（2）承运人对运输过程中货物的毁损、灭失承担损害赔偿责任；但承运人证明货物的毁损、灭失是因不可抗力、货物本身的自然性质或者合理损耗以及托运人、收货人的过错造成的，不承担赔偿责任。

（3）货物在运输过程中因不可抗力灭失，未收取运费的，承运人不得请求支付运费；已经收取运费的，托运人可以请求返还。

（4）货物毁损、灭失的赔偿额，当事人没有约定或者约定不明确，按照《民法典》的有关规定仍不能确定的，按照交付或者应当交付时货物到达地的市场价格计算。

十、技术合同

（一）技术合同概述

技术合同是当事人就技术开发、转让、许可、咨询或者服务订立的确立相互之间权利与义务的合同，包括技术开发合同、技术转让合同、技术咨询合同和技术服务合同。

（二）职务与非职务技术成果的使用

（1）职务技术成果是执行法人或者非法人组织的工作任务，或者主要是利用法人或者非法人组织的物质技术条件所完成的技术成果。执行法人或者非法人组织的工作任务包括：1）履行法人或非法人组织的岗位职责或者承担其交付的其他技术开发任务；2）离职后一年内继续从事与其原所在法人或者非法人组织的岗位职责或者交付的任务有关的技术开发工作，但法律、法规另有规定的除外。物质技术条件包括：全部或大部分利用了法人或者其他组织的资金、设备、器材或者原材料等物质条件，并且这些物质条件对形成该技术成果具有实质性影响。

职务技术成果的使用权、转让权属于法人或者非法人组织的，法人或非法人组织可以就该项职务技术成果订立技术合同。法人或非法人组织应当从使用和转让该项职务技术成果所取得的收益中提取一定的比例，对完成该项职务技术成果的个人给予奖励或者报酬。法人或非法人组织订立技术合同转让职务技术成果时，职务技术成果的完成人享有以同等条件优先受让的权利。

（2）非职务技术成果的使用权、转让权属于完成技术成果的个人，完成技术成果的个人可以就该项非职务技术成果订立技术合同。

（三）技术开发合同

技术开发合同是指当事人之间就新技术、新产品、新工艺、新品种或者新材料及其系统的研究开发所订立的合同，包括委托开发合同和合作开发合同。

1. 委托开发合同

委托开发合同是指当事人一方委托另一方进行研究开发所订立的合同。其特点是由委托人向研究开发人提供研究开发经费与报酬，研究开发人完成研究开发工作并向委托人交付研究成果。其成果的归属是：（1）委托开发完成的发明创造，除法律另有规定或者当事人另有约定，申请专利的权利属于研究开发人；（2）研究开发人取得专利权的，委托人可以依法实施该专利；（3）研究开发人转让专利申请权的，委托人在同等条件下有优先权。

2. 合作开发合同

合作开发合同是指当事人各方就共同进行研究开发所订立的合同。其特点是当事人各方共同投资、共同参与研究开发活动、共同承担研究开发风险、共享研究开发成果。其成果的归属是：（1）合作开发完成的发明创造，除当事人另有约定外，申请专利的权利属于合作开发的当事人共有。当事人一方转让其共有的专利申请权的，其他各方享有以同等条件优先受让的权利。（2）合作开发的当事人一方不同意申请专利的，另一方或者其他各方不得申请专利。（3）合作开发的当事人一方声明放弃其共有的专利申请权的，除当事人另有约定外，可以由另一方单独申请或者由其他各方共同申请。申请人取得专利权的，放弃专利申请权的一方可以免费实施该专利。

（四）技术转让合同

技术转让合同包括专利权转让、专利申请权转让、技术秘密转让等合同。技术转让合同应当采用书面形式。

（五）技术咨询合同和技术服务合同

技术咨询合同是指科技人员作为受托人，运用自己的科学技术知识和科技手段，对委托人提出的特定技术项目进行可行性论证活动，委托人支付咨询费的合同。技术服务合同是指当事人一方以技术知识为另一方解决特定技术问题所订立的合同，不包括建设工程合同和承揽合同。在技术咨询合同、技术服务合同履行过程中，受托人利用委托人提供的技术资料和工作条件完成的新的技术成果，属于受托人。委托人利用受托人的工作成果完成的新的技术成果，属于委托人。当事人另有约定的，按照其约定。技术咨询合同和技术服务合同对受托人正常开展工作所需费用的负担没有约定或者约定不明确的，由受托人负担。

十一、保管合同

（一）保管合同概述

保管合同是保管人保管寄存人交付的保管物，并返还该物的合同。寄存人到保管人处从事购物、就餐、住宿等活动，将物品存放在指定场所的，视为保管，但是当事人另有约定或者另有交易习惯的除外。保管合同属于实践合同，自保管物交付时成立，但当事人另有约定的除外。

（二）保管人的义务

（1）除当事人另有约定外，保管人不得将保管物转交第三人保管，不得使用或者许可第三人使用保管物。

（2）保管期内，因保管人保管不善造成保管物毁损、灭失的，保管人应当承担损害赔偿责任；但无偿保管人证明自己没有故意或者重大过失的，不承担赔偿责任。

（3）当事人对保管期限没有约定或者约定不明确的，保管人可以随时请求寄存人领取保管物；约定保管期限的，保管人无特别事由，不得请求寄存人提前领取保管物。保管期限届满或者寄存人提前领取保管物的，保管人应当将原物及其孳息归还寄存人。

（三）寄存人的义务

（1）寄存人应当按照约定向保管人支付保管费。如果当事人对保管费没有约定或者约定不明确，依照《民法典》的规定仍不能确定的，保管是无偿的。

（2）寄存人寄存货币、有价证券或者其他贵重物品的，应当向保管人声明，由保管人验收或者封存。寄存人未声明的，该物品毁损、灭失后，保管人可以按照一般物品予以赔偿。

十二、仓储合同

（一）仓储合同的概念

仓储合同是保管人储存存货人交付的仓储物，存货人支付仓储费的合同。仓储合同属于诺成合同，自保管人和存货人意思表示一致时成立。

（二）双方的权利与义务

（1）存货人或者仓单持有人在仓单上背书并经保管人签字或者盖章的，可以转让提取仓储物的权利。

（2）储存期限届满，存货人或者仓单持有人应当凭仓单、入库单等提取仓储物。存货人或者仓单持有人逾期提取的，应当加收仓储费；提前提取的，不减收仓储费。

（3）储存期内，因保管人保管不善造成仓储物毁损、灭失的，保管人应当承担损害赔偿责任。因仓储物的性质、包装不符合约定或者超过有效储存期造成仓储物变质、损坏的，保管人不承担损害赔偿责任。

十三、委托合同

（一）委托合同的概念

委托合同是委托人和受托人约定，由受托人处理委托人事务的合同。

（二）损失赔偿

（1）有偿的委托合同，因受托人的过错给委托人造成损失的，委托人可以请求赔偿损失。

（2）无偿的委托合同，因受托人的故意或重大过失给委托人造成损失的，委托人可以请求赔偿损失。

（三）转委托

（1）转委托经同意或者追认的，委托人可以就委托事务直接指示转委托的第三人，受托人仅就第三人的选任及其对第三人的指示承担责任。

（2）转委托未经同意或者追认的，受托人应当对第三人的行为承担责任。

（四）委托合同的解除和终止

委托人或者受托人可以随时解除委托合同，因解除合同给对方造成损失的，除不可归责于该当事人的事由外，无偿委托合同的解除方应当赔偿因解除时间不当造成的直接损失，有偿委托合同的解除方应当赔偿对方的直接损失和合同履行后可以获得的利益。

委托人或者受托人死亡、丧失民事行为能力或者破产的，委托合同终止。

十四、物业服务合同

（一）物业服务合同的概念

物业服务合同是物业服务人在物业服务区域内，为业主提供建筑物及其附属设施的维修养护、环境卫生和相关秩序的管理维护等物业服务，业主支付物业费的合同。

（二）物业服务合同的效力

建设单位依法与物业服务人订立的前期物业服务合同，以及业主委员会与业主大会依法选聘的物业服务人订立的物业服务合同，对业主具有法律约束力。建设单位依法与物业服务人订立的前期物业服务合同约定的服务期限届满前，业主委员会或者业主与新物业服务人订立的物业服务合同生效的，前期物业服务合同终止。

（三）物业服务转委托

物业服务人将物业服务区域内的部分专项服务事项委托给专业性服务组织或者其他第三人的，应当就该部分专项服务事项向业主负责。

物业服务人不得将其应当提供的全部物业服务转委托给第三人，或者将全部物业服务支解后分别转委托给第三人。

（四）双方当事人的权利与义务

（1）物业服务人的义务。1）物业服务人应当按照约定和物业的使用性质，妥善维修、养护、清洁、绿化和经营管理物业服务区域内的业主共有部分，维护物业服务区域内的基本秩序，采取合理措施保护业主的人身、财产安全。对物业服务区域内违反有关治安、环保、消防等法律、法规的行为，物业服务人应当及时采取合理措施制止、向有关行政主管部门报告并协助处理。2）物业服务人应当定期将服务的事项、负责人员、质量要求、收费项目、收费标准、履行情况，以及维修资金使用情况、业主共有部分的经营与收益情况等以合理方式向业主公开并向业主大会、业主委员会报告。3）物业服务合同终止的，原物业服务人应当在约定期限或者合理期限内退出物业服务区域，将物业服务用房、相关设施、物业服务所必需的相关资料等交还给业主委员会、决定自行管理的业主或者其指定的人，配合新物业服务人做好交接工作，并如实告知物业的使用和管理状况。原物业服务人违反前述规定的，不得请求业主支付物业服务合同终止后的物业费；造成业主损失的，应当赔偿损失。4）物业服务合同终止后，在业主或者业主大会选聘的新物业服务人或者决定自行管理的业主接管之前，原物业服务人应当继续处理物业服务事项，并可以请求业主支付该期间的物业费。5）物业服务人不得采取停止供电、供水、供热、供燃气等方式催交物业费。

（2）业主的权利与义务。1）业主应当按照约定向物业服务人支付物业费。物业服务人已经按照约定和有关规定提供服务的，业主不得以未接受或者无需接受相关物业服务为由拒绝支付物业费。业主违反约定逾期不支付物业费的，物业服务人可以催告其在合理期限内支付；合理期限届满仍不支付的，物业服务人可以提起诉讼或者申请仲裁。2）业主装饰装修房屋的，应当事先告知物业服务人，遵守物业服务人提示的合理注意事项，并配合其进行必要的现场检查。业主转让、出租物业专有部分、设立居住权或者依法改变共有部分用途的，应当及时将相关情况告知物业服务人。3）业主依照法定程序共同决定解聘物业服务人的，可以解除物业服务合同。决定解聘的，应当提前60日书面通知物业服务人，但是合同对通知期限另有约定的除外。依据前述规定解除合同造成物业服务人损失的，除不可归责于业主的事由外，业主应当赔偿损失。4）物业服务期限届满前，业主依法共同决定续聘的，应当与原物业服务人在合同期限届满前续订物业服务合同。物业服务期限届满前，物业服务人不同意续聘的，应当在合同期限届满前90日书面通知业主或者业主委员会，但是合同对通知期限另有约定的除外。5）物业服务期限届满后，业主没有依法作出续聘或者另聘物业服务人的决定，物业服务人继续提供物业服务的，原物业服务合同继续有效，但是服务期限为不定期。

十五、行纪合同

（一）行纪合同的概念

行纪合同是行纪人以自己的名义为委托人从事贸易活动，委托人支付报酬的合同。

（二）双方当事人的权利与义务

（1）行纪人以低于委托人指定的价格卖出或者高于委托人指定的价格买入商品的，应当经委托人同意。未经委托人同意，行纪人补偿其差额的，该买卖对委托人发生效力。

（2）行纪人以高于委托人指定的价格卖出或者低于委托人指定的价格买入商品的，可以按照约定增加报酬。如果在行纪合同中没有约定或者约定不明确，依照《民法典》仍不能确定的，该利益属于委托人。

(3) 在行纪合同中，行纪人卖出或者买入具有市场定价的商品，除委托人有相反的意思表示外，行纪人自己可以作为买受人或者出卖人。在此情况下，行纪人仍然可以请求委托人支付报酬。

(4) 行纪人以自己的名义与第三人订立合同，行纪人对该合同直接享有权利、承担义务。

(5) 行纪人完成或者部分完成委托事务的，委托人应当向其支付相应的报酬。委托人逾期不支付报酬的，行纪人对委托物享有留置权。

十六、中介合同

中介合同是指中介人向委托人报告订立合同的机会或者提供订立合同的媒介服务，委托人支付报酬的合同。中介人促成合同成立的，委托人应当按照约定支付报酬。中介人促成合同成立的，中介活动的费用，由中介人负担。中介人未促成合同成立的，不得请求支付报酬，但可以按照约定请求委托人支付从事中介活动支出的必要费用。

本节考核的知识点

1. 买卖合同：掌握标的物所有权的转移；一物数卖时标的物所有权的归属；标的物风险的转移。

2. 借款合同：掌握利息的支付；民间借贷合同的有关规定。

3. 租赁合同：掌握租赁期限的规定；租赁双方的权利与义务；买卖与租赁的关系。

4. 融资租赁合同：掌握租赁物质量瑕疵的责任承担；租赁物的权利归属。

5. 承揽合同：掌握承揽人与第三人的关系；双方的权利与义务。

6. 建设工程合同：掌握发包人与承包人的义务。

7. 运输合同：重点掌握货运合同双方当事人的权利与义务。

8. 技术合同：掌握职务成果与非职务成果的归属；委托开发与合作开发成果的归属。

9. 委托合同：掌握转委托的规定；损失赔偿的规定。

10. 行纪合同：掌握与委托合同、中介合同的区别。

11. 物业服务合同：掌握物业服务合同的效力；双方当事人的权利与义务。

12. 保理合同：掌握保理合同的概念；保理的效力；多重保理的清偿顺序。

第 6 章即测即评

练习题

选择题

1. 甲公司 7 月 1 日通过报纸发布广告，称其有某型号的电脑出售，每台售价 8 000 元，随到随购，数量不限，广告有效期至 7 月 30 日。乙公司委托王某携带金额16万元的支票于7月28日到甲公司购买电脑，但甲公司称广告所述电脑已全部售完。乙公司为此受到一定的经济损失。根据《民法典》的规定，下列表述正确的是（ ）。

A. 甲公司的广告构成要约，乙公司的行为构成承诺，甲公司不承担违约责任

B. 甲公司的广告构成要约，乙公司的行为构成承诺，甲公司应当承担违约责任

C. 甲公司的广告不构成要约，乙公司的行为不构成承诺，甲公司不承担民事责任

D. 甲公司的广告构成要约，乙公司的行为不构成承诺，甲公司不承担民事责任

2. 根据《民法典》的规定，下列情形中，要约没有发生法律效力的是（ ）。

A. 撤回要约的通知与要约同时到达受要约人

B. 撤销要约的通知在受要约人发出承诺通知之前到达

C. 同意要约的通知到达要约人

D. 受要约人对要约的内容作出实质性变更

3. 甲公司于4月1日向乙公司发出订购一批实木沙发的要约，要求乙公司于4月8日前答复。4月2日乙公司收到该要约。4月3日，甲公司欲改向丙公司订购实木沙发，遂向乙公司发出撤销要约的信件，该信件于4月4日到达乙公司。4月5日，甲公司收到乙公司的回复，乙公司表示暂无实木沙发，问甲公司是否愿意选购布艺沙发，根据《民法典》的规定，甲公司要约失效的时间是（ ）。

A. 4月3日　　B. 4月4日　　C. 4月5日　　D. 4月8日

4. 陈某以信件发出要约，信件未载明承诺开始日期，仅规定承诺期限为10天。5月8日，陈某将信件投入邮箱；邮局将信件加盖5月9日邮戳发出；5月11日，信件送达受要约人李某的办公室；李某因外出，直至5月15日才知悉信件内容。根据《民法典》的规定，该承诺期限的起算日为（ ）。

A. 5月8日　　B. 5月9日　　C. 5月11日　　D. 5月15日

5. 甲、乙两家公司拟签订一份书面买卖合同，甲公司签字盖章后尚未将书面合同邮寄给乙公司时，即接到乙公司按照合同约定发来的货物，甲公司经清点后将该批货物入库。次日将签字盖章后的书面合同发给乙公司。乙公司收到后，即在合同上签字盖章。根据《民法典》的规定，该买卖合同的成立时间是（ ）。

A. 甲公司签字盖章时

B. 乙公司签字盖章时

C. 甲公司接受乙公司发来的货物时

D. 甲公司将签字盖章后的合同发给乙公司时

6. 郑某和张某拟签订一份书面合同。双方在甲地谈妥合同的主要条款，郑某于乙地在合同上签字，其后，张某于丙地在合同上盖章，合同的履行地为丁地。根据《民法典》的规定，该合同成立的地点是（ ）。

A. 甲地　　B. 乙地　　C. 丙地　　D. 丁地

7. 根据《民法典》的规定，订立合同过程中，有下列情形之一，给对方造成

损失的，应当承担损害赔偿责任的是（　　）。

A. 假借订立合同，恶意进行磋商

B. 故意隐瞒与订立合同有关的重要事实或者提供虚假情况

C. 当事人泄露或不正当地使用在订立合同过程中知悉的商业秘密（无论合同是否成立）

D. 因未答应对方提出的条件

8. 甲是乙公司采购员，已离职。丙公司是乙公司的客户，已被告知甲离职的事实，但当甲持乙公司盖章的空白合同书，以乙公司名义与丙公司洽购100吨白糖时，丙公司仍与其签订了买卖合同。根据《民法典》的规定，下列表述中，正确的是（　　）。

A. 甲的行为构成无权代理，合同效力待定

B. 甲的行为构成无权代理，合同无效

C. 丙公司有权在乙公司追认合同之前，行使撤销权

D. 丙公司可以催告乙公司追认合同，如果乙公司在一个月内未作表示，合同有效

9. X市甲厂因购买Y市乙公司的一批木材与乙公司签订了一份买卖合同，但合同中未约定交货地与付款地，双方就此未达成补充协议，按照合同有关条款或者交易习惯也不能确定。根据《民法典》的规定，下列关于交货地及付款地的表述中，正确的有（　　）。

A. X市为交货地　　B. Y市为交货地

C. X市为付款地　　D. Y市为付款地

10. 甲、乙双方约定，由丙每月代乙向甲偿还债务500元，期限2年。丙履行5个月后，以自己并不对甲负有债务为由拒绝继续履行。甲遂向人民法院起诉，要求乙、丙承担违约责任。根据《民法典》的规定，人民法院的下列判决中，符合规定的是（　　）。

A. 判决乙承担违约责任　　B. 判决丙承担违约责任

C. 判决乙、丙连带承担违约责任　　D. 判决乙、丙分担违约责任

11. 甲与乙签订一份买卖合同，双方约定，甲提供一批货物给乙，货到后一个月内付款。合同签订后甲迟迟没有发货，乙催问甲，甲称由于资金紧张，暂无法购买生产该批货物的原材料，要求乙先付货款，乙拒绝了甲的要求。乙拒绝先付货款的行为在法律上称为（　　）。

A. 行使先履行抗辩权　　B. 行使后履行抗辩权

C. 行使同时履行抗辩权　　D. 行使撤销权

12. 甲公司欠乙公司100万元货款到期无力偿还。乙公司经过调查后得知下列情况：丙公司与甲公司之间存在买卖合同，甲公司已经付款，但丙公司未按期交货；甲公司与丁公司之间存在大型机器设备买卖合同，丁公司分期付款，在付清全部货款之前甲公司保留该机器设备的所有权，现丁公司已有两笔到期货款尚未支付，甲公司未采取任何措施。根据《民法典》的规定，乙公司拟通过诉讼采取下列措施，其中符合规定的是（　　）。

A. 以自己的名义请求丙公司向自己交货

B. 以甲公司代理人的名义请求丙公司交货

C. 以自己的名义请求丁公司向自己返还机器设备

D. 以自己的名义请求丁公司向自己支付到期货款

13. 根据《民法典》的规定，债务人的下列行为中，债权人可以请求人民法院予以撤销的有（　　）。

A. 债务人怠于行使其到期债权，对债权人造成损害

B. 债务人无偿转让财产（受让人不知道该情形），对债权人造成损害

C. 债务人以明显不合理的低价转让财产（受让人不知道该情形），对债权人造成损害

D. 债务人恶意延长到期债权的履行期，对债权人造成损害

14. 保证人在（　　）情况下，不承担或免除保证责任。

A. 保证人对未经其同意转让的债务

B. 债权人与债务人协议变更主合同而未经保证人书面同意的

C. 主合同纠纷未经审判或者仲裁，并就债务人财产依法强制执行仍不能履行债务的

D. 债权人放弃物的担保的，在放弃权利的范围内

15. 陈某向贺某借款20万元，借期2年。张某为该借款合同提供保证担保，担保条款约定，张某在陈某不能履行债务时承担保证责任，但未约定保证期间。陈某同时以自己的房屋提供抵押担保并办理了登记。抵押期间，谢某向陈某表示愿意以50万元购买陈某的房屋。根据《民法典》的规定，下列表述中，正确的有（　　）。

A. 陈某将该房屋卖给谢某应得到贺某的同意

B. 如陈某经贺某同意将该房屋卖给了谢某，则应将转让所得价款提前清偿债务或者提存

C. 如谢某代为偿还20万元借款，则陈某的转让行为无须得到贺某同意

D. 张某的保证期间为主债务履行期届满之日起6个月

16. 同一财产向两个以上债权人抵押的，拍卖、变卖抵押财产所得价款应当依照有关担保法律制度的规定清偿。下列各项中，不符合《民法典》规定的是（　　）。

A. 抵押权已登记的，按照登记的先后顺序清偿

B. 抵押权已登记且登记顺序相同的，按照债权比例清偿

C. 抵押权已登记的先于未登记的受偿

D. 抵押权未登记的，按照抵押合同生效时间的先后顺序清偿

17. 个体工商户甲将其现有的以及将有的生产设备、原材料、半成品、产品一并抵押给乙银行，但未办理抵押登记。抵押期间，甲未经乙同意以合理价格将一台生产设备出卖给丙。后甲不能向乙履行到期债务。根据《民法典》的规定，下列选项中，正确的是（　　）。

A. 该抵押权因抵押物不特定而不能成立

B. 该抵押权因未办理抵押登记而不能成立

C. 该抵押权虽已成立但不能对抗善意第三人

D. 乙有权对丙从甲处购买的生产设备行使抵押权

18. 根据《民法典》的规定，下列债务人有权处分的权利中，不能用以设定权利质押的是（　　）。

A. 可以转让的股权　　B. 应收账款

C. 土地承包经营权　　D. 存款单

19. 根据《民法典》的规定，下列合同中，债务人不履行债务时，债权人有留置权的是（　　）。

A. 保管合同　　B. 运输合同

C. 行纪合同　　D. 建设工程合同

20. 甲公司与乙公司签订一份买卖合同，合同约定，甲公司须在1个月内向乙公司提供200台电视机，总价款100万元。合同签订后，乙公司按约定向甲公司交付了定金20万元。甲公司依约分两批发运电视机，不料，第一批100台电视机在运输过程中遭遇泥石流，致使电视机全部毁损；第二批100台电视机在运输过程中被甲公司的债权人丙强行扣押、变卖。最终，乙公司未能收到电视机，欲向甲公司主张定金责任。根据《民法典》的规定，下列关于甲公司定金责任承担的表述中，正确的是（　　）。

A. 甲公司无须承担定金责任，因为没有交付电视机是不可抗力和第三人原因导致的，甲公司没有过错

B. 甲公司须承担全部定金责任，因为甲公司违反合同约定，未将电视机交付给乙公司

C. 甲公司只承担一半定金责任，因为不可抗力导致的第一批100台电视机未能交付，不适用定金罚则

D. 甲公司只承担一半定金责任，因为第三人原因造成的第二批100台电视机未能交付，不适用定金罚则

21. 债权人甲下落不明，致使债务人乙难以履行债务，乙依法将标的物提存。提存期间，该标的物发生意外毁损。根据《民法典》的规定，下列关于对该标的物损失承担的表述中，正确的是（　　）。

A. 应由甲承担　　B. 应由乙承担

C. 应由甲、乙共同承担　　D. 应由提存机关承担

22. 根据《民法典》的规定，下列关于不同种类违约责任相互关系的表述中，正确的有（　　）。

A. 当事人迟延履行约定违约金的，违约方支付违约金后，还应当履行债务

B. 当事人依法请求人民法院增加违约金后，又请求对方赔偿损失的，人民法院不予支持

C. 当事人既约定违约金，又约定定金的，一方违约时，对方可以同时适用违约金和定金条款

D. 当事人执行定金条款后不足以弥补所受损害的，仍可以请求赔偿损失

案例题

【案例1】 2024年7月1日，甲钢铁公司（以下简称甲公司）向乙建筑公司（以下简称乙公司）发函，其中有甲公司生产的各种型号钢材的数量、价格表和一份订货单。订货单表明：各型号钢材符合行业质量标准，若乙公司在8月15日前根据价格表购货，甲公司将满足供应，并负责运送至乙公司所在地，交货并付款。

7月10日，乙公司复函称：如果A型号钢材每吨价格下降200元，我公司愿购买3 000吨A型号钢材，贵公司如同意，须在7月31日前函告。

7月25日，甲公司决定接受乙公司的购买价格，在甲公司作出决定后，同日收到乙公司的撤销函件，表示不再需要购买A型号钢材。

7月26日，甲公司正式发出确认函告知乙公司，表示接受乙公司就A型号钢材的购买数量及价格，并要求乙公司按约定履行合同，乙公司于当日收到甲公司的确认函。

乙公司认为其已给甲公司发出撤销函件，故买卖合同未成立，双方因此发生争议。

要求： 根据《民法典》的有关规定，回答下列问题：

（1）2024年7月1日，甲公司向乙公司发出的函件是要约还是要约邀请？简要说明理由。

（2）2024年7月10日，乙公司向甲公司回复的函件是否构成承诺？简要说明理由。

（3）乙公司主张买卖合同未成立的理由是否成立？简要说明理由。

【案例2】 2023年3月，甲合伙企业（以下简称甲企业）向乙银行借款100万元，期限2年，由王某和陈某与乙银行签订保证合同，为甲企业借款提供共同保证，保证方式为一般保证，后甲企业经营业绩不佳，亏损严重，王某遂与陈某约定，以3∶2的比例分担保证责任。

2024年6月，因甲企业提出破产申请，人民法院受理了该破产案件，故乙银行要求王某与陈某承担连带保证责任。王某认为保证合同约定的保证方式为一般保证，乙银行应先要求甲企业承担责任；陈某则宣称自己没有财产，且认为自己与王某已有约定，只需承担40%的责任。经查，陈某对自己的远亲林某还享有10万元的到期借款债权，一直没有要求林某返还。乙银行最后决定分别对王某、陈某和林某提起诉讼，请求法院判定由王某和陈某承担责任，由林某代替陈某向自己偿还10万元借款。

要求： 根据上述情况和《民法典》的规定，回答下列问题：

（1）王某提出的乙银行应先要求甲企业承担责任的主张是否成立？简要说明理由。

（2）陈某提出自己对银行的保证责任只需承担40%的主张是否成立？简要说明理由。

（3）乙银行请求人民法院判定林某代替陈某偿还10万元借款能否得到法律支持？简要说明理由。

第7章

证券法

学习目标

掌握:

1. 证券发行的条件;
2. 股票上市的条件;
3. 上市公司收购。

熟悉:

1. 证券信息的披露;
2. 证券交易的一般规定;
3. 禁止的交易行为。

了解:

1. 证券市场监督体制;
2. 证券发行的程序。

第1节　证券法律制度概述

一、证券法的适用范围

(一) 证券法的范围

根据《中华人民共和国证券法》(以下简称《证券法》)第二条的规定,在中华人民共和国境内,股票、公司债券、存托凭证和国务院依法认定的其他证券的发行和交易,适用《证券法》;《证券法》未规定的,适用《公司法》和其他法律、行政法规的规定。

政府债券、证券投资基金份额的上市交易,适用《证券法》;其他法律、行政法规另有规定的,适用其规定。

(二) 证券公开发行

公开发行证券必须符合法律、行政法规规定的条件,并依法报经国务院证券监督管理机构或者国务院授权的部门注册；未经依法注册，任何单位和个人不得公开发行证券。证券发行注册制的具体范围、实施步骤，由国务院规定。

有下列情形之一的，为公开发行：（1）向不特定对象发行证券；（2）向特定对象发行证券累计超过200人，但依法实施员工持股计划的员工人数不计算在内；（3）法律、行政法规规定的其他发行行为。非公开发行证券，不得采用广告、公开劝诱和变相公开方式。

二、证券市场监督体制

（1）政府的统一管理。国务院证券监督管理机构依法对全国证券市场实行集中统一监督管理。目前国务院授权中国证券监督管理委员会（以下简称中国证监会）负责证券监督管理工作。

（2）行业自律管理。目前，我国证券发行与交易中的自律管理主要通过以下机构来实施：1）中国证券业协会；2）证券交易所；3）全国中小企业股份转让系统（以下简称全国股转系统）；4）证券服务机构。

三、强制信息披露制度

（一）首次信息披露

1. 招股说明书

招股说明书是公开发行股票最基本的法律文件。招股说明书的有效期为6个月，自中国证监会核准发行申请前招股说明书最后一次签署之日起计算。发行人及其全体董事、监事和高级管理人员应当在招股说明书上签署书面确认意见，保证招股说明书的内容真实、准确、完整，不存在虚假记载、误导性陈述或者重大遗漏，按照诚信原则履行承诺，并声明承担相应法律责任。保荐人及其保荐代表人，以及发行人控股股东、实际控制人都在招股说明书上签字、盖章，确认招股说明书的内容真实、准确、完整，不存在虚假记载、误导性陈述或者重大遗漏，按照诚信原则履行承诺，并声明承担相应法律责任。

2. 债券募集说明书

主要适用于发行公司债券。

3. 上市公告书

发行人首次公开发行证券完成后，申请证券上市交易，应当按照证券交易所的规定编制上市公告书，并在符合条件的媒体予以披露。

（二）持续信息披露

1. 定期报告

年度报告应当在每一个会计年度结束之日起4个月内编制完成并披露，年度财务会计报告应当经符合《证券法》规定的会计师事务所审计；中期报告应当在每个会计年度的上半年结束之日起2个月内编制完成并披露。

2. 临时报告

发生可能对上市公司、股票在国务院批准的其他全国性证券交易场所交易的公司的股票交易价格产生较大影响的重大事件，投资者尚未得知时，公司应当立即将有关该重大事件的情况向国务院证券监督管理机构和证券交易所报送临时报告，并予公告，说明事件的起因、目前的状态和可能产生的法律后果。

上述所称重大事件主要包括：

（1）公司的经营方针和经营范围的重大变化；

（2）公司的重大投资行为，公司在一年内购买、出售重大资产超过公司资产总额 30%，或者公司营业用主要资产的抵押、质押、出售或者报废一次超过该资产的 30%；

（3）公司订立重要合同、提供重大担保或者从事关联交易，可能对公司的资产、负债、权益和经营成果产生重要影响；

（4）公司发生重大债务和未能清偿到期重大债务的违约情况；

（5）公司发生重大亏损或者重大损失；

（6）公司生产经营的外部条件发生的重大变化；

（7）公司的董事、1/3 以上监事或者经理发生变动，董事长或者经理无法履行职责；

（8）持有公司 5%以上股份的股东或者实际控制人持有股份或者控制公司的情况发生较大变化，公司的实际控制人及其控制的其他企业从事与公司相同或者相似业务的情况发生较大变化；

（9）公司分配股利、增资的计划，公司股权结构的重要变化，公司减资、合并、分立、解散及申请破产的决定，或者依法进入破产程序、被责令关闭；

（10）涉及公司的重大诉讼、仲裁，股东会、董事会决议被依法撤销或者宣告无效；

（11）公司涉嫌犯罪被依法立案调查，公司的控股股东、实际控制人、董事、监事、高级管理人员涉嫌犯罪被依法采取强制措施；

（12）国务院证券监督管理机构规定的其他事项。

公司的控股股东或者实际控制人对重大事件的发生、进展产生较大影响的，应当及时将其知悉的有关情况书面告知公司，并配合公司履行信息披露义务。

发生可能对上市交易公司债券的交易价格产生较大影响的重大事件，投资者尚未得知时，公司应当立即将有关该重大事件的情况向国务院证券监督管理机构和证券交易场所报送临时报告，并予公告，说明事件的起因、目前的状态和可能产生的法律后果。

上述所称重大事件包括：

（1）公司股权结构或者生产经营状况发生重大变化；

（2）公司债券信用评级发生变化；

（3）公司重大资产抵押、质押、出售、转让、报废；

（4）公司发生未能清偿到期债务的情况；

（5）公司新增借款或者对外提供担保超过上年末净资产的 20%；

（6）公司放弃债权或者财产超过上年末净资产的 10%；

（7）公司发生超过上年末净资产 10%的重大损失；

（8）公司分配股利，作出减资、合并、分立、解散、申请破产决定，或者依法进入破产程序、被责令关闭；

（9）涉及公司的重大诉讼、仲裁；

（10）公司涉嫌犯罪被依法立案调查，公司的控股股东、实际控制人、董事、监事、高级管理人员涉嫌犯罪被依法采取强制措施；

（11）国务院证券监督管理机构规定的其他事项。

（三）发行人的董事、监事、高级管理人员在信息披露工作中的职责

（1）发行人的董事、高级管理人员应当对证券发行文件和定期报告签署书面确认意见。

（2）发行人的监事会应当对董事会编制的证券发行文件和定期报告进行审核并提出书面审核意见。监事应当签署书面确认意见。

（3）高级管理人员应当及时向董事会报告有关公司经营或者财务方面出现的重大事件、已披露的事件的进展或者变化情况及其他相关信息。

（4）发行人的董事、监事和高级管理人员应当保证发行人及时、公平地披露信息，所披露的信息真实、准确、完整。

（5）董事、监事和高级管理人员无法保证证券发行文件和定期报告内容的真实性、准确性、完整性或者有异议的，应当在书面确认意见中发表意见并陈述理由，发行人应当披露。发行人不予披露的，董事、监事和高级管理人员可以直接申请披露。

（6）信息披露义务人披露的信息应当同时向所有投资者披露，不得提前向任何单位和个人泄露。但是，法律、行政法规另有规定的除外。

（7）发行人及其控股股东、实际控制人、董事、监事、高级管理人员等作出公开承诺的，应当披露。不履行承诺给投资者造成损失的，应当依法承担赔偿责任。

（四）上市公司的股东、实际控制人在信息披露中的职责

上市公司的股东、实际控制人发生以下事件时，应当主动告知上市公司董事会，并配合上市公司履行信息披露义务：

（1）持有公司5%以上股份的股东或者实际控制人，其持有股份或者控制公司的情况发生较大变化；

（2）法院裁决禁止控股股东转让其所持股份，任一股东所持公司5%以上股份被质押、冻结、司法拍卖、托管、设定信托或者被依法限制表决权；

（3）拟对上市公司进行重大资产或者业务重组；

（4）中国证监会规定的其他情形。

本节考核的知识点

1. 了解《证券法》的适用范围。

2. 了解信息披露的内容。

3. 了解股东、实际控制人、董事、监事、高级管理人员在信息披露工作中的职责。

第2节　证券的发行

一、证券发行的条件

（一）股票发行的条件

1. 募集设立发行的条件

针对为设立股份有限公司而公开发行股票的情形，《证券法》规定，应当符合《公司法》规定的条件和经国务院批准的国务院证券监督管理机构规定的其他条件，向国务院证券监督管理机构报送募股申请和相关法定文件。

2. 首次公开发行新股的条件

（1）主体方面。发行人是依法设立且持续经营3年以上的股份有限公司，具备健全且运行良好的组织机构，相关机构和人员能够依法履行职责。有限责任公司按原账面净资产值折股整体变更为股份有限公司的，持续经营时间可以从有限责任公司成立之日起计算。

（2）财务会计和内控方面。发行人会计基础工作规范，财务报表的编制和披露符合企业会计准则和相关信息披露规则的规定，在所有重大方面公允地反映了发行人的财务状况、经营成果和现金流量，最近3年财务会计报告由注册会计师出具无保留意见的审计报告。发行人内部控制制度健全且被有效执行，能够合理保证公司运行效率、合法合规和财务报告的可靠性，并由注册会计师出具无保留结论的内部控制鉴证报告。

（3）持续经营能力方面。发行人业务完整，具有直接面向市场独立持续经营的能力：1）资产完整，业务及人员、财务、机构独立，与控股股东、实际控制人及其控制的其他企业间不存在对发行人构成重大不利影响的同业竞争，不存在严重影响独立性或者显失公平的关联交易。2）主营业务、控制权和管理团队稳定，首次公开发行股票并在主板上市的，最近3年内主营业务和董事、高级管理人员均没有发生重大不利变化；首次公开发行股票并在科创板、创业板上市的，最近2年内主营业务和董事、高级管理人员均没有发生重大不利变化；首次公开发行股票并在科创板上市的，核心技术人员应当稳定且最近2年内没有发生重大不利变化；发行人的股份权属清晰，不存在导致控制权可能变更的重大权属纠纷，首次公开发行股票并在主板上市的，最近3年实际控制人没有发生变更；首次公开发行股票并在科创板、创业板上市的，最近2年实际控制人没有发生变更。3）不存在涉及主要资产、核心技术、商标等的重大权属纠纷，重大偿债风险，重大担保、诉讼、仲裁等或有事项，经营环境已经或者将要发生重大变化等对持续经营有重大不利影响的事项。

（4）公司治理方面。发行人生产经营符合法律、行政法规的规定，符合国家产业政策。最近3年内，发行人及其控股股东、实际控制人不存在贪污、贿赂、侵占财产、挪用财产或者破坏社会主义市场经济秩序的刑事犯罪，不存在欺诈发行、重大信息披露违法或者其他涉及国家安全、公共安全、生态安全、生产安全、公众健康安全等领域的重大违法行为。董事、监事和高级管理人员不存在最近3年内受到中国证监会行政处罚，或者因涉嫌犯罪正在被司法机关立案侦查或者涉嫌违法违规正在被中国证监会立案调查且尚未有明确结论意见等情形。

3. 上市公司发行新股的条件

（1）积极条件。根据《上市公司证券发行注册管理办法》的规定，上市公司向不特定对象发行股票，应当符合下列规定：1）具备健全且运行良好的组织机构。2）现任董事、监事和高级管理人员符合法律、行政法规规定的任职要求。3）具有完整的业务体系和直接面向市场独立经营的能力，不存在对持续经营有重大不利影响的情形。4）会计基础工作规范，内部控制制度健全且有效执行，财务报表的编制和披露符合企业会计准则和相关信息披露规则的规定，在所有重大方面公允反映了上市公司的财务状况、经营成果和现金流量，最近3年财务会计报告被出具无保留意见审计报告。5）除金融类企业外，最近一期末不存在金额较大的财务性投资。6）证券交易所主板上市公司配股、增发的，应当最近3个会计年度盈利；增发还应当满足最近3个会计年度加权平均净资产收益率平均不低于6%；净利润以扣除非经常性损益前后孰低者为计算依据。

（2）消极条件。根据《上市公司证券发行注册管理办法》的规定，上市公司存在下列情形之一的，不得向不特定对象发行股票：1）擅自改变前次募集资金用途未作纠正，或者未经股东会认可；2）上市公司或者其现任董事、监事和高级管理人员最近3年受到中国证监会行政处罚，或者最近1年受到证券交易所公开谴责，或者因涉嫌犯罪正在被司法机关立案侦查或者涉嫌违法违规正在被中国证监会立案调查；3）上市公司或者其控股股东、实际控制人最近1年存在未履行向投资者作出的公开承诺的情形；4）上市公司或者其控股股东、实际控制人最近3年存在贪污、贿赂、侵占财产、挪用财产或者破坏社会主义市场经济秩序的刑事犯罪，或者存在严重损害上市公司利益、投资者合法权益、社会公共利益的重大违法行为。

4. 对配股和增发的特别要求

（1）配股的承销方式。上市公司配股的，拟配售股份数量不超过本次配售前股本总额的50%，并应当采用代销方式发行。控股股东应当在股东会会议召开前公开承诺认配股份的数量。控股股东不履行认配股份的承诺，或者代销期限届满，原股东认购股票的数量未达到拟配售数量70%的，上市公司应当按照发行价并加算银行同期存款利息返还已经认购的股东。

（2）增发的发行价格。上市公司增发的，发行价格应当不低于公告招股意向书前20个交易日或者前1个交易日公司股票均价。

5. 向特定对象发行证券的特别要求

（1）发行对象的数量。上市公司向特定对象发行证券，发行对象应当符合股东会决议规定的条件，且每次发行对象不超过35名。发行对象为境外战略投资者的，应当遵守国家的相关规定。

（2）发行价格和定价基准日。上市公司向特定对象发行股票，发行价格应当不低于定价基准日前20个交易日公司股票均价的80%。

（3）向特定对象发行证券的销售方式。根据《证券发行与承销管理办法》的规定，上市公司向特定对象发行证券可以采用自行销售的方式，并遵守中国证监会和证券交易所的相关规定；未采用自行销售方式的，应当采用代销方式。

（4）限售。向特定对象发行的股票，自发行结束之日起6个月内不得转让。发行对象属于“关联人”的，其认购的股票自发行结束之日起18个月内不得转让。

（二）公司债券公开发行的条件

1. 积极条件

根据《公司债券发行与交易管理办法》的规定，公开发行公司债券，应当符合下列条件：（1）具备健全且运行良好的组织机构；（2）最近3年平均可分配利润足以支付公司债券1年的利息；（3）具有合理的资产负债结构和正常的现金流量；（4）国务院规定的其他条件。

此外，资信状况符合以下标准的公开发行公司债券，专业投资者和普通投资者都可以参与认购：（1）发行人最近3年无债务违约或者延迟支付本息的事实；（2）发行人最近3年平均可分配利润不少于债券1年利息的1.5倍；（3）发行人最近一期末净资产规模不少于250亿元；（4）发行人最近36个月内累计公开发行债券不少于3期，发行规模不少于100亿元；（5）中国证监会根据投资者保护的需要规定的其他条件。未达前述5个规定标准的公开发行公司债券，仅限于专业投资者参与认购。

2. 消极条件

根据《公司债券发行与交易管理办法》的规定，存在下列情形之一的，不得再次公开发行公司债券：（1）对已公开发行的公司债券或者其他债务有违约或者延迟支付本息的事实，仍处于继续状态；（2）违反《证券法》规定，改变公开发行公司债券所募资金用途。

二、证券发行的程序

（一）股票发行的程序

1. 首次公开发行股票的程序

首次公开发行股票应履行注册程序。

（1）董事会决议。发行人董事会应当依法就本次股票发行的具体方案、本次募集资金使用的可行性及其他必须明确的事项作出决议，并提请股东会批准。

（2）股东会决议。发行人股东会就本次发行股票作出的决议，至少应当包括下列事项：本次公开发行股票的种类和数量；发行对象；定价方式；募集资金用途；发行前滚存利润的分配方案；决议的有效期；对董事会办理本次发行具体事宜的授权；其他必须明确的事项。

（3）制作发行注册申请文件并向证券交易所申报。发行人申请首次公开发行股票并上市，应当按照中国证监会有关规定制作注册申请文件，依法由保荐人保荐并向证券交易所申报。证券交易所收到注册申请文件后，在5个工作日内作出是否受理的决定。

（4）证券交易所审核。证券交易所设立独立的审核部门，负责审核发行人公开发行并上市申请；证券交易所认为发行人符合发行条件和信息披露要求的，将审核意见、发行人注册申请文件及相关审核资料报中国证监会注册；认为发行人不符合发行条件或者信息披露要求的，作出终止发行上市审核决定。

（5）中国证监会履行注册程序。中国证监会收到证券交易所审核意见及相关资料后，基于证券交易所审核意见，依法履行发行注册程序。在20个工作日内对发行人的注册申请作出予以注册或者不予注册的决定。中国证监会作出予以注册决定后、发行人股票上市交易前，发现相关重大事项导致发行人不符合发行条件的，应当撤销注册。撤销注册后，股票尚未发行的，发行人应当停止发行；已经发行尚未上市的，发行人应当按照发行价并加算银行同期存款利息返还股票持有人。

证券交易所认为发行人不符合发行条件或者信息披露要求，作出终止发行上市审核决定，或者中国证监会作出不予注册决定的，自决定作出之日起6个月后，发行人可以再次提出公开发行股票并上市申请。

2. 上市公司发行新股的程序

（1）董事会决议。上市公司董事会拟引入战略投资者的，应当将引入战略投资者的事项作为单独议案，就每名战略投资者单独审议，并提交股东会批准。

（2）股东会决议。股东会就发行股票事项作出决议，必须经出席会议的股东所持表决权的2/3以上通过，中小投资者表决情况应当单独计票。向本公司特定的股东及其关联人发行股票的，股东会就发行方案进行表决时，关联股东应当回避。股东会对引入战略投资者议案作出决议的，应当就每名战略投资者单独表决。

（3）制作注册申请文件并向证券交易所申报。上市公司应当按照中国证监会有关规定制作注册申请文件，依法由保荐人保荐并向证券交易所申报。证券交易所收到注册申请文件后，5个工作日内作出是否受理的决定。

（4）证券交易所审核。证券交易所审核部门负责审核上市公司股票发行上市申请，认为上市公司符合发行条件和信息披露要求的，将审核意见、上市公司注册申请文件及相关审核资料报中国证监会注册；认为上市公司不符合发行条件或者信息披露要求的，作出终止发行上市审核决定。

（5）中国证监会履行注册程序。中国证监会收到证券交易所审核意见及相关资料后，基于证券交易所审核意见，依法履行发行注册程序。在15个工作日内对上市公司的注册申请作出予以注册或者不予注册的决定。

（二）公司债券公开发行的注册程序

1. 制作注册申请文件并向证券交易所申报

发行人公开发行公司债券，应当按照中国证监会有关规定制作注册申请文件，由发行人向证券交易所申报。证券交易所收到注册申请文件后，在5个工作日内作出是否受理的决定。

2. 证券交易所审核

证券交易所负责审核发行人公开发行公司债券并上市申请。认为发行人符合发行条件和信息披露要求的，将审核意见、注册申请文件及相关审核资料报送中国证监会履行发行注册程序。认为发行人不符合发行条件或信息披露要求的，作出终止发行上市审核决定。

3. 中国证监会履行注册程序

中国证监会收到证券交易所报送的审核意见、发行人注册申请文件及相关审核资料后，履行发行注册程序。

4. 撤销注册

中国证监会作出注册决定后、发行人公司债券上市前，发现可能影响本次发行的重大事项的，中国证监会可以要求发行人暂缓或者暂停发行、上市；相关重大事项导致发行人不符合发行条件的，可以撤销注册。中国证监会撤销注册后，公司债券尚未发行的，发行人应当停止发行；公司债券已经发行尚未上市的，发行人应当按照发行价并加算银行同期存款利息返还债券持有人。

（三）欺诈发行股票的回购责任

1. 欺诈发行回购的概念

欺诈发行回购，是指在股票已发行并上市之后，发行人被发现在发行注册过程中存在欺诈的，中国证监会可以责令发行人回购股票，或者责令负有责任的控股股东、实际控制人买回股票。但如果发行人和负有责任的控股股东、实际控制人明显不具备回购能力，或者存在其他不适合采取责令回购措施情形的，可不适用责令回购。

2. 欺诈发行回购责任的法律性质

欺诈发行回购本质上属于一种行政法律责任，即中国证监会以责令回购决定书的方式责令发行人或负有责任的控股股东、实际控制人回购已欺诈发行并上市的股票，所以又称“责令回购”。根据《欺诈发行上市股票责令回购实施办法（试行）》的规定，责令回购决定书应当包括回购方案的制定期限，回购对象范围，回购股份数量，发行人和负有责任的控股股东、实际控制人各自需要承担的回购股份比例，回购价格或者价格确定方式等内容。

发行人或者负有责任的控股股东、实际控制人不服责令回购决定的，可以在法定期限内申请行政复议或者提起行政诉讼，但复议或者诉讼期间责令回购决定不停止执行。发行人或者负有责任的控股股东、实际控制人履行责令回购决定，主动消除或者减轻欺诈发行行为危害后果的，中国证监会依法对其从轻或者减轻行政处罚。

3. 回购股票的范围

根据《欺诈发行上市股票责令回购实施办法（试行）》的规定，发行人或者负有责任的控股股东、实际控制人按照中国证监会的决定回购欺诈发行的股票的，应当向自本次发行至欺诈发行揭露日或者更正日期间买入欺诈发行的股票，且在回购时仍然持有股票的投资者发出要约。但下列股票不得纳入回购范围：（1）对欺诈发行负有责任的发行人的董事、监事、高级管理人员、控股股东、实际控制人持有的股票；（2）对欺诈发行负有责任的证券公司因包销买入的股票；（3）投资者知悉或者应当知悉发行人在证券发行文件中隐瞒重要事实或者编造重大虚假内容后买入的股票。

4. 欺诈发行回购责任与民事责任的衔接

根据《欺诈发行上市股票责令回购实施办法（试行）》的规定，发行人或者负有责任的控股股东、实际控制人拒不按照责令回购决定制订股票回购方案的，投资者可以依据责令回购决定确定的回购对象范围、回购价格等向人民法院提起民事诉讼，要求履行回购义务。投资者对发行人或者负有责任的控股股东、实际控制人制订的股票回购方案有争议，或者要求发行人及负有责任的控股股东、实际控制人按照股票回购方案履行回购义务的，可以依法向人民法院提起民事诉讼，并可以在取得生效判决、裁定后申请强制执行。

本节考核的知识点

1. 重点掌握股票、债券发行的条件。
2. 了解证券发行的程序。
3. 欺诈发行股票的回购责任。

第3节 证券交易

一、交易所市场

目前我国的交易所市场主要为上海证券交易所、深圳证券交易所、北京证券交易所；集中交易的公开型场外市场目前主要是全国股转系统。

1. 主板市场

我国的交易所市场，即场内市场，主要由三个证券交易所（上海证券交易所、深圳证券交易所和北京证券交易所）分别设立的板块共同构成。其中，上海证券交易所的主板和深圳证券交易所的主板被视为我国的主板市场。主板突出“大盘蓝筹”特色，重点支持业务模式成熟、经营业绩稳定、规模较大、具有行业代表性的优质企业。

2. 创业板与科创板——二板市场

根据其所服务企业的属性和上市条件，深圳证券交易所的创业板和上海证券交易所的科创板可被定位为我国的二板市场。

科创板面向世界科技前沿、面向经济主战场、面向国家重大需求。优先支持符合国家战略、拥有关键核心技术、科技创新能力突出、主要依靠核心技术开展生产经营、具有稳定的商业模式、市场认可度高、社会形象良好、具有较强成长性的企业。

创业板深入贯彻创新驱动发展战略，适应发展更多依靠创新、创造、创意的大趋势，主要服务成长型创新创业企业，支持传统产业与新技术、新产业、新业态、新模式深度融合。

3. 北京证券交易所

北京证券交易所于2021年9月3日注册成立，是经国务院批准设立的中国第一家公司制证券交易所，受中国证监会监督管理。北京证券交易所适用注册制，公开发行申请报北京证券交易所审核并经中国证监会注册。其特点在于：（1）发行人的范围有法定限制。存量发行人为全国股转系统原精选层的挂牌公司；新增发行人为在全国股转系统连续挂牌满 12 个月的创新层挂牌公司。（2）投资者范围有法定限制。发行人仅可以向不特定的合格投资者进行公开发行，即投资者应符合中国证监会和北京证券交易所关于投资者适当性的管理规定。

4. 全国股转系统——俗称“新三板”

全国股转系统的主要特征表现为：（1）服务对象主要是创新型、创业型、成长型中小微企业。（2）内部进一步分层。全国股转系统分为基础层、创新层和精选层，精选层已挂牌公司全部转为北京证券交易所第一批上市公司。（3）实行较为严格的投资者适当性制度。（4）交易方式可以采取协议方式、做市方式、竞价方式或其他中国证监会批准的转让方式。

5. 区域性股权市场

区域性股权市场是私募市场，其功能定位是“非公开发行证券的发行、转让”。各地的产权交易所应遵守以下要求：（1）不得将任何权益拆分为均等份额公开发行；（2）不得采取集中交易方式进行交易；（3）不得将权益按照标准化交易单位持续挂牌交易；（4）权益持有人累计不得超过 200 人；（5）不得以集中交易方式进行标准化合约交易；（6）未经国务院相关金融管理部门批准，不得设立从事保险、信贷、黄金等金融产品交易的交易场所，其他任何交易场所也不得从事保险、信贷、黄金等金融产品交易。

三、股票的上市与退市

1. 股票上市的条件

我国上海证券交易所、深圳证券交易所分别对主板、科创板和创业板的股票上市进行了不同的规定。例如，根据《上海证券交易所股票上市规则》的规定，境内发行人申请首次公开发行股票并在上海证券交易所上市，应当符合下列条件：

（1）符合《证券法》、中国证监会规定的发行条件。

（2）发行后的股本总额不低于 5 000 万元。

（3）公开发行的股份达到公司股份总数的 25%以上；公司股本总额超过 4 亿元的，公开发行股份的比例为 10%以上。

（4）市值及财务指标符合《上海证券交易所股票上市规则》规定的标准。

（5）上海证券交易所要求的其他条件。

上海证券交易所可以根据市场情况，经中国证监会批准，对上市条件和具体标准进行调整。其中，前述市值及财务指标符合《上海证券交易所股票上市规则》规定的标准，是指应当至少符合下列标准中的一项：（1）最近 3 年净利润均为正，且最近 3 年净利润累计不低于 2 亿元，最近一年净利润不低于 1 亿元，最近 3 年经营活动产生的现金流量净额累计不低于 2 亿元或营业收入累计不低于 15 亿元；（2）预计市值不低于 50 亿元，且最近一年净利润为正，最近一年营业收入不低于 6 亿元，最近 3 年经营活动产生的现金流量净额累计不低于 2.5 亿元；（3）预计市值不低于100亿元，且最近一年净利润为正，最近一年营业收入不低于10亿元。

《上海证券交易所科创板股票上市规则》和《深圳证券交易所创业板股票上市规则》规定了与主板不同的上市条件，尤其是在市值及财务指标方面，既有明确的数量门槛标准，又更为多样化和包容化。在北京证券交易所上市，其上市条件适用《北京证券交易所股票上市规则（试行）》的规定。

2. 股票终止上市

（1）主动退市。主动退市可以采取三种模式：1）上市公司基于公司内部决议主动向证券交易所提出退市申请；2）由上市公司、上市公司股东或者其他收购人通过向所有股东发出收购全部或部分股份的要约，或者因为公司回购，导致公司股本总额、股权分布等发生变化不再具备上市条件；3）上市公司因新设或者吸收合并，不再具有独立主体资格并被注销，或者上市公司股东会决议解散。

主动退市的股票不进入退市整理期交易，证券交易所在公告股票终止上市决定之日后就可对主动退市公司予以摘牌，公司股票终止上市。此外，主动退市公司并不一定要进入全国股转系统交易，而是可以选择在（其他）证券交易场所交易或转让其股票，或者依法作出其他安排并且可以随时向证券交易所提出重新上市申请。

（2）强制退市。强制退市适用于：1）重大违法行为；2）不能满足证券交易所规定的交易指标、财务指标或规范运作等要求。

当证券交易所作出终止上市决定时，股票并非立即退出交易，通常进入退市整理期。进入退市整理期的股票在其简称前冠以“退市”标识。退市整理期除了不适用于主动退市之外，交易类强制退市股票也不进入退市整理期交易。强制退市公司应进入全国股转系统交易。对于因欺诈发行被实施重大违法类强制退市的公司，其股票被终止上市后，不得向证券交易所申请重新上市。

四、禁止的交易行为

（一）内幕交易行为

内幕交易是指证券交易内幕信息的知情人员和非法获取内幕信息的人利用内幕信息进行证券交易的行为。

1. 内幕信息知情人员的界定

（1）发行人及其董事、监事、高级管理人员；

（2）持有公司5%以上股份的股东及其董事、监事、高级管理人员，公司的实际控制人及其董事、监事、高级管理人员；

（3）发行人控股或者实际控制的公司及其董事、监事、高级管理人员；

（4）由于所任公司职务或者因与公司业务往来可以获取公司有关内幕信息的人员；

（5）上市公司收购人或者重大资产交易方及其控股股东、实际控制人、董事、监事和高级管理人员；

（6）因职务、工作可以获取内幕信息的证券交易场所、证券登记结算机构、证券公司、证券服务机构的有关人员；

（7）因职责、工作可以获取内幕信息的证券监督管理机构工作人员；

（8）因法定职责对证券的发行、交易或者对上市公司及其收购、重大资产交易进行管理可以获取内幕信息的有关主管部门、监管机构的工作人员；

（9）国务院证券监督管理机构规定的可以获取内幕信息的其他人员。

2. 非法获取证券内幕信息人员的界定

（1）利用窃取、骗取、套取、窃听、利诱、刺探或者私下交易等手段获取内幕信息的；

（2）内幕信息知情人员的近亲属或者其他与内幕信息知情人员关系密切的人员，在内幕信息敏感期内，从事或者明示、暗示他人从事，或者泄露内幕信息导致他人从事与该内幕信息有关的证券、期货交易，相关交易行为明显异常，且无正当理由或者正当信息来源的；

（3）在内幕信息敏感期内，与内幕信息知情人员联络、接触，从事或者明示、暗示他人从事，或者泄露内幕信息导致他人从事与该内幕信息有关的证券、期货交易，相关交易行为明显异常，且无正当理由或者正当信息来源的。

3. 内幕信息的界定

证券交易活动中，涉及发行人的经营、财务或者对该发行人证券的市场价格有重大影响的尚未公开的信息为内幕信息。包括《证券法》第八十条第二款和第八十一条第二款规定的，发生可能对上市公司股票交易价格、股票在国务院批准的其他全国性证券交易场所交易的公司的股票交易价格，上市交易公司债券的交易价格，产生较大影响的，应予以临时报告的重大事件。

4. 内幕交易的行为表现

（1）自行买卖。行为人在内幕信息敏感期内，自行买卖与内幕信息直接相关的发行人的证券。

（2）建议买卖。行为人在内幕信息敏感期内，（明示或暗示）建议他人买卖与内幕信息直接相关的发行人证券。

（3）泄露内幕信息并导致他人买卖。行为人在内幕信息敏感期内，泄露内幕信息并导致他人买卖，而不论其泄露时的主观状态。但是，如果信息接收者仅仅只是单纯接收信息，既未再次泄露、又未自行买卖或建议他人买卖，则不属于内幕交易、泄露内幕信息的范畴。

（二）操纵证券市场

操纵证券市场是指单位或个人以获取利益或者减少损失为目的，利用其资金、持股或信息等优势或者利用其他手段影响或者意图影响证券市场价格，扰乱证券市场秩序的行为。其表现为：

（1）单独或者通过合谋，集中资金优势、持股优势或者利用信息优势联合或者连续买卖，操纵证券交易价格或者证券交易量；

（2）与他人串通，以事先约定的时间、价格和方式相互进行证券交易，影响证券交易价格或者证券交易量；

（3）在自己实际控制的账户之间进行证券交易，影响证券交易价格或者证券交易量；

（4）不以成交为目的，频繁或者大量申报并撤销申报；

（5）利用虚假或者不确定的重大信息，诱导投资者进行证券交易；

（6）对证券、发行人公开作出评价、预测或者投资建议，并进行反向证券交易；

（7）利用在其他相关市场的活动操纵证券市场；

（8）操纵证券市场的其他手段。

（三）虚假陈述行为

虚假陈述是指信息披露义务人违反证券法律规定，在证券发行或者交易过程中，对重大事件作出违背事实真相的虚假记载、误导性陈述，或者在披露信息时发生重大遗漏、不正当披露信息的行为。包括：

（1）发行人、上市公司和其他信息披露义务人在招股说明书、公司债券募集办法、上市公告书、公司定期报告、临时报告及其他文件中作出虚假陈述。

（2）律师事务所、会计师事务所、资产评估机构等专业性证券服务机构在其出具的法律意见书、审计报告、资产评估报告及参与制作的其他文件中作出虚假陈述。

（3）上述人等在向证券监督管理部门提交的各种文件、报告和说明中作出虚假陈述。

（4）发行人、上市公司和其他信息披露义务人未按照规定披露信息，包括未按照规定的方式进行披露、未及时披露等。

（5）在证券发行、交易及其相关活动中的其他虚假陈述。

（四）欺诈客户

欺诈客户是指证券公司及其从业人员在证券交易及相关活动中，违背客户真实意愿，侵害客户利益的行为。包括：

（1）违背客户的委托为其买卖证券。

（2）不在规定时间内向客户提供交易的书面确认文件。

（3）挪用客户所委托买卖的证券或者客户账户上的资金。

（4）未经客户的委托，擅自为客户买卖证券，或者假借客户的名义买卖证券。

（5）为牟取佣金收入，诱使客户进行不必要的证券买卖。

（6）其他违背客户真实意思表示，损害客户利益的行为。

（五）其他禁止的交易行为

（1）短线交易行为。上市公司、股票在国务院批准的其他全国性证券交易场所交易的公司持有5%以上股份的股东、董事、监事、高级管理人员，将其持有的该公司的股票或者其他具有股权性质的证券在买入后6个月内卖出，或者在卖出后6个月内又买入，由此所得收益归该公司所有，公司董事会应当收回其所得收益。但是，证券公司因购入包销售后剩余股票而持有5%以上股份，以及有国务院证券监督管理机构规定的其他情形的除外。

（2）利用未公开信息交易行为。禁止证券交易场所、证券公司、证券登记结算机构、证券服务机构和其他金融机构的从业人员、有关监管部门或者行业协会的工作人员，利用因职务便利获取的内幕信息以外的其他未公开的信息，违反规定，从事与该信息相关的证券交易活动，或者明示、暗示他人从事相关交易活动。

本节考核的知识点

1. 证券交易：重点掌握股票的上市与退市。
2. 禁止的交易行为：重点掌握内幕交易行为、虚假陈述行为的表现。

第4节 上市公司的收购

一、上市公司收购的概念

上市公司收购是指收购人通过在证券交易所的证券交易活动持有一个上市公司的股份达到一定比例或者通过证券交易所证券交易活动以外的其他合法方式控制一个上市公司的股份达到一定程度，导致其获得或者可能获得对该公司的实际控制权的行为。控制权的表现为：（1）投资者为上市公司持股50%以上的控股股东；（2）投资者可以实际支配的上市公司股份表决权超过30%；（3）投资者通过实际支配上市公司股份表决权能够决定公司董事会半数以上成员选任；（4）投资者依其可实际支配的上市公司股份表决权足以对公司股东会的决议产生重大影响；（5）中国证监会认定的其他情形。

二、上市公司收购人

上市公司收购人是指意图通过取得股份的方式成为一个上市公司的控股股东，或者通过投资关系、协议、其他安排的途径成为一个上市公司的实际控制人的投资者及其一致行动人。收购人包括投资者及与其一致行动的他人。如果没有相反的证据，投资者有下列情形之一的，为一致行动人：（1）投资者之间有股权控制关系；（2）投资者受同一主体控制；（3）投资者的董事、监事或者高级管理人员中的主要成员，同时在另一个投资者担任董事、监事或者高级管理人员；（4）投资者参股另一投资者，可以对参股公司的重大决策产生重大影响；（5）银行以外的其他法人、其他组织和自然人为投资者取得相关股份提供融资安排；（6）投资者之间存在合伙、合作、联营等其他经济利益关系；（7）持有投资者30%以上股份的自然人，与投资者持有同一上市公司股份；（8）在投资者任职的董事、监事及高级管理人员，与投资者持有同一上市公司股份；（9）持有投资者30%以上股份的自然人和在投资者任职的董事、监事及高级管理人员，其父母、配偶、子女及其配偶、配偶的父母、兄弟姐妹及其配偶、配偶的兄弟姐妹及其配偶等亲属，与投资者持有同一上市公司股份；（10）在上市公司任职的董事、监事、高级管理人员及其前项所述亲属同时持有本公司股份的，或者与其自己或者其前项所述亲属直接或者间接控制的企业同时持有本公司股份；（11）上市公司董事、监事、高级管理人员和员工与其所控制或者委托的法人或者其他组织持有本公司股份；（12）投资者之间具有其他关联关系。

投资者及其一致行动人在一个上市公司中拥有的权益应当合并计算。

上市公司的收购人应当具备一定的实力，具有良好的信誉。有下列情形之一的，不得收购上市公司：

（1）收购人负有数额较大的债务，到期未清偿，且处于持续状态。

（2）收购人最近3年有重大违法行为或者涉嫌有重大违法行为。

（3）收购人最近3年有严重的证券市场失信行为。

（4）收购人为自然人的，存在《公司法》规定的不得担任公司董事、监事、高级管理人员的五种情形：1）无民事行为能力或者限制民事行为能力。2）因贪污、贿赂、侵占财产、挪用财产或者破坏社会主义市场经济秩序，被判处刑罚，或者因犯罪被剥夺政治权利，执行期满未逾5年，被宣告缓刑的，自缓刑考验期满之日起未逾2年。3）担任破产清算的公司、企业的董事或者厂长、经理，对该公司、企业的破产负有个人责任的，自该公司、企业破产清算完结之日起未逾3年。4）担任因违法被吊销营业执照、责令关闭的公司、企业的法定代表人，并负有个人责任的，自该公司、企业被吊销营业执照、责令关闭之日起未逾3年。5）个人因所负数额较大债务到期未清偿被人民法院列为失信被执行人。

（5）法律、行政法规规定以及中国证监会认定的不得收购上市公司的其他情形。

三、上市公司收购中有关当事人的义务

（一）收购人的义务

（1）报告义务。实施要约收购的收购人必须事先向中国证监会报送上市公司收购报告书，在要约收购完成后，收购人应当在15日内将收购情况报告中国证监会和证券交易所。

（2）禁售义务。收购人在要约收购期内，不得卖出被收购公司的股票。

（3）锁定义务。收购人持有的被收购的上市公司的股票，在收购行为完成后的18个月内不得转让。但是，收购人在被收购的公司中拥有权益的股份在同一实际控制人控制的不同主体之间进行转让不受前述18个月的限制，但应当遵守有关豁免申请的规定。

在一个上市公司中拥有权益的股份达到或者超过该公司已发行股份的30%的，自上述事实发生之日起1年后，每12个月内增持不超过该公司已发行的2%的股份，该增持不超过2%的股份锁定期为增持行为完成之日起6个月。

（二）被收购人的义务

（1）在协议收购中，被收购公司的控股股东或者实际控制人不得滥用股东权利，损害被收购公司或者其他股东的合法权益。

（2）被收购公司的董事、监事和高级管理人员对公司负有忠实义务和勤勉义务，应当公平对待收购本公司的所有收购人。

四、上市公司收购的方式

（一）要约收购

要约收购是指收购人在证券交易所的集中竞价系统之外，直接向股东发出要

购买其手中持有股票的一种收购方式。

1. 收购要约的发出

通过证券交易所的证券交易（不是通过协议收购），投资者持有或者通过协议、其他安排与他人共同持有一个上市公司的股份达到该公司已发行的有表决权股份 30%时，继续增持股份的，应当采取向被收购公司的股东发出收购要约的方式进行收购。

2. 收购要约的适用条件

（1）持股比例达到 30%；

（2）继续增持股份。

3. 收购要约的期限

收购要约约定的收购期限不得少于 30 天，并不得超过 60 天，但是出现竞争要约的除外。

4. 收购要约的撤销

在收购要约确定的承诺期限内，收购人不得撤销其收购要约。

5. 收购要约的变更

收购人需要变更收购要约的，应当及时公告，载明具体变更事项。

收购要约期限届满前 15 日内，收购人不得变更收购要约，但是出现竞争要约的除外。在要约收购期间，该收购公司董事不得辞职。

（二）协议收购

协议收购是指由收购人和被收购公司的控股股东之间通过协议转让股权的方式完成控制权转移。具体要求是：

（1）采取协议方式收购上市公司的，收购协议达成后，收购人必须在 3 日内将该收购协议向中国证监会、证券交易所作出书面报告，并予公告。在公告前不得履行收购协议。

（2）采取协议收购方式，收购人收购或者通过协议、其他安排与他人共同收购一个上市公司已发行的有表决权股份达到 30%时，继续进行收购的，应当依法向该上市公司所有股东发出收购上市公司全部或者部分股份的要约，但是按照国务院证券监督管理机构的规定免除发出要约的除外。

五、上市公司收购的法律后果

（1）收购期限届满，被收购公司股权分布不符合上市条件的，该上市公司的股票应当由证券交易所依法终止上市交易。其余仍持有被收购公司股票的股东，有权向收购人以收购要约的同等条件出售其股票，收购人应当收购。

（2）收购行为完成后，收购人与被收购公司合并，并将该公司解散的，被解散公司的原有股票由收购人依法更换。

（3）收购行为完成后，收购人应当在 15 日内将收购情况报告国务院证券监督管理机构和证券交易所，并予公告。

本节考核的知识点

1. 上市公司收购的概念；重点掌握拥有实际控制权的表现。
2. 收购人：重点掌握一致行动人的范围、对收购人的资格要求。
3. 收购方式：重点掌握要约收购的条件、期限、变更、撤销。

第 7 章即测即评

练习题

选择题

1. 根据证券法律制度的规定，下列情形中，属于公开发行的是（　　）。

A. 向不特定对象发行证券
B. 向累计不超过 100 人的特定对象发行证券
C. 向累计不超过 200 人的特定对象发行证券
D. 向累计超过 200 人的特定对象发行证券

2. 根据证券法律制度的规定，上市公司发生的下列事件中，应当立即公告的有（　　）。

A. 公司经理发生变动　　B. 公司 40%的监事发生变动
C. 公司财务负责人发生变动　　D. 人民法院依法撤销董事会决议

3. 甲公司拟收购乙上市公司。根据证券法律制度的规定，下列投资者中，如无相反证据，属于甲公司一致行动人的有（　　）。

A. 由甲公司的监事担任董事的丙公司
B. 持有乙公司 1%股份且为甲公司董事之弟的张某
C. 持有甲公司 20%股份且持有乙公司 3%股份的王某
D. 在甲公司中担任董事会秘书且持有乙公司 2%股份的李某

4. 根据证券法律制度的规定，某上市公司的下列人员中，不得将其持有的该公司的股票在买入后 6 个月内卖出，或者在卖出后 6 个月内又买入的有（　　）。

A. 董事会秘书　　B. 监事会主席
C. 财务负责人　　D. 副总经理

5. 下列人员中，不属于《证券法》规定的证券交易内幕信息的知情人员的是（　　）。

A. 上市公司的总会计师　　B. 持有上市公司 3%股份的股东
C. 上市公司控股的公司的董事　　D. 上市公司的监事

6. 根据证券法律制度的规定，下列尚未公开的信息中，属于内幕信息的有（　　）。

A. 公司营业用主要资产的抵押一次达到该资产的 20%
B. 公司经理的行为可能依法承担重大损害赔偿责任
C. 上市公司董事长发生变动

D. 公司债务担保的重大变更

7. 根据证券法律制度的规定，下列各项中，属于禁止的证券交易行为的有（　　）。

A. 甲证券公司在证券交易活动中编造并传播虚假信息，严重影响证券交易

B. 乙证券公司不在规定的时间内向客户提供交易的书面确认文件

C. 丙证券公司利用资金优势，连续买卖某上市公司股票，操纵该股票交易价格

D. 上市公司董事王某知悉该公司近期未能清偿到期重大债务，在该信息公开前将自己所持有的股份全部转让给他人

8. 根据证券法律制度的规定，下列各项中，属于不得收购上市公司的情形有（　　）。

A. 收购人负有数额较大债务，到期未清偿，且处于持续状态

B. 收购人最近3年涉嫌有重大违法行为

C. 收购人最近3年有严重的证券市场失信行为

D. 收购人为限制行为能力人

9. 根据证券法律制度的规定，投资者拥有上市公司控制权的表现有（　　）。

A. 投资者为上市公司持股50%以上的控股股东

B. 投资者可以实际支配上市公司股份表决权超过30%

C. 投资者通过实际支配上市公司股份表决权能够决定公司董事会半数以上成员选任

D. 投资者依其可实际支配的上市公司股份表决权足以对公司股东会的决议产生重大影响

10. 甲公司拟收购乙上市公司。根据证券法律制度的规定，下列投资者中，如无相反证据，属于甲公司一致行动人的有（　　）。

A. 由甲公司的董事担任经理的丙公司

B. 持有乙公司3%股份且为甲公司经理之弟的张某

C. 持有甲公司25%股份且持有乙公司4%股份的王某

D. 在甲公司中担任副经理且持有乙公司4%股份的李某

11. 根据《证券法》的规定，在上市公司收购中，收购人持有的被收购上市公司的股票，在收购行为完成后的一定期间内不得转让。该期间为（　　）。

A. 2个月　　B. 3个月　　C. 6个月　　D. 18个月

12. 某上市公司监事会有5名监事，其中监事林某、张某为职工代表，监事任期届满，该公司职工代表大会在选举监事时，认为林某、张某未能认真履行职责，故一致决议改选陈某、王某为监事会成员。按照《证券法》的规定，该上市公司应通过一定的方式将该信息予以披露，该信息披露的方式是（　　）。

A. 中期报告　　B. 季度报告　　C. 年度报告　　D. 临时报告

案例题

【案例1】 某机构投资者对已在上海证券交易所上市的A公司进行调研时发

现A公司如下信息：

（1）甲为A公司的实际控制人，通过B公司持有A公司34%的股份。甲担任A公司的董事长、法定代表人。2022年8月7日，经董事会决议（甲回避表决），A公司为B公司向C银行借款4 000万元提供连带责任保证，并发布公告予以披露。

2023年3月1日，C银行通知A公司，B公司的借款到期未还，要求A公司承担保证责任。A公司为此向C银行支付了4 000万元借款本息。

（2）乙在2022年12月至2023年2月底连续买入A公司股票，持有A公司股份总额达到3%。A公司为B公司承担保证责任后，乙于2023年3月5日直接向人民法院提起股东代表诉讼，要求甲赔偿A公司因承担保证责任造成的损失。甲则辩称，乙在起诉前未向公司监事会提出书面请求，故请求人民法院驳回乙的起诉。

（3）2023年3月10日，A公司公告拟于4月1日召开年度股东会。董事会推荐了3名独立董事候选人，其中，候选人丙为B公司财务主管，候选人丁持有A公司股份总额1%的股份。

（4）2023年3月24日，乙向A公司董事会书面提出年度股东会临时提案，要求罢免甲的董事职务。A公司董事会当即拒绝将该临时提案列为年度股东会审议事项。3月25日，乙联合持有A公司股份总额8%的股东张某，共同公告拟于4月1日在同一地点召开A公司临时股东会。4月1日，A公司的两个股东会在同一酒店同时召开。出席年度股东会的股东所持A公司股份总额为35%；出席临时股东会的股东所持A公司股份总额为40%。后者通过了对甲的董事罢免案，并选举乙为A公司董事。

（5）2023年4月21日，B公司与乙达成股权转让协议。4月23日，A公司、B公司和乙联合公布了该协议内容：B公司将所持A公司27%的股份转让给乙，转让后B公司仍持有A公司7%的股份。随后，甲辞职，乙被股东会选举为董事。

（6）2023年6月3日，A公司董事会通过决议，决定购买乙控制的C公司100%的股权，该交易金额达到A公司资产总额的25%。12月6日，A公司董事会又通过决议，决定购买乙所持D公司的全部股权，该交易金额达到A公司资产总额的20%。上述两项交易完成后，A公司的主营业务转换为汽车零配件生产。

（7）在上述两项股权交易公告前，A公司的股价均出现了异常波动。经调查发现：乙借用他人账户，于2023年6月1日至12月3日大量买入A公司的股票；董事戊于12月6日董事会开会期间，电话委托买入A公司股票1万股；A公司秘书庚在电梯中听到公司高管议论公司重组事宜后，于12月3日买入公司股票2 000股。因受市场环境影响，上述人员买入A公司股票后均未获利，其中，乙账面亏损达3亿元；戊账面亏损2万元；庚已卖出股票，亏损2 000元。

要求：根据上述内容，分别回答下列问题：

（1）A公司董事会为B公司提供担保的决议是否有效？说明理由。

（2）乙是否具备对甲提起股东代表诉讼的资格？甲请求人民法院驳回乙起诉的理由是否成立？分别说明理由。

(3) 丙、丁是否符合A公司独立董事的任职资格？分别说明理由。

(4) 2023年3月24日，乙提出的临时提案是否应被列为A公司年度股东会审议事项？4月1日，乙与股东张某共同召集A公司临时股东会的程序是否合法？分别说明理由。

(5) 2023年12月6日，A公司董事会通过的购买乙所持D公司股权的决议是否有效？说明理由。

(6) 乙、戊、庚是否存在内幕交易行为？分别说明理由。

【案例2】 某股份有限公司（下称公司）于2022年6月在上海证券交易所上市。2023年以来，公司发生了下列事项：

(1) 2023年5月，董事赵某将所持公司股份20万股中的2万股卖出；2024年3月，董事钱某将所持公司股份10万股中的2.5万股卖出；董事孙某因出国定居，于2023年7月辞去董事职务，并于2024年3月将其所持公司股份5万股全部卖出。

(2) 监事李某于2023年4月9日以均价每股8元的价格购买5万股公司股票，并于2023年9月10日以均价每股16元的价格将上述股票全部卖出。

(3) 公司股东会于2023年5月8日通过决议，由公司收购本公司股票900万股，即公司已发行股份总额的3%，用于奖励本公司职工。同年6月，公司从资本公积金中出资收购上述股票，并将其中的600万股转让给公司职工，剩余的300万股拟在2024年10月转让给即将被吸收合并于该公司的另一企业的职工。

要求：根据上述内容，分别回答下列问题：

(1) 赵某、钱某和孙某卖出所持公司股票的行为是否符合法律规定？分别说明理由。

(2) 李某买卖公司股票的行为是否符合法律规定？说明理由。

(3) 公司收购用于奖励职工的本公司股票数额是否符合法律规定？公司从资本公积金中出资收购用于奖励职工的本公司股票的行为是否符合法律规定？公司预留300万股股票拟在2024年10月转让给其他职工的行为是否符合法律规定？分别说明理由。

第8章

金融与保险法律制度

学习目标

掌握：

1. 商业银行的设立条件；
2. 商业银行的业务范围；
3. 保险法的基本原则；
4. 投保人的义务；
5. 保险人的义务。

熟悉：

1. 中国人民银行的性质、法律地位、职责；
2. 商业银行的变更、终止；
3. 保险合同的条款；
4. 保险合同的解除；
5. 保险合同的关系人；
6. 财产保险合同中的代位求偿制度。

了解：

1. 商业银行的经营原则；
2. 商业银行的接管；
3. 保险合同的特征；
4. 保险合同的分类。

第1节　金融法律制度

一、《中国人民银行法》

(一) 中国人民银行的法律地位

中国人民银行是我国的中央银行，其全部资本由国家出资，属国家所有。中国人民银行在国务院的领导下，制定和执行货币政策。

（二）中国人民银行的性质

中国人民银行兼具国家机关和金融机构的双重特性，是一种特殊的金融机构。中国人民银行与商业银行的区别主要表现在以下几个方面：

（1）中国人民银行是发行的银行。根据《中华人民共和国中国人民银行法》（以下简称《中国人民银行法》）的规定，人民币是唯一合法的货币，由中国人民银行统一印制、发行。

（2）中国人民银行是银行的银行。中国人民银行可以向商业银行提供贷款，是最后贷款人。中国人民银行作为银行的银行，主要体现在三个方面：1）集中保管商业银行和其他金融机构缴存的法定存款准备金；2）对商业银行和其他金融机构承担最后贷款人的责任；3）主持全国金融机构间的票据结算。

（3）中国人民银行是政府的银行。主要体现在：1）资本全部属于国家；2）受政府控制；3）为政府提供金融服务。

（三）中国人民银行的职责

（1）起草有关法律和行政法规；完善有关金融机构运行规则；发布与履行其职责有关的命令和规章。

（2）依法制定和执行货币政策。中国人民银行的主要任务包括管理存款准备金、基准利率，对商业银行发放再贷款和再贴现，合理操作公开市场业务。

（3）监督管理银行间同业拆借市场、银行间债券市场、银行间外汇市场、黄金市场。

（4）防范和化解系统性金融风险，维护国家金融稳定。中国人民银行负责国家的金融稳定工作，在日常工作中，负责对金融机构经营风险进行监控和防范。在金融机构出现风险时，中国人民银行根据情况实施必要的救助。

（5）确定人民币汇率政策；维护合理的人民币汇率水平；实施外汇管理；持有、管理和经营国家外汇储备和黄金储备。

（6）发行人民币，管理人民币流通。中国人民银行是国家法律规定的唯一的发行银行，负责人民币的发行和流通管理工作，除此以外，任何组织或个人不得以任何名义在国内市场发行货币。

（7）经理国库。

（8）会同有关部门制定支付结算规则，维护支付、清算系统的正常运行，即协调、组织金融机构之间的资金清算，协调金融机构之间的清算事项，提供清算服务。

（9）制定和组织实施金融业综合统计制度，负责数据汇总和宏观经济分析与预测。

（10）组织协调国家反洗钱工作，指导、部署金融业反洗钱工作，负责反洗钱的资金监测。

（11）管理信贷征信业，推动建立社会信用体系。中国人民银行负责全国银行系统的征信系统的建立和管理，统一协调全社会的信用体系建设。

（12）作为国家的中央银行，从事有关的国际金融活动。

（13）按照有关规定从事金融业务活动。

（14）国务院规定的其他职责。

（四）中国人民银行的组织机构

（1）领导机构。中国人民银行实行行长负责制。中国人民银行设行长1人，副行长若干人。中国人民银行行长的人选，根据国务院总理的提名，由全国人民代表大会决定；全国人民代表大会闭会期间，由全国人民代表大会常务委员会决定，由国家主席任免。中国人民银行副行长由国务院总理任免。

（2）分支机构。中国人民银行根据履行职责的需要设置分支机构，作为中国人民银行的派出机构。分支机构根据中国人民银行的授权，负责本辖区的金融监督管理，承办有关业务。中国人民银行对分支机构实行集中统一领导和管理。

（3）货币政策委员会。根据《中国人民银行法》的规定，在中国人民银行设立货币政策委员会，作为其制定和执行货币政策的咨询机构。其职责是在综合分析宏观经济形势的基础上，依据国家的宏观经济调控目标，讨论下列货币政策事项，并提出建议：1）货币政策的制定、调整；2）一定时期内的货币政策控制目标；3）货币政策工具的运用；4）有关货币政策的重要措施；5）货币政策与其他宏观经济政策的协调。

二、《商业银行法》

（一）商业银行的概念

《中华人民共和国商业银行法》（以下简称《商业银行法》）第二条规定："本法所称的商业银行是指依照本法和《中华人民共和国公司法》设立的吸收公众存款、发放贷款、办理结算等业务的企业法人。"由此可见，我国商业银行是依法成立，经营货币金融业务，以营利为目的的金融企业法人。根据《商业银行法》的规定，商业银行实行自主经营、自担风险、自负盈亏、自我约束。商业银行依法开展业务，不受任何单位和个人的干涉。商业银行以其全部法人财产独立承担民事责任。

商业银行具有信用中介职能、支付中介职能、信用创造职能和金融服务职能。

（二）商业银行的经营原则

根据《商业银行法》第四条规定，商业银行以安全性、流动性、效益性为经营原则。

（1）安全性原则。该原则主要是针对商业银行的资产而言的，是商业银行经营的首要原则。安全性原则要求商业银行在开展业务活动时，应充分考虑各种不确定因素对其资产、负债、利润、信誉等一切经营条件带来的风险影响，确保银行资产的安全，确保审慎和稳健经营。

（2）流动性原则。该原则是指银行能够随时收回资金和付出资金，能够及时、充分地满足存款者随时提取存款和发放贷款的需要，避免因资产流动性不足引发存款人挤提导致偿付能力危机。

（3）效益性原则。商业银行作为一个金融企业法人，从微观层面上讲，在经营业务的过程中，必须以获取最大限度的利润为目标；从宏观层面上讲，其开展业务还应考虑国民经济和社会发展的需要，接受国家产业政策的指导。

上述三个经营原则既相互对立，又相互依存。不能单纯追求一个方面而忽视其他任何一个方面，在开展经营业务活动中应寻求三者之间的动态平衡。

此外，《商业银行法》还规定了商业银行与客户的业务往来应遵循平等、自愿、公平和诚实信用的原则。

（三）商业银行的设立、变更、接管和终止

1. 商业银行的设立

（1）商业银行的设立条件。根据《商业银行法》的规定，设立商业银行，应当经国务院银行业监督管理机构审查批准。其设立条件为：

1）有符合《商业银行法》和《公司法》规定的章程。

2）有符合《商业银行法》规定的注册资本最低限额。设立全国性商业银行的注册资本最低限额为 10 亿元人民币，设立城市商业银行的注册资本最低限额为 1 亿元人民币，设立农村商业银行的注册资本最低限额为 5 000 万元人民币。注册资本应当是实缴资本。

3）有具备任职专业知识和业务工作经验的董事、高级管理人员。

4）有健全的组织机构和管理制度。

5）有符合要求的营业场所、安全防范措施和与业务有关的其他设施。

6）其他审慎性条件。

（2）商业银行的设立程序。《商业银行法》规定，设立商业银行，应当经国务院银行业监督管理机构审查批准。未经国务院银行业监督管理机构批准，任何单位和个人不得从事吸收公众存款等商业银行业务，任何单位不得在名称中使用“银行”字样。根据《商业银行法》和国务院的有关规定，商业银行的设立程序可分为筹建申请、开业申请和申领证照三个程序。

（3）商业银行分支机构的设立。根据《商业银行法》的规定，商业银行根据业务需要可以在中国境内外设立分支机构。设立分支机构必须经国务院银行业监督管理机构审查批准。在中国境内设立的分支机构，不按行政区划设立。

为了保证商业银行总行的安全，考虑到成本与效益的关系，根据《商业银行法》的规定，商业银行在中国境内设立分支机构，应当按照规定拨付与其经营规模相适应的营运资金数额。拨付各分支机构营运资金额的总和，不得超过总行资本金总额的 60%。

我国的商业银行组织体制实行总分行制，即在法律上允许银行在境内外设立分支机构，所设分支机构由总行领导和管理的一种体制。为此，《商业银行法》规定，商业银行对其分支机构实行全行统一核算、统一调度资金、分级管理的财务制度。商业银行分支机构不具有法人资格，在总行授权范围内依法开展业务，其民事责任由总行承担。

2. 商业银行的变更

商业银行的变更包括重大事项的变更和商业银行的合并与分立。

（1）商业银行重大事项的变更。根据《商业银行法》的规定，商业银行有下列变更事项之一的，应当经国务院银行业监督管理机构批准：1）变更名称；2）变更注册资本；3）变更总行或者分支行所在地；4）调整业务范围；5）变更持有资本总额或者股份总额5%以上的股东；6）修改章程；7）国务院银行业监督管理机构规定的其他变更事项。更换董事、高级管理人员时，应当报经国务院银行业监督管理机构审查其任职资格。

（2）商业银行的合并、分立。商业银行的合并、分立，适用《公司法》的规定。商业银行的合并、分立，应当经国务院银行业监督管理机构批准。

3. 商业银行的接管

商业银行的接管是指金融管理机关通过一定的接管组织，按照法定条件和法定程序，全面控制和管理商业银行业务活动的行政管理行为。《商业银行法》规定，接管的目的是对被接管的商业银行采取必要措施，以保护存款人的利益，恢复商业银行的正常经营能力。

（1）接管的条件与法律后果。根据《商业银行法》的规定，商业银行已经或者可能发生信用危机，严重影响存款人的利益时，国务院银行业监督管理机构可以对该银行实行接管。

接管组织对商业银行依法实施的接管是一种行政措施，其实质是终止被接管商业银行的所有者和经营者对银行行使的经营管理权，被接管银行的法律主体资格并不因接管而丧失，因此，《商业银行法》规定，被接管的商业银行的债权债务关系不因接管而变化。

（2）接管的实施与终止。根据《商业银行法》的规定，接管由国务院银行业监督管理机构决定，并组织实施。国务院银行业监督管理机构的接管决定应明确被接管的商业银行的名称、接管理由、接管组织和接管期限。接管自接管决定实施之日起开始。自接管开始之日起，由接管组织行使商业银行的经营管理权力。接管期限届满，国务院银行业监督管理机构可以决定延期，但接管期限最长不得超过2年。

根据《商业银行法》的规定，接管终止的情形包括：1）接管决定规定的期限届满或者国务院银行业监督管理机构决定的接管延期届满；2）接管期限届满前，该商业银行已恢复正常经营能力；3）接管期限届满前，该商业银行被合并或被依法宣告破产。

4. 商业银行的终止

商业银行的终止是指商业银行法人资格的丧失，即从法律上消灭了其独立的人格。根据《商业银行法》的规定，商业银行因解散、被撤销和被宣告破产而终止。

（1）商业银行因解散而终止。根据《商业银行法》的规定，商业银行因合并、分立或者出现公司章程规定的解散事由需要解散的，应当向国务院银行业监督管理机构提出申请，并附解散的理由和支付存款的本金和利息等债务清偿计划。经国务院银行业监督管理机构批准后解散。商业银行解散的，应当依法成立清算组进行清算，按照清偿计划及时偿还存款本金和利息等债务。国务院银行业监督管理机构监督清算过程。

(2) 商业银行因被撤销而终止。根据《商业银行法》的规定，商业银行因吊销经营许可证被撤销的，国务院银行业监督管理机构应当依法及时组织成立清算组，进行清算，按照清偿计划及时偿还存款本金和利息等债务。商业银行违法违规经营，拒绝或阻碍监督检查，提供虚假或者隐瞒重要事实的财务会计报告、报表或统计报表，未遵守资产负债比例管理规则等，且情节严重的，国务院银行业监督管理机构可以责令停业整顿或者吊销其经营许可证，中国人民银行也可以建议国务院银行业监督管理机构吊销其经营许可证。此外，商业银行及其分支机构自取得营业执照之日起无正当理由超过6个月未开业的，或者开业后自行停业连续6个月以上的，由国务院银行业监督管理机构吊销其经营许可证，并予以公告。

(3) 商业银行因被宣告破产而终止。根据《商业银行法》的规定，商业银行不能支付到期债务，经国务院银行业监督管理机构同意，由人民法院依法宣告其破产。商业银行被宣告破产的，由人民法院组织国务院银行业监督管理机构等有关部门和有关人员成立清算组，进行清算。商业银行破产清算时，在支付清算费用、所欠职工工资和劳动保险费用后，应当优先支付个人储蓄存款的本金和利息。

(四) 商业银行的业务范围

(1) 传统业务。包括吸收公众存款；发放短期、中期和长期贷款；办理国内外结算；办理票据承兑与贴现。

(2) 特定的信托业务。包括发行金融债券；代理发行、代理兑付、承销政府债券；买卖政府债券、金融债券；从事同业拆借。在我国，商业银行办理的信托业务有一定限制，只能从事国债的信托业务，不能从事公司债券的信托业务。

(3) 服务性业务。包括买卖、代理买卖外汇；从事银行卡业务；提供信用证服务及担保；代理收付款项及代理保险业务；提供保管箱服务。

(4) 其他业务。主要包括开办信用卡业务；房地产信贷业务；电子银行业务和各种查询业务；各种基金和私人理财业务；海外投资业务等。

本节考核的知识点

1. 中国人民银行的性质。
2. 中国人民银行的职责。
3. 商业银行的设立。
4. 商业银行的业务范围。

第2节 保险法律制度

一、保险的概念及分类

(一) 保险的概念

保险是指投保人根据合同约定，向保险人支付保险费，保险人对于合同约定的可能发生的事故因其发生所造成的财产损失承担赔偿保险金责任，或者当被保险人死亡、伤残、疾病或者达到合同约定的年龄、期限等条件时承担给付保险金责任的商业保险行为。

可见，保险是发生在投保人、被保险人或受益人与保险人之间的一种合同权利与义务关系，它包括财产保险合同和人身保险合同，是一种商业保险。

（二）保险的本质

保险的本质并不是保证危险不发生，或不遭受损失，而是对危险发生后遭受的损失予以经济补偿。保险是一种经济保障制度，保险的功能并非消除危险，而是在保险事故发生后能够获得经济补偿。因此，保险的直接功能就是补偿被保险人因意外所遭受的经济损失。

应当注意的是，保险的经济补偿功能在财产保险和人身保险中不尽相同。财产保险的标的是能够用货币准确衡量的财产或与财产有关的利益，保险人给予被保险人的保险金可以用来补偿被保险人遭受的经济损失；人身保险的标的是无法用货币来衡量的人的寿命和身体，因此，一旦发生保险事故，只能按照合同约定的数额给付保险金。

（三）保险的构成要件

保险得以存在的基本要件是：

（1）可保危险的存在。无危险则无保险。人类社会可能遭遇到的危险大体包括人身危险、财产危险和法律责任危险。保险所承保的是可保危险，即上述三类危险中可能引起损失的偶然事件，其特征包括：1）危险发生与否很难确定，对于不可能或不会发生的危险投保人不会投保，对于肯定会发生的危险保险人也不会承保；2）危险何时发生很难确定；3）危险发生的原因与后果很难确定；4）危险的发生必须对于投保人或被保险人来说是非故意的。

（2）以多数人参加保险并建立基金为基础。保险是一种集合危险、分散损失的经济制度，参加保险的人越多，积聚的保险基金就越多，损失补偿的能力也越强。

（3）以损失赔付为目的。

（四）保险的分类

1. 根据保险责任发生的效力依据，保险可分为强制保险和自愿保险

强制保险又称法定保险，是指国家法律、法规直接规定必须参加的保险。如机动车第三者责任险就属于强制保险。

自愿保险是投保人与保险人双方平等协商，自愿签订保险合同而产生的一种保险，这种保险责任发生的效力依据是保险合同，投保人享有是否投保的自由，保险人享有是否承保或承保多少的自由。

2. 根据保险设立是否以营利为目的，保险可分为社会保险和商业保险

社会保险是指国家基于社会保障政策的需要，不以营利为目的而举办的一种福利保险。如《中华人民共和国社会保险法》规定，国家建立基本养老保险、基本医疗保险、工伤保险、失业保险、生育保险等社会保险制度，保障公民在年老、

疾病、工伤、失业、生育等情况下依法从国家和社会获得物质帮助的权利。

商业保险是指社会保险以外的普通保险，是以营利为目的的，其费用主要来源于投保人缴纳的保险费。《中华人民共和国保险法》（以下简称《保险法》）明确规定保险是一种商业保险行为。

3. 根据保险标的的不同，保险可分为财产保险和人身保险

财产保险是以财产及其有关利益为保险标的的保险，包括家庭财产保险、企业财产保险、机动车辆保险、保证保险、责任保险和信用保险等。

人身保险是以人的寿命和身体为保险标的的保险，包括人身意外伤害保险、健康保险和人寿保险等。

4. 根据保险人是否转移保险责任，保险可分为原保险和再保险

原保险也称第一次保险，是指保险人对被保险人因保险事故所致损害直接由自己承担赔偿责任的保险。

再保险又称第二次保险，或称分保，是指原保险人为减轻或避免所负风险而把原保险责任的一部分或全部转移给其他保险人的保险。

5. 根据保险人的人数，保险可分为单保险和复保险

单保险是指投保人对同一保险标的、同一保险利益、同一保险事故与一个保险人订立保险合同的行为。

复保险又称重复保险，是指投保人对同一保险标的、同一保险利益、同一保险事故分别与两个以上保险人订立保险合同的行为。

二、保险法的基本原则

（一）最大诚信原则

《保险法》要求双方当事人在签订合同时必须最大限度地如实告知自己所知道的有关事实；在保险合同生效后不论何方当事人违反最大诚信原则，对方都有权解除保险合同。

保险合同中的最大诚信原则的基本内容包括：告知、保证、弃权与禁止反言。

（1）告知。告知是指投保人在订立保险合同时应当将与保险标的有关的重要事实如实向保险人陈述。由于保险人决定是否予以承保以及如何确定保险费率完全取决于投保人在投保时所告知的事实，因此，重要事实是指影响保险人决定是否接受承保或确定保险费率的事实。投保人的告知义务仅限于订立合同之时，投保人不履行如实告知义务的法律后果是产生保险合同的解除权而并不导致保险合同的无效。

根据《最高人民法院关于适用〈中华人民共和国保险法〉若干问题的解释（二）》（以下简称《保险法司法解释二》）的规定，投保人的告知义务限于保险人询问的范围和内容。当事人对询问范围及内容有争议的，保险人负举证责任。保险人以投保人违反了对投保单询问表中所列概括性条款的如实告知义务为由请求解除合同的，人民法院不予支持；但该概括性条款有具体内容的除外。

告知的另一个重要问题是义务违反的后果。《保险法》分别规定了故意不履行告知义务与重大过失不履行告知义务的法律后果。投保人故意不履行如实告知义

务的，保险人对于合同解除前发生的保险事故，不承担赔偿或给付保险金的责任，并不退还保险费；投保人因重大过失未履行如实告知义务，对保险事故的发生有严重影响的，保险人对于合同解除前发生的保险事故，不承担赔偿或给付保险金的责任，但应当退还保险费。当然，保险人在合同订立时已经知道投保人未如实告知的情况的，保险人不得解除合同；发生保险事故的，保险人应当承担赔偿或给付保险金的责任。

（2）保证。保证是指投保人在保险合同中向保险人作出的履行某种特定义务的承诺，或担保某一事项的真实性。如人身保险合同中，投保人保证在一定时间内不去某个发生战争的国家；财产保险合同的投保人承诺在保险合同有效期限内不改变保险标的的用途等。

（3）弃权与禁止反言。弃权是指保险人放弃因投保人或被保险人违反告知义务或保证而产生的保险合同解除权。禁止反言是指保险人既然放弃自己的权利，将来不得反悔而再向对方主张已经放弃的权利。弃权与禁止反言是两个相互对应的概念，弃权是禁止反言的前提，禁止反言是弃权引起的法律后果。根据《保险法》的规定，投保人故意或者因重大过失未履行如实告知义务的，足以影响保险人决定是否同意承保或者提高保险费率的，保险人有权解除合同。保险人的合同解除权，自保险人知道有解除事由之日起，超过30日不行使而消灭。自合同成立之日起超过2年的，保险人不得解除合同；发生保险事故的，保险人应当承担赔偿或者给付保险金的责任。

（二）保险利益原则

根据《保险法》的规定，人身保险的投保人在保险合同订立时，对被保险人应当具有保险利益。投保人对被保险人不具有保险利益的，保险合同无效。财产保险的被保险人在保险事故发生时，对保险标的应当具有保险利益。

保险利益是指投保人或者被保险人对保险标的具有的法律上承认的利益。其构成要件包括：（1）保险利益必须是法律上承认的利益，即必须是得到法律认可和保护的合法利益，法律不予认可或不予保护的利益不构成保险利益。（2）保险利益必须具有经济性。保险利益必须是可以用货币计算估价的利益。（3）保险利益必须具有确定性。保险利益必须是确定的、客观存在的利益，包括现有利益和期待利益。

财产保险和人身保险均适用保险利益原则。在人身保险中，投保人对下列人员具有保险利益：本人；配偶、子女、父母；上述人员以外的与投保人有抚养、赡养或者扶养关系的家庭其他成员、近亲属；与投保人有劳动关系的劳动者。除上述规定外，被保险人同意投保人为其订立合同的，视为投保人对被保险人具有保险利益。在财产保险中，享有保险利益的人员主要有：对财产享有法律上权利的人，如所有权人、抵押权人、留置权人等；财产保管人；合法占有财产的人，如承租人、承包人等。

应当注意的是，根据《最高人民法院关于适用〈中华人民共和国保险法〉若干问题的解释（三）》的规定，（人身）保险合同订立后，因投保人丧失对被保险人的保险利益，当事人主张保险合同无效的，人民法院不予支持。

（三）损失补偿原则

损失补偿原则是财产保险合同所特有的一项原则，这是由财产保险合同的经济补偿性决定的。其基本含义包括：（1）被保险人只有遭受约定的保险危险所造成的损失才能获得赔偿，如果有险无损或者有损但并非由约定的保险事故所造成，被保险人都无权要求保险人给予赔偿。（2）补偿的金额等于实际损失的金额。投保人或者被保险人在约定的保险事故发生后遭受多少损失，保险人就补偿多少，没有损失就不补偿，即保险人的补偿恰好能使保险标的恢复到保险事故发生前的状态，投保人或被保险人不能获得多于或少于损失的赔偿。

应当注意的是，保险人的赔付以投保时约定的保险金额为限，而且保险金额不得超过保险标的的实际价值，超过保险金额的损失，保险人不予赔偿。根据《保险法》的规定，保险金额是指保险人承担赔偿或者给付保险金责任的最高限额，即保险人的最高赔偿限额。

（四）近因原则

近因原则是指保险人对于承保范围的保险事故作为直接的、最接近的原因引起的损失承担保险责任。也就是说，保险事故与损害后果之间应具有因果关系。此处的近因并非指时间上最接近损失的原因，而是指有支配力或一直有效的原因。

三、保险合同

（一）保险合同的特征

1. 保险合同是双务有偿合同

保险合同的当事人按照合同的约定互负义务，保险人在合同约定的保险事故发生时或者在保险期限届满时，向投保人（或被保险人，或受益人）支付赔偿金或保险金；投保人按照合同约定向保险人缴纳保险费，并以此为代价将一定范围内的危险转移给保险人。保险合同的有偿性与一般有偿合同的有偿性不同，在一般有偿合同中，以等价交换为基础来确立双方的权利与义务，在保险合同中，除长期人身保险合同以外，保险人可能因合同有效期内未发生保险事故而无须承担保险责任，也可能存在在保险事故发生后承担的保险金或赔偿金的数额大于保险人收取的保险费的情况。

2. 保险合同是射幸合同

射幸合同即为碰运气的机会性合同。在保险合同中，投保人缴纳保险费的义务是确定的，合同约定的保险事故是否发生是不确定的，即保险人是否承担保险责任是机会性的，具有偶然性。危险发生的偶然性决定了保险合同的射幸性质。

3. 保险合同是诺成合同

投保人提出保险要求，经保险人同意承保后，保险合同成立。

4. 保险合同是格式合同或附和合同

保险合同的内容或主要条款或保险单一般是由保险人一方根据相关规定拟订和提供的，投保人在投保时，通常只能决定是否接受保险人制定的保险条款，一般没有拟订、磋商或更改保险合同条款的自由，因此，附和性是保险合同的一个重要特征。

鉴于保险合同的附和性特征，为了确保保险合同订立的公正性，《保险法》规定了对格式条款的制约机制：

（1）订立保险合同，采用保险人提供的格式条款的，保险人向投保人提供的投保单应当附格式条款，保险人应当向投保人说明合同的内容。对保险合同中免除保险人责任的条款，保险人在订立合同时应当在投保单、保险单或者其他保险凭证上作出足以引起投保人注意的提示，并对该条款的内容以书面或者口头形式向投保人作出明确说明；未作提示或者明确说明的，该条款不产生效力。

（2）采用保险人提供的格式条款订立的保险合同中的下列条款无效：1）免除保险人依法应承担的义务或者加重投保人、被保险人责任的；2）排除投保人、被保险人或者受益人依法享有的权利的。

（3）采用保险人提供的格式条款订立的保险合同，保险人与投保人、被保险人或者受益人对合同条款有争议的，应当按照通常理解予以解释。对合同条款有两种以上解释的，人民法院或仲裁机构应当作出有利于被保险人和受益人的解释。

5. 保险合同是最大诚信合同

见前述保险法的基本原则之“最大诚信原则”。

（二）保险合同的分类

保险合同依据不同标准，可作如下分类：

（1）根据保险合同中的保险价值是否先予确定，可将保险合同分为定值保险合同和不定值保险合同。

定值保险合同是指投保人和保险人约定保险标的的保险价值并在合同中载明，保险标的发生损失时，以约定的保险价值为赔偿计算标准的保险合同。

不定值保险合同是指投保人和保险人未约定保险标的的保险价值，保险标的发生损失时，以保险事故发生时保险标的的实际价值为赔偿计算标准的保险合同。由于人身保险不存在保险价值问题，这种分类只适用于财产保险合同。

（2）根据保险价值与保险金额的关系，可将保险合同分为足额保险合同、不足额保险合同和超额保险合同。

足额保险合同是指保险金额等于保险价值的保险合同，即以保险标的的全部价值投保所签订的保险合同。如果保险标的遭受全部损失，保险人即按保险金额赔偿；如为部分损失，则按实际损失赔偿。

不足额保险合同又称低额保险，是指保险金额小于保险价值的保险合同，即以保险标的的部分投保。这意味着保险财产的实际价值与保险金额的差额部分，由被保险人自行承担。

超额保险合同是指保险金额高于保险价值的保险合同，即超额保险。根据《保险法》第五十五条第三款的规定，保险金额不得超过保险价值。超过保险价值的，超过部分无效，保险人应当退还相应的保险费。

（三）保险合同的当事人及关系人

1. 保险合同的当事人

保险合同的当事人是指投保人和保险人，即订立保险合同的双方当事人。保险人是指与投保人订立保险合同，并按照合同约定承担赔偿或者给付保险金责任的保险公司。投保人是指与保险人订立保险合同，并按照合同约定负有支付保险费义务的人。投保人可以是自然人，也可以是法人。其应具备的条件是：具有相应的民事权利能力和民事行为能力；对保险标的具有保险利益。

2. 保险合同的关系人

（1）被保险人。被保险人是指其财产或者人身受保险合同保障，享有保险金请求权的人。投保人可以为被保险人。一般来讲，财产保险中自然人和法人均可以作为被保险人，但人身保险的被保险人只能是自然人。同时，《保险法》规定，投保人不得为无民事行为能力人投保以死亡为给付保险金条件的人身保险，保险人也不得承保。父母为其未成年子女投保的人身保险，不受此限。

一般来说，被保险人享有以下权利：1）对保险金的给付享有独立的请求权。2）享有如下同意权：人身保险的受益人由被保险人或投保人指定，投保人指定受益人时须经被保险人同意，投保人变更受益人时也须经被保险人同意；以死亡为给付保险金条件的合同，未经被保险人同意并认可保险金额的，保险合同无效，父母为其未成年子女投保的人身保险不受此限；按照以死亡为给付保险金条件的合同所签发的保险单，未经被保险人书面同意，不得转让或质押。

（2）受益人。受益人是指人身保险合同中由被保险人或者投保人指定的享有保险金请求权的人。投保人、被保险人可以为受益人。受益人的资格一般没有限制，自然人、法人均可为受益人，胎儿作为受益人应以活着出生为限。已经死亡的人不得作为受益人。根据《保险法》的规定，被保险人或者投保人可以指定一人或数人为受益人。受益人为数人的，被保险人或者投保人可以确定受益顺序和受益份额；未确定受益份额的，受益人按照相等份额享有受益权。此外，根据《保险法》的规定，被保险人死亡后，有下列情形之一的，保险金作为被保险人的遗产，由保险人依照法律规定履行给付保险金的义务：1）没有指定受益人，或者受益人指定不明无法确定的；2）受益人先于被保险人死亡，没有其他受益人的；3）受益人依法丧失受益权或者放弃受益权，没有其他受益人的。受益人与被保险人在同一事件中死亡，且不能确定死亡先后顺序的，推定受益人死亡在先。

《保险法》规定，受益人故意造成被保险人死亡、伤残、疾病的，或者故意杀害被保险人未遂的，该受益人丧失受益权。

（四）保险合同的订立

1. 保险合同的订立程序

与其他合同一样，保险合同的订立有要约与承诺两个程序。具体到保险合同中，就是投保与承保的过程。

（1）投保。投保是指投保人向保险人提出的保险要求的意思表示。在订立保险合同时，投保人对保险人提出的关于保险标的或者被保险人的有关情况的询问必须如实告知。投保既然是一种要约，投保人在其投保的要约有效期内，受其所填写的投保单的约束。保险人在此期限内向投保人承保的，投保人应当与保险人签订保险合同。只有在投保有效期届满后，或保险人不予承保或提出新的要约时，投保人填写的投保单才失去效力，投保人才不受其所填写的投保单的约束。

（2）承保。承保是指保险人同意投保人提出的保险要求的意思表示，即保险人接受投保人在投保单中提出的全部条件，同意在发生保险事故或者在约定的保险事件到来时承担保险责任。由于保险合同为诺成合同，保险人同意承保就意味着承诺，因此，保险合同成立。

2. 保险合同成立的时间

《保险法》规定，投保人提出保险要求，经保险人同意承保，保险合同成立。

根据《保险法司法解释二》的规定，投保人或者投保人的代理人订立保险合同时没有亲自签字或者盖章，而由保险人或者保险人的代理人代为签字或者盖章的，对投保人不生效。但投保人已经交纳保险费的，视为其对代签字或者盖章行为的追认。

（五）保险合同的条款

（1）保险人的名称和住所。

（2）投保人、被保险人的姓名或者名称、住所，以及人身保险的受益人的姓名或者名称、住所。

（3）保险标的。保险标的是指保险合同所要保障的对象。财产保险合同的保险标的是被保险的财产及其有关利益。人身保险合同的保险标的是被保险人的寿命、身体和健康。

（4）保险责任和责任免除。保险责任是指保险合同约定的保险事故的发生造成被保险人财产损失或在约定的人身事件到来时，保险人所应承担的责任。一般情况下，保险人已事先在保险合同格式条款中制定责任条款供投保人选择。责任免除条款又称除外责任，是指保险人不承担保险责任的范围。保险人对在责任免除范围内发生的危险事故造成的损害，不承担保险责任。具体采取的方式主要有责任免除条款或规定免赔额条款。责任免除条款一般采用列举式加以规定，免赔额条款则是规定一定数额内的损失免除保险人的保险责任。对保险人的免责条款，保险人在订立合同时应以书面或口头形式向投保人说明，未作提示或未明确说明的，该条款不产生效力。

根据《保险法司法解释二》的规定，保险人将法律、行政法规中的禁止性规定情形作为保险合同免责条款的免责事由，保险人对该条款作出提示后，投保人、被保险人或者受益人以保险人未履行明确说明义务为由主张该条款不成为合同内容的，人民法院不予支持。保险合同订立时，保险人在投保单或者保险单等其他保险凭证上，对保险合同中免除保险人责任的条款，以足以引起投保人注意的文字、字体、符号或者其他明显标志作出提示的，人民法院应当认定其履行了提示义务。保险人对保险合同中有关免除保险人责任的概念、内容及其法律后果以书面或者口头形式向投保人作出常人能够理解的解释说明的，人民法院应当认定保险人履行了明确说明义务。通过网络、电话等方式订立的保险合同，保险人以网页、视频、音频等形式对免除保险人责任条款予以提示和明确说明的，人民法院可以认定其履行了提示和明确说明义务。

（5）保险期间和保险责任开始期间。保险期间是指保险合同的有效期间，是保险合同从生效到终止的期间。在保险期间内发生的保险事故造成的损害，保险人承担保险责任。可见，保险期间就是保险责任从开始到终止的期间，即保险责任起讫期间。保险期间也是计算保险费的依据之一。保险责任开始的时间是指从确定的某一时刻起保险人承担保险责任。保险责任开始的时间一般与保险合同生效的时间不一致，根据《保险法》的规定，依法成立的保险合同，自成立时生效。保险合同成立后，投保人按照约定交付保险费，保险人按照约定的时间开始承担保险责任。保险责任期间的计算一般有两种方法：一是按年、月、日计算，如财产保险合同多为一年，从起保日 0 时始至终保日 24 时止；二是按特定事项的存续期确定，如货物运输保险合同以运输期作为保险责任期间。

（6）保险金额。保险金额是指保险人承担赔偿或者给付保险金责任的最高限额，也是保险人计算保险费的依据之一。财产保险合同中保险金额与保险价值关系密切，保险金额可以等于或少于保险价值，但不得超过保险价值，超过的部分无效。人身保险的保险金额是根据投保人的投保要求，由双方协商确定的。

（7）保险费以及支付办法。保险费是投保人依合同约定向保险人支付的费用，是投保人为获得保险保障应支付的对价。投保人缴纳的保险费为保险金额与保险费率之乘积。投保人缴纳的保险费的数额与保险金额、保险费率及保险期间的长短等因素有关。投保人缴纳保险费可一次性支付，也可以分期分批支付。

（8）保险金赔偿或者给付办法。保险金是指保险合同约定的保险事故发生或者在约定的保险事件到来后，保险人实际支付的赔款。保险人在保险事故发生后，应依约定的标准和方法及时向被保险人或受益人支付保险金。保险金的数额、支付方式及支付时间涉及双方当事人的权利和义务的实现等重要问题，因此，保险合同必须确定保险金的计算及支付办法。

（9）违约责任和争议处理。

（10）订立合同的年、月、日。

（六）保险合同的形式

保险合同的形式有保险单、保险凭证、暂保单、投保单等。

（1）保险单。保险单是保险人签发的关于保险合同的正式的书面凭证。保险单由保险人签发并交给投保人。保险单中一般印有保险条款，当保险标的遭受损失时，保险单就成为被保险人向保险人索赔的主要凭证，是保险人向被保险人理赔的主要依据。

据此，保险单具有以下作用：1）保险单是证明保险合同成立的书面凭证，并非保险合同本身；2）是双方当事人履约的依据；3）在某些情况下，保险单具有有价证券的效用，如人身保险单可转让或质押。

（2）保险凭证。保险凭证俗称“小保单”，是一种简化内容的保险单，一般不列明具体的保险条款，只记载投保人和保险人约定的主要内容，但与保险单具有同等的法律效力。对于保险凭证未列明的内容，以相应的保险单的记载为准，当保险凭证记载的内容与相应的保险单列明的内容相抵触或保险凭证另有特约条款时，以保险凭证的记载为准。

（3）暂保单。暂保单是在保险单发出以前由保险人出具给投保人的一种临时保险凭证。暂保单不同于保险单，在保险人正式签发保险单之前，与保险单具有同等法律效力。暂保单的有效期限较短，可由保险人具体规定，一般为15日至30日不等。若保险人出具正式保险单或暂保单的有效期限届满，暂保单的法律效力自动终止。

（4）投保单。投保单是保险人事先制定的供投保人提出保险要约时使用的格式文件。投保单本身不是保险合同，但投保单经投保人填具后，如果被保险人完全接受其内容，并在投保单上加盖承保印章，就成为保险合同的组成部分，补充保险单中表述不清之处或遗漏之处。投保人在其填写的投保单中如有告知不实，又不声明修正的，投保单就会成为保险人解除保险合同或者拒绝承担保险责任的依据。

（5）其他书面形式。除上述四种形式外，当事人还可约定采用其他书面形式。根据《保险法司法解释二》的规定，保险合同中记载的内容不一致的，按照下列规则认定：1）投保单与保险单或者其他保险凭证不一致的，以投保单为准。但不一致的情形系经保险人说明并经投保人同意的，以投保人签收的保险单或者其他保险凭证载明的内容为准。2）非格式条款与格式条款不一致的，以非格式条款为准。3）保险凭证记载的时间不同的，以形成时间在后的为准。4）保险凭证存在手写和打印两种方式的，以双方签字、盖章的手写部分的内容为准。

（七）保险合同的履行

1. 投保人的义务

（1）支付保险费的义务。根据《保险法》的规定，合同约定分期支付保险费，投保人支付首期保险费后，除合同另有约定外，投保人自保险人催告之日起超过30日未支付当期保险费，或者超过约定的期限60日未支付当期保险费的，合同效力中止，或者由保险人按照合同约定的条件减少保险金额。

（2）危险程度增加的通知义务。《保险法》规定，在合同有效期内，保险标的的危险程度显著增加的，被保险人应当按照合同约定及时通知保险人，保险人可以按照合同约定增加保险费或者解除合同。保险人解除合同的，应当将已收取的保险费，按照合同约定扣除自保险责任开始之日起至合同解除之日止应收的部分后，退还投保人。被保险人未履行危险程度增加的通知义务的，因保险标的危险程度显著增加而发生的保险事故，保险人不承担赔偿保险金的责任。

（3）保险事故发生后的通知义务。该义务又称通知出险义务。《保险法》规定，投保人、被保险人或者受益人知道保险事故发生后，应当及时通知保险人。故意或者因重大过失未及时通知，致使保险事故的性质、原因、损失程度等难以确定的，保险人对无法确定的部分，不承担赔偿或者给付保险金的责任，但保险人通过其他途径已经及时知道或者应当及时知道保险事故发生的除外。

（4）接受保险人检查，维护保险标的安全义务。《保险法》规定，被保险人应当遵守国家有关消防、安全、生产操作、劳动保护等方面的规定，维护保险标的的安全。保险人可以按照合同约定对保险标的的安全状况进行检查，及时向投保人、被保险人提出消除不安全因素和隐患的书面建议。投保人、被保险人未按照约定履行其对保险标的的安全应尽责任的，保险人有权要求增加保险费或者解除合同。

（5）积极施救义务。《保险法》规定，保险事故发生时，被保险人应当尽力采取必要的措施，防止或者减少损失。

2. 保险人的义务

（1）给付保险赔偿金或保险金的义务。这是保险人最基本和最主要的义务。保险人应按照保险合同约定的时间开始承担保险责任，并在保险事故发生后或保险合同约定的事件到来时对损失给予赔偿或向受益人支付保险金。根据《保险法》的规定，保险人收到被保险人或受益人的赔偿或者给付保险金的请求后，应当及时作出核定；情形复杂的，应当在 30 日内作出核定，但合同另有约定的除外。保险人应当将核定结果通知被保险人或者受益人；对属于保险责任的，在与被保险人或者受益人达成赔偿或者给付保险金的协议后 10 日内，履行赔偿或给付保险金义务。保险合同对赔偿或者给付保险金的期限有约定的，保险人应当按照约定履行赔偿或者给付保险金的义务。保险人未及时履行前述义务的，除支付保险金外，应当赔偿被保险人或者受益人因此受到的损失。对不属于保险责任的，应当自作出核定之日起 3 日内向被保险人或者受益人发出拒绝赔偿或者拒绝给付保险金通知书，并说明理由。保险人自收到赔偿或者给付保险金的请求和有关证明、资料之日起 60 日内，对其赔偿或者给付保险金的数额不能确定的，应当根据已有证明和资料可以确定的数额先予支付；保险人最终确定赔偿或者给付保险金的数额后，应当支付相应的差额。

（2）支付其他合理、必要费用的义务。包括：

1）为防止或者减少保险标的的损失所支付的合理、必要的费用，如施救费用等。《保险法》第五十七条第二款规定，保险事故发生后，被保险人为防止或者减少保险标的的损失所支付的必要的、合理的费用，由保险人承担；保险人所承担的费用数额在保险标的损失赔偿金额以外另行计算，最高不超过保险金额的数额。

2）为查明和确定保险事故的性质、原因和保险标的的损失程度所支付的合理、必要的费用。如为确定事故性质进行鉴定支出的费用。《保险法》第六十四条规定，保险人、被保险人为查明和确定保险事故的性质、原因和保险标的的损失程度所支付的必要的、合理的费用，由保险人承担。

3）责任保险的被保险人被提起诉讼或仲裁的费用及其他合理、必要的费用。《保险法》第六十六条规定，责任保险的被保险人因给第三者造成损害的保险事故而被提起仲裁或者诉讼的，被保险人支付的仲裁或者诉讼费用以及其他必要的、合理的费用，除合同另有约定外，由保险人承担。

3. 索赔

（1）索赔的时效。索赔是法律所赋予被保险人（投保人）或受益人的一项权利。财产保险合同的索赔权利人是被保险人，且其在保险事故发生时对保险标的应具有保险利益；人身保险合同的索赔权利人是被保险人或受益人。

保险事故发生后，索赔权利人应在规定的时间内向保险人索赔。根据《保险法》的规定，人寿保险的被保险人或者受益人向保险人请求给付保险金的诉讼时效期间为 5 年，自其知道或者应当知道保险事故发生之日起计算。人寿保险以外的其他保险的被保险人或者受益人，向保险人请求赔偿或者给付保险金的诉讼时效期间为2年，自其知道或者应当知道保险事故发生之日起计算。

（2）索赔的程序。投保人、被保险人或者受益人知道保险事故发生后，应当及时通知保险人，并有义务保护现场，接受保险人的检验与勘查，进而提出索赔请求，提供索赔证据，领取保险赔偿金或保险金。

4. 理赔

理赔是指保险人接受索赔权利人的索赔要求后所进行的检验损失、调查原因、搜集证据、确定责任范围直至赔偿、给付的全部工作和过程。

（八）保险合同的变更

保险合同的变更包括主体变更、内容变更和效力变更。

（1）主体变更。主体变更又称保险合同转让，是指保险人、保险标的和保险内容均不改变而投保人或被保险人发生变更的行为，如因买卖而发生的保险标的的所有权转移等。在财产保险合同中，保险标的转让的，保险标的的受让人承继被保险人的权利和义务。保险标的转让的，被保险人或者受让人应当及时通知保险人，但货物运输保险合同和另有约定的合同除外。货物运输合同允许保险单随货物所有权的转移而转移，投保方背书即可转让。

（2）内容变更。投保人和保险人可以协商变更合同内容。变更保险合同内容的，应当由保险人在保险单上或者其他保险凭证上批注或者附贴批单，或者由投保人和保险人订立变更的书面协议。一般情况下，变更保险合同的内容需要取得保险人的同意，但是在人身保险合同中，被保险人或者投保人变更受益人，当事人主张变更行为自变更意思表示发出时生效的，人民法院应予支持。此时，这种变更行为属于单方法律行为，有利于投保人和被保险人自主决定权的实现。但是，投保人或者被保险人变更受益人未通知保险人，保险人主张变更对其不发生效力的，人民法院应予支持。

（3）效力变更。效力变更是指人身保险合同失效后又复效的情况。因投保人未按照《保险法》第三十六条规定支付保险费而导致合同效力中止的，经保险人与投保人协商并达成协议，在投保人补交保险费后，合同效力恢复，但是自合同效力中止之日起满2年未达成协议的，保险人有权解除合同。

（九）保险合同的解除

（1）投保人单方解除合同权。根据《保险法》的规定，除《保险法》另有规定或者保险合同另有约定外，保险合同成立后，投保人可以解除合同，保险人不得解除合同。在人身保险合同中，投保人解除合同的，保险人应当自收到解除通知之日起30日内，按照合同约定退还保险单的现金价值。在财产保险合同中，保险责任开始前，投保人要求解除合同的，应当按照合同约定向保险人支付手续费，保险人应当退还保险费。保险责任开始后，投保人要求解除合同的，保险人应当将已收取的保险费，按照合同约定扣除自保险责任开始之日起至合同解除之日止应收的部分后，退还投保人。

（2）保险人单方解除合同权。保险人具有解除合同权利的情形有：

1）投保人故意或者因重大过失未履行如实告知义务，足以影响保险人决定是否同意承保或者提高保险费率的，保险人有权解除合同。

2）未发生保险事故，被保险人或者受益人谎称发生了保险事故，向保险人提出赔偿或者给付保险金请求的，保险人有权解除合同，并不退还保险费。投保人、被保险人故意制造保险事故的，保险人有权解除合同，不承担赔偿或者给付保险金的责任。

3）投保人、被保险人未按照合同约定履行其对保险标的的安全应尽责任的，保险人有权解除合同。

4）在合同有效期内，保险标的的危险程度显著增加，被保险人未按合同约定及时通知保险人的或者保险人要求增加保险费被拒绝的，保险人有权解除合同。

5）投保人申报的被保险人年龄不真实，并且其真实年龄不符合合同约定的年龄限制的，保险人可以解除合同。

6）人身保险合同效力中止后 2 年保险合同双方当事人未达成协议恢复合同效力的，保险人有权解除合同。

此外，保险标的发生部分损失的，自保险人赔偿之日起 30 日内，投保人可以解除合同；除合同另有约定外，保险人也可以解除合同，但应当提前 15 日通知投保人。合同解除的，保险人应将保险标的未受损失部分的保险费，按照合同约定扣除自保险责任开始之日起至合同解除之日止应收的部分后，退还投保人。

（十）财产保险合同中的代位求偿制度

1. 代位求偿的概念

代位求偿是指保险人在向被保险人赔偿损失后，取得了该被保险人享有的依法向负有民事赔偿责任的第三人追偿的权利，并据此权利予以追偿的制度。代位求偿制度是损失补偿原则的体现。损失补偿原则的核心是被保险人所得赔偿不得超过其因保险事故所遭受的实际损失，被保险人不能因保险关系而取得额外利益。也就是说，被保险人因第三者的过错遭受损失并获得保险人赔偿后，如果还有权向第三者索赔，则被保险人所得将超过其遭受的实际损失，这就会违背损失补偿原则。因此，被保险人获得保险赔偿后，应当将其享有的向第三者追偿的权利转让给保险人。

2. 代位求偿的成立要件

（1）保险事故的发生是由第三者的行为引起的，也就是说，保险事故的发生与第三人的过错行为须有因果关系。

（2）被保险人未放弃向第三者的赔偿请求权。因第三者对保险标的的损害而造成的保险事故发生后，保险人未赔偿保险金之前，被保险人放弃对第三者请求赔偿的权利的，保险人不承担赔偿保险金的责任。保险人向被保险人赔偿保险金后，被保险人未经保险人同意放弃对第三者请求赔偿权利的，该行为无效。如果因被保险人故意或重大过失致使保险人不能行使代位求偿的权利的，保险人可以扣减或者要求返还相应的保险金。

（3）代位求偿权的产生须在保险人支付保险金之后。只有当被保险人未从负有赔偿责任的第三者处获得赔偿或先向保险人索赔时，经保险人进行赔付后，才有将赔偿请求权转让给保险人的必要，代位求偿权才得以产生和适用。

3. 代位求偿权的行使

除被保险人的家庭成员或者其组成人员故意损害保险标的而造成保险事故外，保险人不得对被保险人的家庭成员或者其组成人员行使代位求偿的权利。

（十一）人身保险合同的特殊条款

（1）迟交宽限条款。前已述及。

（2）中止、复效条款。前已述及。

（3）不丧失价值条款。投保人申报的被保险人年龄不真实，并且其真实年龄不符合合同约定的年龄限制的，保险人可以解除合同，并按照合同约定退还保险单的现金价值。投保人故意造成被保险人死亡、伤残或者疾病的，保险人虽不承担给付保险金的责任，但若投保人已交足2年以上保险费的，保险人应当按照合同约定向其他权利人退还保险单的现金价值。

（4）误告年龄条款。人身保险合同中，被保险人的年龄是一个重要的因素，关系到保险费的数额。若投保人申报的被保险人的年龄不真实，致使投保人支付的保险费少于应付保险费的，保险人有权更正并要求投保人补交保险费，或在给付保险金时按照实付保险费与应付保险费的比例支付，但若投保人为此支付的保险费多于应交的保险费，保险人应当将多收的保险费退还投保人。

（5）自杀条款。为了防止道德风险的发生，避免自杀者通过蓄意自杀谋取保险金，人身保险合同一般把自杀条款作为除外责任条款。为此，根据《保险法》的规定，以被保险人死亡为给付保险金条件的合同，自合同成立或者合同效力恢复之日起2年内，被保险人自杀的，保险人不承担给付保险金的责任，但被保险人自杀时为无民事行为能力人的除外。也就是说，如果保险合同届满2年后，被保险人自杀的，保险人应按合同约定给付保险金。

本节考核的知识点

1. 保险法的基本原则。
2. 保险合同的特征。
3. 保险合同的当事人。
4. 保险合同中当事人的义务。
5. 财产保险合同中的代位求偿制度。

第8章即测即评

练习题

选择题

1. 根据《商业银行法》的规定，商业银行不可经营的业务是（　　）。

A. 办理国内外结算　　B. 吸收公众存款

C. 提供保管箱服务　　D. 发行国债

2. 根据《保险法》的规定，在人身保险中，投保人对下列人员具有保险利益的是（　　）。

A. 本人　　B. 配偶　　C. 子女　　D. 父母

3. 根据《保险法》的规定，在财产保险中，享有保险利益的人有（　　）。

A. 财产所有权人　　B. 抵押权人

C. 留置权人　　D. 财产保管人

4. 根据《保险法》的规定，人身保险的投保人在（　　）时应对被保险人具有保险利益，财产保险的被保险人在（　　）时应对保险标的具有保险利益。

A. 保险合同订立　保险合同订立

B. 保险事故发生　保险事故发生

C. 保险事故发生　保险合同订立

D. 保险合同订立　保险事故发生

5. 根据《保险法》的规定，保险合同属于（　　）。

A. 双务合同　　B. 格式合同

C. 射幸合同　　D. 诺成合同

6. 根据《保险法》的规定，以被保险人死亡为给付保险金条件的合同，自合同成立或者合同效力恢复之日起（　　）内，被保险人自杀的，保险人不承担给付保险金的责任，但被保险人自杀时为无民事行为能力人的除外。

A. 6个月　　B. 1年　　C. 2年　　D. 3年

第9章

会计法与审计法

学习目标

掌握：

1. 会计核算；
2. 违反《会计法》的法律责任；
3. 审计机关的职责和权限；
4. 违反《审计法》的法律责任。

熟悉：

1. 会计监督；
2. 会计机构和会计人员；
3. 审计机关和审计人员；
4. 审计管辖和审计程序。

了解：

1. 会计与会计法；
2. 审计与审计法。

第1节　会计法

一、会计与会计法

会计是以货币为主要计量单位，通过记账、算账、报账、用账等手段，核算和分析各企业、各有关单位的经济活动和财务开支，反映和监督经济过程及其成果的一种管理活动。

会计的基本职能是会计核算和会计监督。会计核算就是利用设置会计科目、填制会计凭证、登记会计账簿、编制会计报表等专门方法，对各企业、各有关单位的经济活动及其成果连续、系统、全面、真实地加以反映的一项会计活动。会计监督就是会计人员按照预期的目的和要求，通过会计工作对各企业、各单位的经济活动和财务开支所进行的一项监督管理活动。

会计法是调整会计关系的法律规范的总称。会计关系是指会计机构、会计人员在办理会计事务过程中发生的经济关系，以及国家在监督管理会计工作过程中发生的经济关系。调整会计关系的法律规范主要包括：1985年1月21日第六届全国人民代表大会常务委员会第九次会议通过的《中华人民共和国会计法》（以下简称《会计法》，该法分别于1993年、1999年、2017年和2024年作了修正或修订）、《总会计师条例》、《会计档案管理办法》等。国家机关、社会团体、公司、企业、事业单位和其他组织（以下统称单位）必须依照《会计法》办理会计事务。

二、会计机构和会计人员

（一）会计机构、会计人员的设置

各单位应当根据会计业务的需要，依法采取下列一种方式组织本单位的会计工作：

（1）设置会计机构；

（2）在有关机构中设置会计岗位并指定会计主管人员；

（3）委托经批准设立从事会计代理记账业务的中介机构代理记账；

（4）国务院财政部门规定的其他方式。

国有的和国有资产占控股地位或者主导地位的大、中型企业必须设置总会计师。总会计师的任职资格、任免程序、职责权限由国务院规定。

会计机构内部应当建立稽核制度。出纳人员不得兼任稽核、会计档案保管和收入、支出、费用、债权债务账目的登记工作。

会计人员应当具备从事会计工作所需要的专业能力。担任单位会计机构负责人（会计主管人员）的，应当具备会计师以上专业技术职务资格或者从事会计工作3年以上经历。

（二）会计机构、会计人员的职责

会计机构、会计人员的主要职责包括：（1）依法进行会计核算；（2）依法进行会计监督；（3）拟订本单位办理会计事务的具体办法；（4）参与经济决策，包括参与拟订经济计划、业务计划，考核、分析预算、财务计划的执行情况；（5）办理其他会计事务。

三、会计核算和会计监督

（一）会计核算

会计核算是会计的基本职能之一，各单位必须根据实际发生的经济业务事项进行会计核算，填制会计凭证，登记会计账簿，编制财务会计报告。任何单位不得以虚假的经济业务事项或者资料进行会计核算。

1. 会计核算的主要内容

根据《会计法》第十条的规定，各单位应当对下列经济业务事项办理会计手续，进行会计核算：（1）资产的增减和使用；（2）负债的增减；（3）净资产（所有者权益）的增减；（4）收入、支出、费用、成本的增减；（5）财务成果的计算和处理；(6) 需要办理会计手续、进行会计核算的其他事项。

会计核算以人民币为记账本位币。业务收支以人民币以外的货币为主的单位，可以选定其中一种货币作为记账本位币，但是编报的财务会计报告应当折算为人民币。会计年度是以年度为单位进行会计核算的会计期间，我国《会计法》规定的会计年度为自公历1月1日起至12月31日止。

2. 会计核算的基本要求

(1) 会计凭证、会计账簿、财务会计报告和其他会计资料，必须符合国家统一的会计制度的规定。使用电子计算机进行会计核算的，其软件及其生成的会计凭证、会计账簿、财务会计报告和其他会计资料，也必须符合国家统一的会计制度的规定。任何单位和个人不得伪造、变造会计凭证、会计账簿及其他会计资料，不得提供虚假的财务会计报告。

(2) 办理需要进行会计核算的经济业务事项时，必须填制或者取得原始凭证并及时送交会计机构。会计机构、会计人员必须按照国家统一的会计制度的规定对原始凭证进行审核，对不真实、不合法的原始凭证有权不予接受，并向单位负责人报告；对记载不准确、不完整的原始凭证予以退回，并要求按照国家统一的会计制度的规定更正、补充。原始凭证记载的各项内容均不得涂改；原始凭证有错误的，应当由出具单位重开或者更正，更正处应当加盖出具单位印章。原始凭证金额有错误的，应当由出具单位重开，不得在原始凭证上更正。记账凭证应当根据经过审核的原始凭证及有关资料编制。

(3) 会计账簿登记，必须以经过审核的会计凭证为依据，并符合有关法律、行政法规和国家统一的会计制度的规定。会计账簿应当按照连续编号的页码顺序登记。会计账簿记录发生错误或者隔页、缺号、跳行的，应当按照国家统一的会计制度规定的方法更正，并由会计人员和会计机构负责人（会计主管人员）在更正处盖章。使用电子计算机进行会计核算的，其会计账簿的登记、更正，应当符合国家统一的会计制度的规定。各单位发生的各项经济业务事项应当在依法设置的会计账簿上统一登记、核算，不得违反《会计法》和国家统一的会计制度的规定私设会计账簿登记、核算。

(4) 各单位应当定期将会计账簿记录与实物、款项及有关资料相互核对，保证会计账簿记录与实物及款项的实有数额相符、会计账簿记录与会计凭证的有关内容相符、会计账簿之间相对应的记录相符、会计账簿记录与会计报表的有关内容相符。

(5) 各单位采用的会计处理方法，前后各期应当一致，不得随意变更；确有必要变更的，应当按照国家统一的会计制度的规定变更，并将变更的原因、情况及影响在财务会计报告中说明。单位提供的担保、未决诉讼等或有事项，应当按照国家统一的会计制度的规定，在财务会计报告中予以说明。

(6) 财务会计报告应当根据经过审核的会计账簿记录和有关资料编制，并符合《会计法》和国家统一的会计制度关于财务会计报告的编制要求、提供对象和提供期限的规定。向不同的会计资料使用者提供的财务会计报告，其编制依据应当一致。有关法律、行政法规规定财务会计报告须经注册会计师审计的，注册会计师及其所在的会计师事务所出具的审计报告应当随同财务会计报告一并提供。财务会计报告应当由单位负责人和主管会计工作的负责人、会计机构负责人（会计主管人员）签名并盖章，设置总会计师的单位，还必须由总会计师签名并盖章。单位负责人应当保证财务会计报告真实、完整。

（7）会计记录的文字应当使用中文。在民族自治地方，会计记录可以同时使用当地通用的一种民族文字。在中华人民共和国境内的外商投资企业、外国企业和其他外国组织的会计记录可以同时使用一种外国文字。

（8）各单位对会计凭证、会计账簿、财务会计报告和其他会计资料应当建立档案，妥善保管。会计档案的保管期限、销毁、安全保护等具体管理办法，由国务院财政部门会同有关部门制定。

（9）各单位进行会计核算不得有下列行为：1）随意改变资产、负债、净资产（所有者权益）的确认标准或者计量方法，虚列、多列、不列或者少列资产、负债、净资产（所有者权益）；2）虚列或者隐瞒收入，推迟或者提前确认收入；3）随意改变费用、成本的确认标准或者计量方法，虚列、多列、不列或者少列费用、成本；4）随意调整利润的计算、分配方法，编造虚假利润或者隐瞒利润；5）违反国家统一的会计制度规定的其他行为。

（二）会计监督

会计监督是会计的基本职能之一，是我国经济监督体系的重要组成部分，也是《会计法》的核心内容之一。会计监督包括内部监督、政府监督和社会监督三种形式。

1. 内部监督

内部监督是指各单位的会计机构、会计人员通过日常会计工作对经济活动进行的监督。各单位应当建立健全本单位内部会计监督制度，并将其纳入本单位内部控制制度。

单位内部会计监督制度应当符合下列要求：（1）记账人员与经济业务事项和会计事项的审批人员、经办人员、财物保管人员的职责权限应当明确，并相互分离、相互制约；（2）重大对外投资、资产处置、资金调度和其他重要经济业务事项的决策和执行的相互监督、相互制约程序应当明确；（3）财产清查的范围、期限和组织程序应当明确；（4）对会计资料定期进行内部审计的办法和程序应当明确；（5）国务院财政部门规定的其他要求。

单位负责人应当保证会计机构、会计人员依法履行职责，不得授意、指使、强令会计机构、会计人员违法办理会计事项。会计机构、会计人员对违反《会计法》和国家统一的会计制度规定的会计事项，有权拒绝办理或者按照职权予以纠正。

会计机构、会计人员发现会计账簿记录与实物、款项及有关资料不相符的，按照国家统一的会计制度的规定有权自行处理的，应当及时处理；无权处理的，应当立即向单位负责人报告，请求查明原因，作出处理。

任何单位和个人对违反《会计法》和国家统一的会计制度规定的行为，有权检举。收到检举的部门有权处理的，应当依法按照职责分工及时处理；无权处理的，应当及时移送有权处理的部门处理。收到检举的部门、负责处理的部门应当为检举人保密，不得将检举人姓名和检举材料转给被检举单位和被检举人个人。

2. 政府监督

政府监督是指财政、审计、税务等有关国家机关代表国家对各单位财务会计工作实施的监督。

财政部门对各单位的下列情况实施监督：（1）是否依法设置会计账簿；（2）会计凭证、会计账簿、财务会计报告和其他会计资料是否真实、完整；（3）会计核算是否符合《会计法》和国家统一的会计制度的规定；（4）从事会计工作的人员是否具备专业能力、遵守职业道德。

财政部门在对单位会计凭证、会计账簿、财务会计报告和其他会计资料是否真实、完整实施监督，发现重大违法嫌疑时，国务院财政部门及其派出机构可以向与被监督单位有经济业务往来的单位和被监督单位开立账户的金融机构查询有关情况，有关单位和金融机构应当给予支持。

财政、审计、税务、金融管理等部门应当加强监督检查协作，有关监督检查部门已经作出的检查结论能够满足其他监督检查部门履行本部门职责需要的，其他监督检查部门应当加以利用，避免重复查账。依法对有关单位的会计资料实施监督检查的部门及其工作人员对在监督检查中知悉的国家秘密、工作秘密、商业秘密、个人隐私、个人信息负有保密义务。

各单位必须依照有关法律、行政法规的规定，接受有关监督检查部门依法实施的监督检查，如实提供会计凭证、会计账簿、财务会计报告和其他会计资料以及有关情况，不得拒绝、隐匿、谎报。

3. 社会监督

社会监督主要是指会计师事务所受有关单位的委托，对其财务状况、经营成果实施的审计监督。根据《会计法》第二十九条的规定，有关法律、行政法规规定，须经注册会计师进行审计的单位，应当向受委托的会计师事务所如实提供会计凭证、会计账簿、财务会计报告和其他会计资料以及有关情况。任何单位或者个人不得以任何方式要求或者示意注册会计师及其所在的会计师事务所出具不实或者不当的审计报告。财政部门有权对会计师事务所出具审计报告的程序和内容进行监督。

四、违反《会计法》的法律责任

（一）违反会计核算规定的法律责任

会计机构、会计人员违反《会计法》的规定，有下列行为之一的，由县级以上人民政府财政部门责令限期改正，给予警告、通报批评，对单位可以并处20万元以下的罚款，对其直接负责的主管人员和其他直接责任人员可以处5万元以下的罚款；情节严重的，对单位可以并处20万元以上100万元以下的罚款；对其直接负责的主管人员和其他直接责任人员可以处5万元以上50万元以下的罚款；属于公职人员的，还应当依法给予处分：

（1）不依法设置会计账簿的；

（2）私设会计账簿的；

（3）未按照规定填制、取得原始凭证或者填制、取得的原始凭证不符合规定的；

（4）以未经审核的会计凭证为依据登记会计账簿或者登记会计账簿不符合规定的；

（5）随意变更会计处理方法的；

（6）向不同的会计资料使用者提供的财务会计报告编制依据不一致的；

（7）未按照规定使用会计记录文字或者记账本位币的；

（8）未按照规定保管会计资料，致使会计资料毁损、灭失的；

（9）未按照规定建立并实施单位内部会计监督制度或者拒绝依法实施的监督或者不如实提供有关会计资料及有关情况的；

（10）任用会计人员不符合《会计法》规定的。

有上述所列行为之一，构成犯罪的，依法追究刑事责任。会计人员有上述所列行为之一，情节严重的，5年内不得从事会计工作。

（二）伪造、变造、隐匿、故意销毁会计资料的法律责任

会计机构、会计人员伪造、变造会计凭证、会计账簿，编制虚假财务会计报告，隐匿或者故意销毁依法应当保存的会计凭证、会计账簿、财务会计报告的，构成犯罪的，依法追究刑事责任。尚未构成犯罪的，由县级以上人民政府财政部门责令限期改正，给予警告、通报批评，没收违法所得，违法所得20万元以上的，对单位可以并处违法所得1倍以上10倍以下的罚款，没有违法所得或者违法所得不足20万元的，可以并处20万元以上200万元以下的罚款；对其直接负责的主管人员和其他直接责任人员可以处10万元以上50万元以下的罚款，情节严重的，可以处50万元以上200万元以下的罚款；属于公职人员的，还应当依法给予处分；其中的会计人员，5年内不得从事会计工作。

（三）授意、指使、强令会计机构、会计人员伪造、变造、隐匿、故意销毁会计资料的法律责任

单位负责人授意、指使、强令会计机构、会计人员及其他人员伪造、变造会计凭证、会计账簿，编制虚假财务会计报告或者隐匿、故意销毁依法应当保存的会计凭证、会计账簿、财务会计报告，构成犯罪的，依法追究刑事责任；尚不构成犯罪的，由县级以上人民政府财政部门给予警告、通报批评，可以并处20万元以上100万元以下的罚款；情节严重的，可以并处100万元以上500万元以下的罚款；属于公职人员的，还应当依法给予处分。

（四）对会计人员进行打击报复的法律责任

单位负责人对依法履行职责、抵制违反《会计法》规定行为的会计人员以降级、撤职、调离工作岗位、解聘或者开除等方式实行打击报复，构成犯罪的，依法追究刑事责任；尚不构成犯罪的，由其所在单位或者有关单位依法给予行政处分。对受打击报复的会计人员，应当恢复名誉和原有职务、级别。

（五）财政部门及有关行政部门的工作人员违法行为的法律责任

财政部门及有关行政部门的工作人员在实施监督管理中滥用职权、玩忽职守、徇私舞弊或者泄露国家秘密、工作秘密、商业秘密，个人隐私、个人信息的，构成犯罪的，依法追究刑事责任；尚不构成犯罪的，依法给予行政处分。

本节考核的知识点

1. 会计核算：掌握会计核算的主要内容与基本要求。

2. 会计监督：主要掌握内部监督的基本要求；会计机构、会计人员在会计监督中的职责。

3. 法律责任：违反会计核算规定的法律责任；伪造、变造、隐匿、故意销毁会计资料的法律责任；授意、指使、强令会计机构、会计人员伪造、变造、隐匿、故意销毁会计资料的法律责任；对会计人员进行打击报复的法律责任；财政部门及有关行政部门的工作人员违法行为的法律责任。

第2节 审计法

一、审计与审计法

审计是指由专职机构和人员，依法对被审计单位的财政收支，财务收支的真实性、合法性、效益性进行审核、评价的监督活动。国家审计是指由国家审计机关依照《中华人民共和国审计法》（以下简称《审计法》）所实施的审计监督，是对各级政府的财政收支以及国有金融机构和企业事业组织的财务收支情况进行的审计监督。

审计机关依照法律规定的职权和程序，进行审计监督。审计机关依据有关财政收支、财务收支的法律法规和国家其他有关规定进行审计评价，在法定职权范围内作出审计决定。审计机关依照法律规定独立行使审计监督权，不受其他行政机关、社会团体和个人的干涉。

审计法是调整审计关系的法律规范的总称。审计关系是从事审计工作的专职机构和人员在审计过程中以及国家在审计管理工作中发生的经济关系。1994年8月31日，第八届全国人民代表大会常务委员会第九次会议通过了《审计法》，并于2006年进行了修正。《审计法》的调整对象为国家审计关系；国务院各部门和地方各级人民政府及其各部门的财政收支、国有的金融机构和企业事业组织的财务收支，以及其他依照《审计法》的规定应当接受审计的财政、财务收支，都应当依照《审计法》的规定接受国家审计机关的审计监督。

二、审计机关和审计人员

（一）审计机关

国家实行审计监督制度，国务院和县级以上地方人民政府设立审计机关。国务院设立审计署，在国务院总理领导下，主管全国的审计工作。省、自治区、直辖市、设区的市、自治州、县、自治县、不设区的市、市辖区的人民政府的审计机关，分别在省长、自治区主席、市长、州长、县长、区长和上一级审计机关的领导下，负责本行政区域内的审计工作。地方各级审计机关对本级人民政府和上一级审计机关负责并报告工作，审计业务以上级审计机关领导为主。审计机关根据工作需要，经本级人民政府批准，可以在其审计管辖范围内设立派出机构。派出机构根据审计机关的授权，依法进行审计工作。

审计机关履行职责所必需的经费，应当列入财政预算，由本级人民政府予以保证。

（二）审计人员

审计人员属于国家公务员，应当具备与其从事审计工作相适应的专业知识和业务能力。审计人员办理审计事项，与被审计单位或者审计事项有利害关系的，应当回避。审计人员对其在执行职务中知悉的国家秘密和被审计单位的商业秘密，负有保密义务。

审计人员依法执行职务，受法律保护。任何组织和个人不得拒绝、阻碍审计人员依法执行职务，不得打击报复审计人员。审计机关负责人依照法定程序任免。审计机关负责人没有违法失职或者其他不符合任职条件的情况的，不得随意撤换。地方各级审计机关负责人的任免，应当事先征求上一级审计机关的意见。

三、审计机关的职责和权限

（一）审计机关的职责

（1）审计机关对各级政府的财政收支进行审计监督。审计机关对本级各部门（含直属单位）和下级政府预算的执行情况和决算以及其他财政收支情况进行审计监督。审计署在国务院总理领导下，对中央预算执行情况、决算草案以及其他财政收支情况进行审计监督，向国务院总理提出审计结果报告。地方各级审计机关分别在省长、自治区主席、市长、州长、县长、区长和上一级审计机关的领导下，对本级预算执行情况、决算草案以及其他财政收支情况进行审计监督，向本级人民政府和上一级审计机关提出审计结果报告。

（2）审计机关对国有金融机构的财务收支进行审计监督。审计机关对国有金融机构的资产、负债、损益进行审计监督。审计署对中央银行的财务收支进行审计监督。

（3）审计机关对国有企业事业组织的财务收支进行审计监督。审计机关对国有企业的资产、负债、损益以及国家事业组织的财务收支，进行审计监督。对国有资本占控股地位或者主导地位的企业、金融机构的审计监督，由国务院规定。审计机关对国家的事业组织和使用财政资金的其他组织的财务收支，进行审计监督。

（4）审计机关对其他法定事项进行审计监督。具体包括：

1）审计机关对政府投资和以政府投资为主的建设项目的预算执行情况和决算，进行审计监督；

2）审计机关对政府部门管理的和其他单位受政府委托管理的社会保障基金、社会捐赠资金以及其他有关基金、资金的财务收支，进行审计监督；

3）审计机关对国际组织和外国政府援助、贷款项目的财务收支，进行审计监督；

4）审计机关按照国家有关规定，对国家机关和依法属于审计机关审计监督对象的其他单位的主要负责人，在任职期间对本地区、本部门或者本单位的财政收支、财务收支以及有关经济活动应负经济责任的履行情况，进行审计监督；

5）审计机关有权对与国家财政收支有关的特定事项，向有关地方、部门、单位进行专项审计调查，并向本级人民政府和上一级审计机关报告审计调查结果；

6）依法属于审计机关审计监督对象的单位，应当按照国家有关规定建立健全内部审计制度，其内部审计工作应当接受审计机关的业务指导和监督；

7）社会审计机构审计的单位依法属于审计机关审计监督对象的，审计机关按照国务院的规定，有权对该社会审计机构出具的相关审计报告进行核查；

8）审计机关对其他法律、行政法规规定应当由审计机关进行审计的事项，依照《审计法》和有关法律、行政法规的规定进行审计监督。

（二）审计机关的权限

（1）审计检查权。审计机关有权要求被审计单位按照审计机关的规定提供预算或者财务收支计划、预算执行情况、决算、财务会计报告，运用电子计算机存储与处理的财政收支、财务收支电子数据和必要的电子计算机技术文档，在金融机构开立账户的情况，社会审计机构出具的审计报告，以及其他与财政收支或者财务收支有关的资料，被审计单位不得拒绝、拖延、谎报。被审计单位负责人对本单位提供的财务会计资料的真实性和完整性负责。审计机关进行审计时，有权检查被审计单位的会计凭证、会计账簿、财务会计报告和运用电子计算机管理财政收支、财务收支电子数据的系统，以及其他与财政收支或者财务收支有关的资料和资产，被审计单位不得拒绝。

（2）审计调查权。审计机关进行审计时，有权就审计事项的有关问题向有关单位和个人进行调查，并取得有关证明材料。有关单位和个人应当支持、协助审计机关工作，如实向审计机关反映情况，提供有关证明材料。审计机关经县级以上人民政府审计机关负责人批准，有权查询被审计单位在金融机构的账户。审计机关有证据证明被审计单位违反国家规定将公款转入其他单位、个人在金融机构账户的，经县级以上人民政府审计机关主要负责人批准，有权查询有关单位、个人在金融机构与审计事项相关的存款。

（3）审计协助权。审计机关履行审计监督职责，可以提请公安、监察、财政、税务、海关、价格、工商行政管理等机关予以协助。

（4）审计处理、处罚权。审计机关对被审计单位转移、隐匿、篡改、毁弃会计凭证、会计账簿、财务会计报告以及其他与财政收支或者财务收支有关的资料和资产的行为，有权予以制止；必要时，经县级以上人民政府审计机关负责人批准，有权封存有关资料和违反国家规定取得的资产；对其中在金融机构的有关存款需要予以冻结的，应当向人民法院提出申请。审计机关对被审计单位正在进行的违反国家规定的财政收支、财务收支行为，有权予以制止；制止无效的，经县级以上人民政府审计机关负责人的批准，通知财政部门和有关主管部门，暂停拨付与违反国家规定的财政收支、财务收支行为直接有关的款项，已经拨付的，暂停使用。审计机关对违反国家规定的财政收支、财务收支的行为，需要依法给予处理、处罚的，在法定职权范围内作出审计决定或者向有关主管机关提出处理、处罚意见。

（5）通报和公布审计结果权。审计机关可以向政府有关部门通报或者向社会公布审计结果。审计机关通报或者公布审计结果，应当依法保守国家秘密和被审计单位的商业秘密，遵守国务院的有关规定。

四、审计管辖和审计程序

（一）审计管辖

审计机关根据被审计单位的财政、财务隶属关系或者国有资产监督管理关系，确定审计管辖范围。审计机关之间对审计管辖范围有争议的，由其共同的上级审计机关确定。

上级审计机关可以将其审计管辖范围内的《审计法》有关条款规定的审计事项，授权下级审计机关进行审计；上级审计机关对下级审计机关审计管辖范围内的重大审计事项，可以直接进行审计，但是应防止不必要的重复审计。

（二）审计程序

审计程序是指审计机关在审计过程中必须遵循的法定程序，主要包括审计准备、审计实施和审计终结三个阶段。

（1）审计准备阶段。审计机关根据审计项目计划确定的审计事项组成审计组，并应当在实施审计 3 日前，向被审计单位送达审计通知书；遇有特殊情况，经县级以上人民政府审计机关负责人批准，审计机关可以直接持审计通知书实施审计。

（2）审计实施阶段。审计人员通过审查会计凭证、会计账簿、财务会计报告，查阅与审计事项有关的文件、资料，检查现金、实物、有价证券，向有关单位和个人调查等方式进行审计，并取得证据材料。审计组对审计项目实施审计后，应当向审计机关提出审计组的审计报告。审计组的审计报告报送审计机关前，应当征求被审计单位的意见。被审计单位应当自接到审计组的审计报告之日起 10 日内，将其书面意见送交审计组。审计组应当将被审计单位的书面意见一并报送审计机关。

（3）审计终结阶段。审计机关按照审计署规定的程序对审计组的审计报告进行审议，并对被审计单位对审计组的审计报告提出的意见一并研究后，提出审计机关的审计报告；对违反国家规定的财政收支、财务收支行为，依法应当给予处理、处罚的，审计机关在法定职权范围内作出审计决定或者向有关主管机关提出处理、处罚意见。审计机关应当将审计机关的审计报告和审计决定送达被审计单位和有关主管机关、单位。审计决定自送达之日起生效。

五、违反《审计法》的法律责任

（一）被审计单位及其责任人员的法律责任

（1）被审计单位违反《审计法》规定，拒绝或者拖延提供与审计事项有关的资料的，或者提供的资料不真实、不完整的，或者拒绝、阻碍检查的，由审计机关责令改正，可以通报批评，给予警告；拒不改正的，依法追究法律责任。

（2）被审计单位转移、隐匿、篡改、毁弃会计凭证、会计账簿、财务会计报告以及其他与财政收支或者财务收支有关的资料，或者转移、隐匿所持有的违反国家规定取得的资产，审计机关认为对直接负责的主管人员和其他直接责任人员依法应当给予处分的，应当提出给予处分的建议，被审计单位或者其上级机关、监察机关应当依法及时作出决定，并将结果书面通知审计机关；构成犯罪的，依法追究刑事责任。

（3）对本级各部门（含直属单位）和下级政府违反预算的行为或者其他违反规定的财政收支行为，对被审计单位违反国家规定的财政收支、财务收支行为，审计机关、人民政府或者有关主管部门在法定职权范围内，依照法律、行政法规的规定，区别情况采取下列处理措施：1）责令限期缴纳应当上缴的款项；2）责令限期退还被侵占的国有资产；3）责令限期退还违法所得；4）责令按照国家统一的财务、会计制度的有关规定进行处理；5）其他处理措施。被审计单位的财政收支、财务收支违反法律、行政法规的规定，构成犯罪的，依法追究刑事责任。

（4）被审计单位的财政收支、财务收支违反国家规定，审计机关认为对直接负责的主管人员和其他直接责任人员依法应当给予处分的，应当提出给予处分的建议，被审计单位或者其上级机关、监察机关应当依法及时作出决定，并将结果书面通知审计机关；构成犯罪的，依法追究刑事责任。报复陷害审计人员的，依法给予处分；构成犯罪的，依法追究刑事责任。

（二）审计机关及其审计人员的法律责任

审计机关的审计报告、审计决定确有错误的，应当依法及时改正。审计人员滥用职权、徇私舞弊、玩忽职守或者泄露所知悉的国家秘密、商业秘密的，依法给予处分；构成犯罪的，依法追究刑事责任。

本节考核的知识点

1. 审计机关的职责和权限。
2. 违反《审计法》的法律责任。

第9章即测即评

练习题

选择题

1. 下列不属于应当办理会计手续进行核算的是（　　）。

A. 款项和有价证券的收付　　B. 记账本位币的变更

C. 财务的收发增减和使用　　D. 收入支出的核算

2. 根据《会计法》的规定，会计年度（　　）。

A. 自公历1月1日起至12月31日止

B. 自公历1月1日起至6月30日止

C. 自公历4月1日起至次年3月31日止

D. 自公历10月1日起至次年9月30日止

3. 根据《会计法》的规定，某中外合资经营企业的经营收入以美元为主，其进行会计核算使用记账本位币时，下列做法正确的是（　　）。

A. 只能使用人民币　　B. 只能使用美元

C. 可以使用人民币，也可以使用美元　　D. 可以同时使用人民币和美元

4. 下列各项中，会计机构、会计人员有权不予受理并向单位负责人报告的是（　　）。

A. 不真实的原始凭证　　B. 不合法的原始凭证

C. 不准确的原始凭证　　D. 不真实、不合法的原始凭证

5. 下列各项中，会计机构、会计人员予以退回并要求经办人员依法更正补充的是（　　）。

A. 不准确的原始凭证　　B. 不合法的原始凭证

C. 不完整的原始凭证　　D. 不准确、不完整的原始凭证

6. 会计人员有下列行为之一，情节严重的，5年内不得从事会计工作的是（　　）。

A. 账簿登记错误　　B. 未按规定取得原始凭证

C. 随意改变会计处理方法　　D. 未按规定使用会计记录文字

7. 根据《会计法》的规定，会计核算的基本内容包括（　　）。

A. 资产的增减和使用　　B. 负债的增减和结算

C. 收入、支出、费用、成本的增减　　D. 净资产（所有者权益）的增减

8. 审计机关的权限有（　　）。

A. 审计调查权　　B. 审计协助权

C. 审计检查权　　D. 审计处罚权

第 10 章

竞争法

学习目标

掌握：

1. 不正当竞争行为的类型；
2. 垄断行为的类型。

熟悉：

反垄断执法机构及其职责。

了解：

1. 不正当竞争行为的概念；
2. 垄断行为的概念。

第 1 节　反不正当竞争法

一、不正当竞争行为的概念与特征

不正当竞争行为是指经营者在生产经营活动中，违反《中华人民共和国反不正当竞争法》（以下简称《反不正当竞争法》）规定，扰乱市场竞争秩序，损害其他经营者或者消费者的合法权益的行为。其特征是：

（1）主体的特定性。不正当竞争的行为人应为经营者，即“从事商品生产、经营或者提供服务（以下所称商品包括服务）的自然人、法人和非法人组织”。

（2）领域的限定性。不正当竞争是经营者在“商品经营或者营利性服务”领域实施的行为；在其他领域实施的同类行为，不构成不正当竞争。

（3）性质的违法性。不正当竞争行为直接违反了《反不正当竞争法》的禁止性规定，或者违背了自愿、平等、公平、诚信的市场交易原则或公认的商业道德，形式及内容均背向正义。

（4）效果的有害性。不正当竞争行为的实施客观上损害了其他经营者和消费者的合法权益，扰乱社会经济秩序。

二、不正当竞争行为的类型

《反不正当竞争法》由第十二届全国人民代表大会常务委员会第三十次会议于 2017 年 11 月 4 日修订通过，自 2018 年 1 月 1 日起施行；根据 2019 年 4 月 23 日第十三届全国人民代表大会常务委员会第十次会议的决定进行修正。根据修正后的《反不正当竞争法》，下列行为属于不正当竞争行为。

（一）市场混淆行为

经营者不得实施下列混淆行为，引人误认为是他人商品或者与他人存在特定联系：

（1）擅自使用与他人有一定影响的商品名称、包装、装潢等相同或者近似的标识；

（2）擅自使用他人有一定影响的企业名称（包括简称、字号等）、社会组织名称（包括简称等）、姓名（包括笔名、艺名、译名等）；

（3）擅自使用他人有一定影响的域名主体部分、网站名称、网页等；

（4）其他足以引人误认为是他人商品或者与他人存在特定联系的混淆行为。

（二）商业贿赂行为

经营者不得采用财物或者其他手段贿赂下列单位或者个人，以谋取交易机会或者竞争优势：

（1）交易相对方的工作人员；

（2）受交易相对方委托办理相关事务的单位或者个人；

（3）利用职权或者影响力影响交易的单位或者个人。

经营者在交易活动中，可以以明示方式向交易相对方支付折扣，或者向中间人支付佣金。经营者向交易相对方支付折扣、向中间人支付佣金的，应当如实入账。接受折扣、佣金的经营者也应当如实入账。

经营者的工作人员进行贿赂的，应当认定为经营者的行为；但是，经营者有证据证明该工作人员的行为与为经营者谋取交易机会或者竞争优势无关的除外。

（三）引人误解的虚假宣传行为

经营者不得对其商品的性能、功能、质量、销售状况、用户评价、曾获荣誉等作虚假或者引人误解的商业宣传，欺骗、误导消费者。

经营者不得通过组织虚假交易等方式，帮助其他经营者进行虚假或者引人误解的商业宣传。

（四）侵犯商业秘密行为

商业秘密，是指不为公众所知悉、具有商业价值并经权利人采取相应保密措施的技术信息、经营信息等商业信息。侵犯商业秘密的具体表现为：（1）以盗窃、贿赂、欺诈、胁迫、电子侵入或者其他不正当手段获取权利人的商业秘密；（2）披露、使用或者允许他人使用以前项手段获取的权利人的商业秘密；（3）违反保密义务或者违反权利人有关保守商业秘密的要求，披露、使用或者允许他人使用其所掌握的商业秘密；（4）教唆、引诱、帮助他人违反保密义务或者违反权利人有关保守商业秘密的要求，获取、披露、使用或者允许他人使用权利人的商业秘密。经营者以外的其他自然人、法人和非法人组织实施上述所列违法行为的，视为侵犯商业秘密。

第三人明知或者应知商业秘密权利人的员工、前员工或者其他单位、个人实施上述所列违法行为，仍获取、披露、使用或者允许他人使用该商业秘密的，视为侵犯商业秘密。

在侵犯商业秘密的民事审判程序中，商业秘密权利人提供初步证据，证明其已经对所主张的商业秘密采取保密措施，且合理表明商业秘密被侵犯，涉嫌侵权人应当证明权利人所主张的商业秘密不属于《反不正当竞争法》规定的商业秘密。

商业秘密权利人提供初步证据合理表明商业秘密被侵犯，且提供以下证据之一的，涉嫌侵权人应当证明其不存在侵犯商业秘密的行为：（1）有证据表明涉嫌侵权人有渠道或者机会获取商业秘密，且其使用的信息与该商业秘密实质上相同；（2）有证据表明商业秘密已经被涉嫌侵权人披露、使用或者有被披露、使用的风险；（3）有其他证据表明商业秘密被涉嫌侵权人侵犯。

（五）诋毁商誉行为

诋毁商誉行为，是指经营者编造、传播虚假信息或者误导性信息，损害竞争对手的商业信誉、商品声誉。诋毁商誉的主体是经营者，主观方面可以是故意，也可以是过失；客观方面表现为经营者采取编造、传播虚假信息或者误导性信息，损害竞争对手商业信誉和商品声誉的行为。

（六）不当附奖赠促销行为

不当附奖赠促销行为，是指经营者在销售产品或提供服务时，违反法律规定，通过附带地向购买者提供物品、金钱或其他经济利益作为赠与或奖励，以促进销售的行为。表现为：

（1）所设奖的种类、兑奖条件、奖金金额或者奖品等有奖销售信息不明确，影响兑奖；

（2）采用谎称有奖或者故意让内定人员中奖的欺骗方式进行有奖销售；

（3）抽奖式的有奖销售，最高奖的金额超过5万元。

（七）利用网络技术影响用户选择的行为

经营者不得利用技术手段，通过影响用户选择或者其他方式，实施下列妨碍、破坏其他经营者合法提供的网络产品或者服务正常运行的行为：

（1）未经其他经营者同意，在其合法提供的网络产品或者服务中，插入链接、强制进行目标跳转；

（2）误导、欺骗、强迫用户修改、关闭、卸载其他经营者合法提供的网络产品或者服务；

（3）恶意对其他经营者合法提供的网络产品或者服务实施不兼容；

（4）其他妨碍、破坏其他经营者合法提供的网络产品或者服务正常运行的行为。

三、对不正当竞争行为的监督检查

（一）监督检查部门

国务院建立反不正当竞争工作协调机制，研究决定反不正当竞争重大政策，协调处理维护市场竞争秩序的重大问题。县级以上人民政府履行工商行政管理职责的部门对不正当竞争行为进行查处；法律、行政法规规定由其他部门查处的，依照其规定。

国家鼓励、支持和保护一切组织和个人对不正当竞争行为进行社会监督。国家机关及其工作人员不得支持、包庇不正当竞争行为。行业组织应当加强行业自律，引导、规范会员依法竞争，维护市场竞争秩序。

（二）对涉嫌不正当竞争行为的调查

监督检查部门调查涉嫌不正当竞争行为，可以采取下列措施：

（1）进入涉嫌不正当竞争行为的经营场所进行检查；

（2）询问被调查的经营者、利害关系人及其他有关单位、个人，要求其说明有关情况或者提供与被调查行为有关的其他资料；

（3）查询、复制与涉嫌不正当竞争行为有关的协议、账簿、单据、文件、记录、业务函电和其他资料；

（4）查封、扣押与涉嫌不正当竞争行为有关的财物；

（5）查询涉嫌不正当竞争行为的经营者的银行账户。

采取以上规定的措施，应当向监督检查部门主要负责人书面报告，并经批准。采取上述第（4）项、第（5）项规定的措施，应当向设区的市级以上人民政府监督检查部门主要负责人书面报告，并经批准。

监督检查部门调查涉嫌不正当竞争行为，应当遵守《中华人民共和国行政强制法》和其他有关法律、行政法规的规定，并应当将查处结果及时向社会公开，对调查过程中知悉的商业秘密负有保密义务。被调查的经营者、利害关系人及其他有关单位、个人应当如实提供有关资料或者情况。任何单位和个人有权向监督检查部门举报，监督检查部门接到举报后应当依法及时处理。

监督检查部门应当向社会公开受理举报的电话、信箱或者电子邮件地址，并为举报人保密。对实名举报并提供相关事实和证据的，监督检查部门应当将处理结果告知举报人。

四、法律责任

（一）民事责任

（1）因不正当竞争行为受到损害的经营者的赔偿数额，按照其因被侵权所受到的实际损失确定；实际损失难以计算的，按照侵权人因侵权所获得的利益确定。经营者恶意实施侵犯商业秘密行为，情节严重的，可以在按照上述方法确定数额的1倍以上5倍以下确定赔偿数额。赔偿数额还应当包括经营者为制止侵权行为所支付的合理开支。

（2）经营者违反《反不正当竞争法》第六条、第九条规定，权利人因被侵权所受到的实际损失、侵权人因侵权所获得的利益难以确定的，由人民法院根据侵权行为的情节判决给予权利人500万元以下的赔偿。

（二）行政责任

（1）经营者违反《反不正当竞争法》第六条规定实施混淆行为的，由监督检查部门责令停止违法行为，没收违法商品。违法经营额5万元以上的，可以并处违法经营额5倍以下的罚款；没有违法经营额或者违法经营额不足5万元的，可以并处25万元以下的罚款；情节严重的，吊销营业执照。

（2）经营者登记的企业名称违反《反不正当竞争法》第六条规定的，应当及时办理名称变更登记；名称变更前，由原企业登记机关以统一社会信用代码代替其名称。

（3）经营者违反《反不正当竞争法》第七条规定贿赂他人的，由监督检查部门没收违法所得，处10万元以上300万元以下的罚款；情节严重的，吊销营业执照。

（4）经营者违反《反不正当竞争法》第八条规定对其商品作虚假或者引人误解的商业宣传，或者通过组织虚假交易等方式帮助其他经营者进行虚假或者引人误解的商业宣传的，由监督检查部门责令停止违法行为，处20万元以上100万元以下的罚款；情节严重的，处100万元以上200万元以下的罚款，可以吊销营业执照。

经营者违反《反不正当竞争法》第八条规定，属于发布虚假广告的，依照《中华人民共和国广告法》的规定处罚。

（5）经营者以及其他自然人、法人和非法人组织违反《反不正当竞争法》第九条规定侵犯商业秘密的，由监督检查部门责令停止违法行为，没收违法所得，处10万元以上100万元以下的罚款；情节严重的，处50万元以上500万元以下的罚款。

（6）经营者违反《反不正当竞争法》第十条规定进行有奖销售的，由监督检查部门责令停止违法行为，处5万元以上50万元以下的罚款。

（7）经营者违反《反不正当竞争法》第十一条规定损害竞争对手商业信誉、商品声誉的，由监督检查部门责令停止违法行为、消除影响，处10万元以上50万元以下的罚款；情节严重的，处50万元以上300万元以下的罚款。

（8）经营者违反《反不正当竞争法》第十二条规定妨碍、破坏其他经营者合法提供的网络产品或者服务正常运行的，由监督检查部门责令停止违法行为，处10万元以上50万元以下的罚款；情节严重的，处50万元以上300万元以下的罚款。

（9）妨害监督检查部门依照《反不正当竞争法》履行职责，拒绝、阻碍调查的，由监督检查部门责令改正，对个人可以处5 000元以下的罚款，对单位可以处5万元以下的罚款，并可以由公安机关依法给予治安管理处罚。

（10）监督检查部门的工作人员滥用职权、玩忽职守、徇私舞弊或者泄露调查过程中知悉的商业秘密的，依法给予处分。

（11）经营者违反《反不正当竞争法》规定从事不正当竞争，有主动消除或者减轻违法行为危害后果等法定情形的，依法从轻或者减轻行政处罚；违法行为轻微并及时纠正，没有造成危害后果的，不予行政处罚。

（12）经营者违反《反不正当竞争法》规定从事不正当竞争，受到行政处罚的，由监督检查部门记入信用记录，并依照有关法律、行政法规的规定予以公示。

经营者违反《反不正当竞争法》规定，应当承担民事责任、行政责任和刑事责任，其财产不足以支付的，优先用于承担民事责任。

（三）刑事责任

违反《反不正当竞争法》规定，构成犯罪的，依法追究刑事责任。

本节考核的知识点

1. 市场混淆行为的具体表现。
2. 侵犯商业秘密行为的具体表现。
3. 商业贿赂与佣金、折扣的区别。
4. 互联网领域不正当竞争行为的表现。
5. 不当附奖赠促销行为的表现。

第 2 节 反垄断法律制度

一、垄断行为的概念及特征

垄断是指经营者或者其利益代表者，滥用已经具备的市场支配地位，或者通过协议、合并或者其他方式谋求并滥用市场支配地位，借以排除或限制竞争，牟取超额利益，依法应予规制的行为。其特征是：

（1）垄断的客观方面是垄断行为而非垄断结构；

（2）垄断的主体是经营者或者利益代表者；

（3）垄断的主观方面是牟取超额利益；

（4）垄断的后果是排除或限制竞争；

（5）垄断的性质具有违法性。

二、垄断行为的类型

（一）滥用市场支配地位的行为

滥用市场支配地位的行为是指具有市场支配地位的经营者凭借其市场支配地位实施的排挤竞争对手或不公平交易行为。

（1）市场支配地位的认定依据。

1）该经营者在相关市场的市场份额，以及相关市场的竞争状况；

2）该经营者控制产品销售市场或者原材料采购市场的能力；

3）该经营者的财力和技术条件；

4）其他经营者对该经营者在交易上的依赖程度；

5）其他经营者进入相关市场的难易程度；

6）认定互联网等新经济业态经营者具有市场支配地位考虑的特殊因素；

7）认定共同市场支配地位考虑的特殊因素。

（2）经营者市场支配地位的推定标准。

1）一个经营者在相关市场的市场份额达到1/2；

2）两个经营者在相关市场的市场份额合计达到2/3；

3）三个经营者在相关市场的市场份额合计达到3/4。

对于多个经营者被推定为共同占有市场支配地位时，其中有的经营者市场份额不足1/10的，不应当推定该经营者具有市场支配地位。

（3）滥用市场支配地位的表现。

1）垄断高价和垄断低价（以不公平的高价销售商品或者以不公平的低价购买商品）；

2）掠夺性定价（没有正当理由，以低于成本的价格销售商品）；

3）拒绝交易（没有正当理由，拒绝与交易相对人进行交易）；

4）独家交易（没有正当理由，限定交易相对人只能与其进行交易或者只能与其指定的经营者进行交易）；

5）搭售（没有正当理由搭售商品，或者在交易时附加其他不合理的交易条件）；

6）差别待遇（没有正当理由，对条件相同的交易相对人在交易价格等交易条件上实行差别待遇）。

（4）滥用市场支配地位的法律责任。由国务院反垄断执法机构责令停止违法行为，没收违法所得，并处上一年度销售额1%以上10%以下的罚款。

（二）垄断协议行为

垄断协议行为，也称限制竞争协议行为、联合限制竞争行为，是指两个或两个以上经营者采取的排除、限制竞争的协议、决定或者其他协同行为。

1. 垄断协议的分类

（1）横向垄断协议。指处于产业链同一环节的两个或两个以上经营者所达成的垄断协议。主要包括：

1）固定或者变更商品价格（经营者通过协议、决议或其他协同一致的方式确定、维持或者改变价格）；

2）限制商品的生产数量或者销售数量；

3）分割销售市场或者原材料采购市场；

4）不当技术联合（限制购买新技术、新设备，或者限制开发新技术、新产品；

5）联合抵制交易；

6）国务院反垄断执法机构认定的其他垄断协议。

（2）纵向垄断协议。指处于同一产业链上下环节的两个或两个以上经营者所达成的垄断协议。主要包括：

1）固定转售价格（在同一产业链中上一环节的经营者通过协议确定下一环节

经营者的销售价格）；

2）限定转售最低价格（在同一产业链中上一环节的经营者利用其市场支配地位，通过协议确定下一环节经营者的销售价格）；

3）国务院反垄断执法机构认定的其他垄断协议。

2. 垄断协议行为的豁免

经营者能够证明所达成的协议属于下列情形之一的，可以免于处罚：

（1）为改进技术、研究开发新产品的；

（2）为提高产品质量、降低成本、增进效率，统一产品规格、标准或者实行专业化分工的；

（3）为提高中小经营者经营效率，增强中小经营者竞争力的；

（4）为实现节约能源、保护环境、救灾救助等社会公共利益的；

（5）因经济不景气，为缓解销售量严重下降或者生产明显过剩的；

（6）为保障对外贸易和对外经济合作中的正当利益的；

（7）法律和国务院规定的其他情形。

3. 法律责任

经营者违反《中华人民共和国反垄断法》（以下简称《反垄断法》）的规定，达成并实施垄断协议的，由国务院反垄断执法机构责令停止违法行为，没收违法所得，并处上一年度销售额1%以上10%以下的罚款；上一年度没有销售额的，处500万元以下的罚款。尚未实施所达成的垄断协议的，可以处300万元以下的罚款。经营者的法定代表人、主要负责人和直接责任人员对达成垄断协议负有个人责任的，可以处100万元以下的罚款。行业协会违反《反垄断法》的规定，组织本行业的经营者达成垄断协议的，由国务院反垄断执法机构责令改正，可以处300万元以下的罚款；情节严重的，社会团体登记管理机关可以依法撤销登记。

（三）经营者集中行为

1. 经营者集中的概念

经营者集中是指经营者通过合并、收购、委托经营、联营或者其他方式，集合经营者经济力量，提高市场地位的行为。表现为：合并、收购、委托经营、联营或其他方式。

2. 经营者集中的申报标准

经营者集中申报制度并不要求所有的集中都申报，而是达到一定法定标准的集中才申报。经营者集中达到下列标准之一的，经营者应当事先向国务院反垄断执法机构申报，未申报的不得实施集中：

（1）实体条件。参与集中的所有经营者上一会计年度在全球范围内的营业额合计超过100亿元人民币，并且其中至少两个经营者上一会计年度在中国境内的营业额均超过4亿元人民币；参与集中的所有经营者上一会计年度在中国境内的营业额合计超过20亿元人民币，并且其中至少两个经营者上一会计年度在中国境内的营业额均超过4亿元人民币。

（2）申报程序。应当事先向国务院反垄断执法机构申报，未申报的不得实施集中。

（3）审查的程序。

1）初审。国务院反垄断执法机构自收到经营者提交的符合法定条件的文件、资料之日起 30 日内进行初步审查，作出不实施进一步审查的决定或者逾期未作出决定的，经营者可以实施集中，否则进行进一步审查。

2）进一步审查。进一步审查自决定之日起 90 日内审查完毕，作出决定并书面通知经营者。作出禁止决定的，应当说明理由。如有法定特殊情形，可以延长审查期限。逾期未作出决定的，经营者可以实施集中。

审查的内容包括：

①参与集中的经营者在相关市场的市场份额及其对市场的控制力；

②相关市场的市场集中度；

③经营者集中对市场进入、技术进步的影响；

④经营者集中对消费者和其他有关经营者的影响；

⑤经营者集中对国民经济发展的影响；

⑥国务院反垄断执法机构认为应当考虑的影响市场竞争的其他因素。

3）决定。经营者集中具有或者可能具有排除、限制竞争效果的，国务院反垄断执法机构应当作出禁止经营者集中的决定。但是，经营者能够证明该集中对竞争产生的有利影响明显大于不利影响，或者符合社会公共利益的，国务院反垄断执法机构可以作出对经营者集中不予禁止的决定。对不予禁止的经营者集中，国务院反垄断执法机构可以决定附加减少集中对竞争产生不利影响的限制性条件。

4）公布审查结果。

3. 法律责任

由国务院反垄断执法机构责令停止实施集中、限期处分股份或者资产、限制转让营业以及采取其他必要措施恢复到集中前的状态，处上一年度销售额 10%以下的罚款；不具有排除、限制竞争效果的，处 500 万元以下的罚款。

（四）滥用行政权力排除、限制竞争行为

1. 概念

滥用行政权力排除、限制竞争行为是指行政机关和法律、法规授权的具有管理公共事务职能的组织，滥用行政权力、违反法律规定实施的限制市场竞争的行为。

2. 表现

（1）行政强制交易。行政机关滥用行政权力，违反法律规定，限定或者变相限定经营者、消费者经营、购买、使用其指定的经营者提供的商品。表现为以下几点：

1）以明确要求、暗示、拒绝或者拖延行政审批、重复检查、不予接入平台或者网络等方式，限定或者变相限定经营、购买、使用特定经营者提供的商品；

2）通过限制投标人所在地、所有制形式、组织形式等方式，限定或者变相限定经营、购买、使用特定投标人提供的商品；

3）没有法律、法规依据，通过设置项目库、名录库等方式，限定或者变相限定经营、购买、使用特定经营者提供的商品；

4）限定或者变相限定单位或者个人经营、购买、使用其指定的经营者提供的商品的其他行为。

（2）利用合作协议实施垄断行为。行政机关和法律、法规授权的具有管理公共事务职能的组织滥用行政权力，通过与经营者签订合作协议、备忘录等方式，妨碍其他经营者进入相关市场或者对其他经营者实行不平等待遇，排除、限制竞争。

（3）地区封锁。表现为以下几点：

1）对外地商品设定歧视性收费项目，实行歧视性收费标准，或者规定歧视性价格；

2）对外地商品规定与本地同类商品不同的技术要求、检验标准，或者对外地商品采取重复检验、重复认证等歧视性技术措施，阻碍、限制外地商品进入本地市场；

3）没有法律、法规依据，采取专门针对外地商品的行政许可、备案，或者对外地商品实施行政许可、备案时，设定不同的许可或者备案条件、程序、期限等，阻碍、限制外地商品进入本地市场；

4）没有法律、法规依据，设置关卡、通过软件或者互联网设置屏蔽等手段，阻碍外地商品进入本地市场或者本地商品运出；

5）妨碍商品在地区之间自由流通的其他行为。

（4）排斥或限制外地经营者参加招标投标。表现为以下几点：

1）不依法发布招标投标等信息；

2）排除或者限制外地经营者参与本地特定的招标投标活动和其他经营活动；

3）设定歧视性的资质要求或者评审标准；

4）设定与实际需要不相适应或者与合同履行无关的资格、技术和商务条件，变相限制外地经营者参加本地招标投标、政府采购活动；

5）排斥或者限制外地经营者参加本地招标投标、政府采购活动的其他行为。

（5）排斥或者限制外地经营者在本地投资或者设立分支机构或者妨碍外地经营者在本地的正常经营活动。表现为以下几点：

1）拒绝、强制或者变相强制外地经营者在本地投资或者设立分支机构；

2）对外地经营者在本地投资的规模、方式以及设立分支机构的地址、商业模式等进行限制或者提出不合理要求；

3）对外地经营者在本地的投资或者设立的分支机构在投资、经营规模、经营方式、税费缴纳等方面规定与本地经营者不同的要求，在安全生产、节能环保、质量标准、行政审批、备案等方面实行歧视性待遇；

4）排斥、限制、强制或者变相强制外地经营者在本地投资或者设立分支机构的其他行为。

（6）强制经营者从事垄断行为。指行政机关和法律、法规授权的具有管理公共事务职能的组织滥用行政权力，强制经营者达成实施排除、限制竞争的垄断协议，或者强制具有市场支配地位的经营者从事滥用市场支配地位的行为，或者强制经营者实施违法经营者集中等。

（7）抽象行政性垄断行为。指行政机关滥用行政权力，制定含有排除、限制竞争内容的规定的行为，其具体形式包括决定、公告、通告、通知、意见、会议纪要等。

3. 法律责任

行政机关和法律、法规授权的具有管理公共事务职能的组织滥用行政权力，实施排除、限制竞争行为的，由上级机关责令改正；对直接负责的主管人员和其他直接责任人员依法给予处分。国务院反垄断执法机构可以向有关上级机关提出依法处理的建议，处理建议应当具体、明确，可以包括停止实施有关行为、废止有关文件并向社会公开、修改文件的有关内容并向社会公开文件的修改情况等。

三、《反垄断法》的执行和适用

（一）执行主体

国务院反垄断委员会和国务院反垄断执法机构共同承担反垄断职责。

（二）职责

根据《反垄断法》的规定，国务院反垄断委员会履行下列职责：

（1）研究拟订有关竞争政策；

（2）组织调查、评估市场总体竞争状况，发布评估报告；

（3）制定、发布反垄断指南；

（4）协调反垄断行政执法工作；

（5）国务院规定的其他职责。

国务院反垄断执法机构履行下列职责：

（1）制定、发布有关反垄断指南和具体措施；

（2）调查、评估市场竞争状况；

（3）调查处理涉嫌垄断行为；

（4）制止垄断行为；

（5）受理、审查经营者集中的申报；

（6）国务院规定的其他职责。

本节考核的知识点

1. 市场支配地位的认定依据、滥用市场支配地位的表现、法律责任。

2. 垄断协议行为：重点掌握横向垄断协议的表现，垄断协议行为的豁免、法律责任。

3. 经营者集中：重点掌握经营者集中的申报许可条件。

4. 滥用行政权力排除、限制竞争行为的表现、法律责任。

第 10 章即测即评

练习题

选择题

1. 甲以偷盗手段获取了某公司的商业秘密。根据《反不正当竞争法》的规定，下列各项中，属于侵犯商业秘密的行为的有（　　）。

A. 甲披露该商业秘密

B. 甲使用该商业秘密

C. 甲允许乙使用该商业秘密

D. 丙明知甲以偷盗手段获取的该商业秘密，丙仍使用该商业秘密

2. 甲商场为打垮竞争对手乙商场，在网上发帖谎称乙商场销售假皮鞋，乙商场的声誉因此受到损害。根据《反不正当竞争法》的规定，下列对甲商场发帖行为定性的表述中，正确的是（　　）。

A. 侵犯商业秘密行为　　B. 诋毁商誉行为

C. 比较广告行为　　D. 虚假陈述行为

3. 下列不属于商业秘密的特征的是（　　）。

A. 商业性　　B. 秘密性

C. 价值性　　D. 保密性

4. 根据《反垄断法》的规定，对于经营者从事的下列滥用市场支配地位的行为，国务院反垄断执法机构进行违法性认定时，无须考虑行为是否有正当理由的是（　　）。

A. 以不公平的高价销售商品　　B. 拒绝与交易相对人进行交易

C. 限定交易相对人只能与其进行交易　　D. 搭售商品

5. 某市车辆清洗业协会在与该市各洗车企业协商后，于 2023 年 8 月 5 日向该市 100 多个洗车企业发布《关于规范机动车辆清洗收费标准的通知》，规定全市机动车清洗行业收费指导价为：小型车辆单次洗车 15 元，中型车辆单次洗车 20～30 元，大型车辆单次洗车 40～60 元。新标准从 2023 年 9 月 1 日起执行。该行为被反垄断主管机关认定为垄断。该市车辆清洗业协会的上述行为属于《反垄断法》所禁止的垄断行为的具体类型是（　　）。

A. 横向垄断协议　　B. 纵向垄断协议

C. 独家交易　　D. 限制市场准入

6. 根据《反垄断法》的规定，下列各项中，属于滥用市场支配地位行为的有（　　）。

A. 以不公平的高价销售商品

B. 没有正当理由，拒绝与交易相对人进行交易

C. 没有正当理由，搭售商品

D. 限定向第三人转售商品的最低价格

7. 认定市场支配地位应当考虑的因素包括（　　）。
A. 该经营者在相关市场的市场份额
B. 该经营者的财力和技术条件
C. 其他经营者进入相关市场的难易程度
D. 该经营者的社会形象及社会责任的履行
8. 根据《反垄断法》的规定，下列各项中，属于横向垄断协议的有（　　）。
A. 经营者通过协议、决议或其他协同一致的方式确定、维持或者改变价格
B. 经营者通过协议、决议或其他协同一致的方式限定商品的生产数量或者销售数量
C. 经营者通过协议、决议或其他协同一致的方式拒绝与特定交易相对人进行交易
D. 在同一产业链中上一环节的经营者，利用其市场支配地位，通过协议确定下一环节经营者的销售价格
9. 根据《反垄断法》的规定，下列各项中，可被豁免的垄断协议有（　　）。
A. 为改进技术、研究开发新产品的
B. 限制开发新技术、新产品的
C. 为提高产品质量、降低成本、增进效率，统一产品规格、标准或者实行专业化分工的
D. 为实现节约能源、保护环境、救灾救助等社会公共利益的
10. 根据《反垄断法》的规定，下列选项中，属于法律禁止的垄断协议的是（　　）。
A. 某行业协会组织本行业的企业就防止进口原料的恶性竞争达成保护性协议
B. 三家大型房地产公司的董事长聚会，就商品房价格达成共识，随后一致采取涨价行动
C. 某品牌的奶粉含有三聚氰胺的事实被公布后，数家大型超市联合声明拒绝销售该产品
D. 数家大型煤炭企业就采用一种新型矿山安全生产技术达成一致意见
11. 根据反垄断法律制度的规定，下列各项中，经营者应当事先向商务部申报的有（　　）。
A. 参与集中的所有经营者上一会计年度在全球范围内的营业额合计为90亿元人民币，其中有两个经营者上一会计年度在中国境内的营业额分别为5亿元人民币、8亿元人民币
B. 参与集中的所有经营者上一会计年度在全球范围内的营业额合计为120亿元人民币，其中有两个经营者上一会计年度在中国境内的营业额分别为6亿元人民币、7亿元人民币
C. 参与集中的所有经营者上一会计年度在中国境内的营业额合计为30亿元人民币，其中有两个经营者上一会计年度在中国境内的营业额分别为5亿元人民币、8亿元人民币
D. 参与集中的所有经营者上一会计年度在中国境内的营业额合计为25亿元人

民币，其中有两个经营者上一会计年度在中国境内的营业额分别为6亿元人民币、7亿元人民币

12. 下列行为中，属于《反垄断法》所禁止的垄断行为的有（　　）。

A. 某药品生产企业因拥有一项治疗心血管疾病的药品专利，占据了相关市场95%的份额

B. 年销售额在1亿元以上的药品零售企业之间达成联盟协议，共同要求药品生产企业按照统一的优惠价格向联盟内的企业供应药品，联盟内的企业按照统一的零售价格向消费者销售药品

C. 某市政府在与某国有医药企业签订的战略合作协议中承诺，该国有医药企业在该市医疗机构药品招标中享有优先中标机会

D. 某省政府招标办公室发布文件称：凡不在本省纳税的企业，一律不得参与本省的招投标活动

案例题

【案例1】 2023年2月16日，杭州某网络技术有限公司在其网络平台“速推精灵”空包网上利用空包物流的方式进行虚假交易，为商家提升商业信誉。该公司分别以1.95元/单、2.7元/单、1.7元/单的价格，购买A、B、C快递公司空包物流单号，又分别以2.1元/单、3.05元/单、2.05元/单的代理价售卖空包物流单号。自2023年3月至2024年2月，该公司运营的“速推精灵”空包网络平台注册商家2 286家、注册刷手1 947个，发布空包物流任务106万单，涉及空包物流金额229万元，刷流量涉及金额343万元。

要求：根据上述内容，分别回答下列问题：

(1) 该公司的行为是否合法？为什么？

(2) 若违法，该如何处理？

【案例2】 进入21世纪，可口可乐公司推出了一系列非汽水饮料，包括果粒橙及原叶茶饮料。为进一步发展其饮料业务，2008年9月3日，可口可乐公司宣布：计划以179亿港元（约合23亿美元）现金收购中国最大的果蔬汁生产商——汇源果汁集团有限公司。北京东方艾格农业咨询公司提供的数据显示，如果以各企业产销量作为市场份额比重的计算参考依据，2007年中国果蔬汁饮料市场份额排名前三位的分别是：统一企业（中国）投资有限公司、可口可乐装瓶商生产（东莞）有限公司、汇源饮料食品集团有限公司，市场份额分别为18.69%，15.04%与13.95%。若完成此次收购，可口可乐所占的中国果汁市场份额（包括100%纯果汁、中浓度果汁、含果汁饮料）将达28.99%。我国商务部于2008年11月对可口可乐收购汇源的申报予以立案，经审查，2009年3月18日发出通报，认定此项收购将会影响或限制竞争，不利于中国果汁行业的健康发展，因此作出禁止此项收购的决定。

要求：根据上述内容，依据《反垄断法》的规定，分别回答下列问题：

(1) 对该项收购行为应如何定性？

(2) 对该项收购适用《反垄断法》的依据是什么？

(3) 我国商务部禁止该项收购的法律依据是什么？

第 11 章

产品质量法

学习目标

掌握：

1. 生产者、销售者的产品质量义务；
2. 违反产品质量法的法律责任。

理解：

产品质量的监督管理。

了解：

1. 产品质量的概念和特征；
2. 产品质量法的概念和体系。

第 1 节　产品质量法概述

一、产品质量的概念和特征

产品质量是指产品在正常使用条件下，满足合理使用用途要求所必须具备的物质、技术、心理和社会特性的总和。简单地讲，产品质量是指产品满足明确或者潜在要求的特征和特性的总和。所谓“特征和特性”，是指产品为满足需要而应当具备的适应能力、安全程度、经济属性等方面的基本要求。因此，产品质量的主要特征表现在以下几个方面：

（1）适用性，即产品适合社会和人们需要的程度。包括功能上的适用性、使用上的适用性和销售上的适用性。产品在多大程度上满足了社会和人们的需要，是评价产品质量的重要指标。因此，适用性是产品质量最基本的特性。

（2）安全性，即产品在使用或操作过程中保证安全的程度。产品的安全性一般要求不给使用者的人身、财产以及周围环境带来危险。

（3）经济性，即产品的设计、制造、使用等各方面所付出或所消耗成本的程度。它要求在满足使用需要的前提下，使用适当的原材料，采用适当的技术标准，最大限度地节约产品成本。

(4) 可靠性，即产品在规定的条件下和规定的时间内，完成规定功能的程度或能力。一般通过功能、效率、平均寿命、平均无故障工作时间等参数进行评定。

(5) 维修性，即产品在发生故障后，能够迅速维修恢复其功能的能力。通常采用平均修复时间等参数来表示，维修性与产品设计有着密不可分的关系。

(6) 获得性，即产品被使用者接受的能力。产品所具有的适用性、安全性、可靠性、维修性等特性的程度，应当与消费者及社会的接受力相适应。

二、产品质量法的概念和体系

产品质量法是调整产品质量监督管理关系和产品质量责任关系的法律规范的总称。我国的产品质量法作为规范市场经济秩序和保护消费者权益的一项重要法律制度，其基本框架体系主要由以下三部分组成。

(一) 产品质量基本法

产品质量基本法，即《中华人民共和国产品质量法》(以下简称《产品质量法》)。1993 年 2 月 22 日第七届全国人民代表大会常务委员会第三十次会议通过了《产品质量法》，并于 1993 年 9 月 1 日起施行。这是我国第一部全面系统的产品质量规范的基本法，其适用范围是经过加工、制作，用于销售的产品，不包括未经过加工的天然形成的物品（如原矿、原煤、石油、天然气等）以及初级农产品（如农、林、牧、渔等产品），建设工程也不适用该法的规定，但是建设工程所需要的建筑材料、建筑构配件和设备等工业产品适用该法。

2000 年 7 月 8 日第九届全国人民代表大会常务委员会第十六次会议对《产品质量法》作了第一次修正，2009 年 8 月 27 日第十一届全国人民代表大会常务委员会第十次会议对该法作了第二次修正，2018 年 12 月 29 日第十三届全国人民代表大会常务委员会第七次会议对该法作了第三次修正。

(二) 产品质量配套法

产品质量配套法，即国务院及有关行政主管部门发布的相关法规及规章。如《中华人民共和国进出口商品检验法实施条例》《中华人民共和国国境卫生检疫法实施细则》《中华人民共和国认证认可条例》《强制性产品认证管理规定》等。

(三) 产品质量相关法

产品质量相关法，即与产品质量相关的其他法律、法规。如《中华人民共和国标准化法》《中华人民共和国计量法》《中华人民共和国药品管理法》《中华人民共和国食品安全法》《中华人民共和国进出口商品检验法》《中华人民共和国国境卫生检疫法》等。

本节考核的知识点

1. 产品质量的特征。
2. 产品质量法的体系。

第2节　产品质量的监督管理

一、产品质量监督管理体制

产品质量监督管理体制是指产品质量监督管理机构的设置及其职权划分制度的统称。

《产品质量法》第八条规定："国务院市场监督管理部门主管全国产品质量监督工作。国务院有关部门在各自的职责范围内负责产品质量监督工作。县级以上地方市场监督管理部门主管本行政区域内的产品质量监督工作。县级以上地方人民政府有关部门在各自的职责范围内负责产品质量监督工作。"具体表现为：

市场监督管理部门主要负责：宏观质量管理；产品质量安全监督管理；特种设备安全监督管理；食品安全监督管理综合协调；食品安全监督管理。

国家卫生健康委员会主要负责：组织制定国家药物政策和国家基本药物制度，开展药品使用监测、临床综合评价和短缺药品预警，提出国家基本药物价格政策的建议，参与制定国家药典；组织开展食品安全风险监测评估，依法制定并公布食品安全标准；负责职责范围内的职业卫生、放射卫生、环境卫生、学校卫生、公共场所卫生、饮用水卫生等公共卫生的监督管理，负责传染病防治监督，健全卫生健康综合监督体系；制定医疗机构、医疗服务行业管理办法并监督实施，建立医疗服务评价和监督管理体系。

国家药品监督管理局主要负责：药品、医疗器械和化妆品的安全监督管理、标准管理、注册管理、质量管理、上市后风险管理以及监督检查。

二、产品质量监督管理制度

产品质量监督管理制度是指国家质量监督部门及授权的有关机构依据法定职权，或者有关社会组织及消费者依据法定权利，对产品质量进行监督管理的制度。

（一）产品质量检验制度

产品质量检验制度是指检验机构按照特定的标准，对产品质量进行检测以判明产品是否合格的一项制度。所谓"特定的标准"，是指国家标准、行业标准、地方标准或者企业标准。有强制性标准的产品，必须按照强制性标准进行检验。产品质量检验主要包括两方面的内容：

（1）自行检验。自行检验是指企业自行设立的检验机构对出厂产品和购买产品所进行的质量检验，它是企业必须进行的一项检验工作。自行检验的基本要求是产品质量应当检验合格，不得以不合格产品冒充合格产品。

（2）第三方检验。第三方检验是指由生产者和购买者以外的产品质量检验机构对产品质量进行的检验。第三方检验的直接目的不是建立生产经营者的产品质量保证体系，而是为了获取特定产品的质量信息，以便处理产品质量纠纷或者为产品质量监督活动提供重要依据。作为第三方的产品质量检验机构必须具备相应的检测条件和能力，经省级以上人民政府产品质量监督部门或者其授权的部门考核合格后，方可承担产品质量检验工作。为保证产品质量检验的客观、公正，作为社会中介组织的产品质量监督机构，必须依法设立，不得与行政机关和其他国家机关存在隶属关系或者其他利益关系。

（二）企业质量体系认证制度

企业质量体系认证是指由国家有关部门认可的认证机构，依据国际通用标准，对申请认证的企业的质量管理水平和产品质量保证能力进行综合性检查和评定，并对符合认证标准的企业颁发认证证书的系列活动。《产品质量法》第十四条第一款规定，“国家根据国际通用的质量管理标准，推行企业质量体系认证制度。企业根据自愿原则可以向国务院市场监督管理部门认可的或者国务院市场监督管理部门授权的部门认可的认证机构申请企业质量体系认证。经认证合格的，由认证机构颁发企业质量体系认证证书”。

企业质量体系认证的标准是国际通用的“质量管理和质量保证”系列标准，即国际标准化组织（ISO）于 1987 年 3 月正式发布且已被许多国家普遍采用的 ISO 9000 系列国际标准，目前这些标准已经转化为我国的国家标准（GB/T 19000—ISO 9000，GB/T 19001—ISO 9001，GB/T 19002—ISO 9002，GB/T 19003—ISO 9003），在我国被等同采用，作为我国进行企业质量体系认证的依据。

企业质量体系认证由国务院市场监督管理部门认可的或者其授权的部门认可的认证机构负责实施。为确保认证结果的公正性和可信性，有利于取得国际的承认，对认证机构资格实行国家认可制度。企业申请质量体系认证实行自愿的原则，任何单位或个人都不得强迫企业申请质量体系认证。

（三）产品质量认证制度

产品质量认证是指由国家有关部门认可的认证机构，依据国际先进水平的产品标准和相应的技术要求，对申请认证的产品进行检验和评价，对符合标准和要求的，颁发认证证书和认证标志的系列活动。《产品质量法》第十四条第二款规定，“国家参照国际先进的产品标准和技术要求，推行产品质量认证制度。企业根据自愿原则可以向国务院市场监督管理部门认可的或者国务院市场监督管理部门授权的部门认可的认证机构申请产品质量认证。经认证合格的，由认证机构颁发产品质量认证证书，准许企业在产品或者其包装上使用产品质量认证标志”。

产品质量认证与企业质量体系认证不同，主要区别是：（1）认证的对象不同。产品质量认证的对象是特定产品；企业质量体系认证的对象是特定企业的质量管理和质量保证体系。（2）认证的依据不同。产品质量认证的依据是产品标准和技术要求；企业质量体系认证的依据是“质量管理和质量保证”系列标准。（3）认证的结论不同。产品质量认证的结论是证明产品是否符合产品标准；企业质量体系认证的结论是证明企业质量体系是否符合质量管理标准。（4）认证的意义不同。产品质量认证是对产品质量的评价，获取该认证有助于提高产品的市场信誉和产品的市场竞争力；企业质量体系认证是对企业质量管理水平和质量保证能力的评价，获取该认证有助于提高企业的市场信誉和市场竞争力。

我国目前的产品质量认证分为合格认证和安全认证，并实行“自愿认证和强制认证相结合”的认证管理原则。凡具有国家标准或者行业标准的产品，企业可自愿申请认证；国家法律、法规和规章规定“不经认证不得销售、进口和使用”的产品实行强制性认证管理。新的国家强制性认证标志名称为“中国强制认证”（英文名称为“China Compulsory Certification”，简称“3C”认证）。中国强制认证标志实施以后，逐步取代了原实行的“长城CCEE”（电工产品安全认证）和“CCIB”（进口商品安全质量许可认证）及“PRC”（电子元器件产品认证）等安全认证标志的使用。

（四）产品质量监督检查制度

国家对产品质量实行以抽查为主要方式的监督检查制度，对可能危及人体健康和人身、财产安全的产品，影响国计民生的重要工业产品以及消费者、有关组织反映有质量问题的产品进行抽查。抽查的样品应当在市场上或者企业成品仓库内的待销产品中随机抽取。监督抽查工作由国务院市场监督管理部门规划和组织。县级以上地方市场监督管理部门在本行政区域内也可以组织监督抽查。国家监督抽查的产品，地方不得另行重复抽查；上级监督抽查的产品，下级不得另行重复抽查。

依照《产品质量法》的规定进行监督抽查的产品质量不合格的，由实施监督抽查的市场监督管理部门责令其生产者、销售者限期改正。逾期不改正的，由省级以上人民政府市场监督管理部门予以公告；公告后经复查仍不合格的，责令停业，限期整顿；整顿期满后经复查产品质量仍不合格的，吊销营业执照。同时，国务院和省、自治区、直辖市人民政府的市场监督管理部门应当定期发布其监督抽查的产品的质量状况公告。

（五）产品质量社会监督制度

产品质量的社会监督是指用户、消费者、保护消费者权益的社会组织以及新闻媒介等对产品质量实施的监督。根据《产品质量法》的规定，消费者有权就产品质量问题，向产品的生产者、销售者查询；向市场监督管理部门及有关部门申诉，接受申诉的部门应当负责处理。同时，保护消费者权益的社会组织也可以就消费者反映的产品质量问题建议有关部门负责处理，支持消费者对因产品质量造成的损害向人民法院起诉。

本节考核的知识点

1. 产品质量检验制度。
2. 产品质量监督检查制度。
3. 产品质量认证制度。

第 3 节　生产者、销售者的产品质量义务

一、生产者的产品质量义务

（一）保证产品的内在质量符合法律要求

生产者应当对其生产的产品的质量负责，并保证产品的内在质量符合下列要求：

（1）不存在危及人身、财产安全的不合理的危险，有保障人体健康和人身、财产安全的国家标准、行业标准的，应当符合该标准。

（2）具备产品应当具备的使用性能，但是对产品存在使用性能的瑕疵作出说明的除外。

（3）符合在产品或者其包装上注明采用的产品标准，符合以产品说明、实物样品等方式表明的质量状况。

（二）保证产品或者包装上的标识符合法律要求

生产者应当保证其产品或者其包装上的标识真实，并符合下列要求：

（1）有产品质量检验合格证明。

（2）有中文标明的产品名称、生产厂厂名和厂址。

（3）根据产品的特点和使用要求，需要标明产品规格、等级、所含主要成分的名称和含量的，用中文相应予以标明；需要事先让消费者知晓的，应当在外包装上标明，或者预先向消费者提供有关资料。

（4）限期使用的产品，应当在显著位置清晰地标明生产日期和安全使用期或者失效日期。

（5）使用不当，容易造成产品本身损坏或者可能危及人身、财产安全的产品，应当有警示标志或者中文警示说明。裸装的食品和其他根据产品的特点难以附加标识的裸装产品，可以不附加产品标识。

（6）易碎、易燃、易爆、有毒、有腐蚀性、有放射性等危险物品以及储运中不能倒置和其他有特殊要求的产品，其包装质量必须符合相应要求，依照国家有关规定作出警示标志或者中文警示说明，标明储运注意事项。

（三）不得违反法律的禁止性规定

（1）生产者不得生产国家明令淘汰的产品。

（2）生产者不得伪造产地，不得伪造或者冒用他人的厂名、厂址。

（3）生产者不得伪造或者冒用认证标志等质量标志。

（4）生产者生产产品，不得掺杂、掺假，不得以假充真、以次充好，不得以不合格产品冒充合格产品。

二、销售者的产品质量义务

（一）销售者应当建立进货检查验收制度

进货检查验收制度是指销售者根据同生产者或者其他供货者之间所订合同的

有关约定，对购进的产品进行检查和验收的一项管理制度。销售者应当建立并执行进货检查验收制度，验明产品合格证明和其他标识，从而保证进货渠道的产品质量。

（二）销售者应当保持销售产品的原有质量

销售者应当采取措施，保持销售产品的质量。也就是说，销售者通过采取一系列的保管措施，使销售产品的质量始终保持生产者、供货者将产品交付给销售者时的质量状况，即进货时的质量状况，从而确保销售产品的质量符合法律要求。

（三）销售者应当保证销售产品的标识符合法律要求

销售者销售的产品的标识应当符合《产品质量法》对生产者的产品或其包装上标识的法律要求，即产品或者其包装上的标识必须真实，并且符合有产品质量检验合格证明、有中文标明的产品名称、生产厂厂名和厂址等有关产品标识的法律要求。

（四）销售者不得违反法律的禁止性规定

（1）销售者不得销售国家明令淘汰并停止销售的产品和失效、变质的产品。

（2）销售者不得伪造产地，不得伪造或者冒用他人的厂名、厂址。

（3）销售者不得伪造或者冒用认证标志等质量标志。

（4）销售者销售产品，不得掺杂、掺假，不得以假充真、以次充好，不得以不合格产品冒充合格产品。

本节考核的知识点

1. 生产者的产品质量义务。
2. 销售者的产品质量义务。

第4节 违反产品质量法的法律责任

一、生产者、销售者违反产品质量法的民事责任

1. 产品瑕疵担保责任

产品瑕疵是指产品不具有良好的特征和特性，不符合明示采用的产品标准，或者不符合以产品说明、实物样品等方式表明的质量状况，但是产品不存在危及人身、财产安全的不合理的危险，即产品存在除危险性之外的其他质量问题。

产品瑕疵担保责任也称合同责任，是指销售者违反关于产品质量的保证和承诺，应当承担的违约责任。产品瑕疵担保责任是一种过错责任，其承担责任的条件是：（1）销售者有过错；（2）存在产品质量瑕疵的事实；（3）产品质量瑕疵与生产者、销售者的生产销售有因果关系。根据《产品质量法》第四十条的规定，售出的产品有下列情形之一的，销售者应当负责修理、更换、退货；给购买产品的消费者造成损失的，销售者应当赔偿损失：（1）不具备产品应当具备的使用性

能而事先未作说明的；（2）不符合在产品或者其包装上注明采用的产品标准的；（3）不符合以产品说明、实物样品等方式表明的质量状况的。

遇到上述情况，销售者先行负责后，如果属于生产者的责任或者属于向销售者提供产品的其他销售者（以下简称供货者）的责任的，销售者有权向生产者、供货者追偿。销售者未按规定给予修理、更换、退货或者赔偿损失的，由市场监督管理部门责令改正。

生产者之间、销售者之间、生产者与销售者之间订立的买卖合同、承揽合同有不同约定的，合同当事人按照合同约定执行。

2. 产品缺陷损害赔偿责任

产品缺陷是指产品存在危及人身、他人财产安全的不合理的危险，包括设计上的缺陷、制造上的缺陷和指示上的缺陷。产品不符合保障人体健康和人身、财产安全的国家标准、行业标准的，也属于产品缺陷。

产品缺陷损害赔偿责任也称侵权责任或产品责任，是指因产品存在可能危及人身、财产安全的不合理危险，造成消费者或者他人人身伤害或者除缺陷产品之外的其他财产损失，缺陷产品的生产者、销售者应当依法承担的法律责任。

（1）产品缺陷责任的归责原则。产品缺陷责任是一种特殊侵权责任，其归责原则主要包括严格责任原则、过错责任原则和过错推定责任原则。

生产者承担产品缺陷责任时，按照严格责任原则即无过错责任原则承担民事赔偿责任。《产品质量法》第四十一条对生产者承担无过错责任作了具体规定，即“因产品存在缺陷造成人身、缺陷产品以外的其他财产（以下简称他人财产）损害的，生产者应当承担赔偿责任”。根据严格责任原则，在产品缺陷责任中，只要缺陷产品对他人人身或财产造成了损害，即使产品的生产者主观上不存在过错，生产者也应承担民事赔偿责任，生产者不能以证明自己没有过错而主张免责，受害人也无须对生产者的过错承担举证责任，但是对于产品存在缺陷以及产品缺陷与损害后果之间的因果关系，受害人应负有证明义务。当然，生产者的严格责任不是绝对责任，并不意味着产品的生产者没有抗辩事由，生产者仍然可以依据法律规定的条款免除责任。对此，根据《产品质量法》第四十一条的规定，生产者能够证明有下列情形之一的，不承担赔偿责任：1）未将产品投入流通的；2）产品投入流通时，引起损害的缺陷尚不存在的；3）将产品投入流通时的科学技术水平尚不能发现缺陷的存在的。

销售者承担产品缺陷责任时，按照过错责任原则和过错推定责任原则承担民事赔偿责任。根据《产品质量法》第四十二条的规定，由于销售者的过错使产品存在缺陷，造成人身、他人财产损害的，销售者应当承担赔偿责任。销售者不能指明缺陷产品的生产者也不能指明缺陷产品的供货者的，销售者应当承担赔偿责任。因此，在产品缺陷责任中，只有因销售者的过错致使其销售的产品存在缺陷，造成他人人身、财产损害时，销售者才承担损害赔偿责任。也就是说，销售者承担产品缺陷责任以其主观上有过错（包括故意和过失）为要件。如果销售者对产品缺陷无主观过错，则由生产者或者供货者承担损害赔偿责任，但是当销售者不能指明缺陷产品的生产者或者供货者时，销售者则被推定为具有过错，按过错推定责任原则承担损害赔偿责任。

值得注意的是，从销售者与购买产品的消费者的关系来看，如果因销售者的过错而造成产品存在缺陷，致使产品的消费者遭受人身、财产损害的，销售者与消费者之间既存在产品责任关系又存在合同责任关系，即产品责任与合同责任发生竞合。在这种情况下，当事人如果依据合同起诉，销售者则应承担违反合同的责任；如果依据侵权损害起诉，销售者则应承担侵权损害赔偿责任。但是，消费者只能依据其中一种方式进行诉讼。

（2）产品缺陷责任的损害赔偿范围。产品缺陷责任的损害赔偿范围包括：

1）人身伤害的损害赔偿。因产品存在缺陷造成受害人人身伤害的，侵害人应当赔偿医疗费、治疗期间的护理费、因误工减少的收入等费用；造成残疾的，还应当支付残疾者生活自助具费、生活补助费、残疾赔偿金以及由其扶养的人所必需的生活费等费用；造成受害人死亡的，并应当支付丧葬费、死亡赔偿金以及由死者生前扶养的人所必需的生活费等费用。

2）财产损失的损害赔偿。因产品存在缺陷造成受害人财产损失的，侵害人应当恢复原状或者折价赔偿。受害人因此遭受其他重大损失的，侵害人应当赔偿损失。

（3）产品缺陷责任的赔偿请求和诉讼时效。因产品存在缺陷造成人身、他人财产损害的，受害人可以向产品的生产者要求赔偿，也可以向产品的销售者要求赔偿。属于产品的生产者的责任，产品的销售者赔偿的，产品的销售者有权向产品的生产者追偿。属于产品的销售者的责任，产品的生产者赔偿的，产品的生产者有权向产品的销售者追偿。

因产品存在缺陷造成损害要求赔偿的诉讼时效期间为2年，自当事人知道或者应当知道其权益受到损害时起计算。因产品存在缺陷造成损害要求赔偿的请求权，在造成损害的缺陷产品交付最初消费者满10年丧失；但是，尚未超过明示的安全使用期的除外。

二、生产者、销售者违反产品质量法的行政责任和刑事责任

（1）生产、销售不符合健康、安全标准产品的行政责任和刑事责任。生产、销售不符合保障人体健康和人身、财产安全的国家标准、行业标准的产品的，责令停止生产、销售，没收违法生产、销售的产品，并处违法生产、销售产品（包括已售出和未售出的产品）货值金额等值以上3倍以下的罚款；有违法所得的，并处没收违法所得；情节严重的，吊销营业执照；构成犯罪的，依法追究刑事责任。

《中华人民共和国刑法》（以下简称《刑法》）关于生产、销售不符合健康、安全标准产品的刑事责任主要包括：第一百四十条规定的生产、销售伪劣产品罪；第一百四十一条规定的生产、销售、提供假药罪；第一百四十二条规定的生产、销售、提供劣药罪；第一百四十三条规定的生产、销售不符合安全标准的食品罪；第一百四十四条规定的生产、销售有毒、有害食品罪；第一百四十五条规定的生产、销售不符合标准的医用器材罪；第一百四十六条规定的生产、销售不符合安

全标准的产品罪；第一百四十七条规定的生产、销售伪劣农药、兽药、化肥、种子罪；第一百四十八条规定的生产、销售不符合卫生标准的化妆品罪。

（2）掺杂、掺假，以假充真，以不合格产品冒充合格产品的行政责任和刑事责任。生产者、销售者在产品中掺杂、掺假，以假充真、以次充好，或者以不合格产品冒充合格产品的，责令停止生产、销售，没收违法生产、销售的产品，并处违法生产、销售产品（包括已售出和未售出的产品）货值金额 50%以上 3 倍以下的罚款；有违法所得的，并处没收违法所得；情节严重的，吊销营业执照；构成犯罪的，依《刑法》第一百四十条规定的生产、销售伪劣产品罪追究刑事责任。

（3）生产、销售国家明令淘汰产品的行政责任。生产国家明令淘汰的产品的，销售国家明令淘汰并停止销售的产品的，责令停止生产、销售，没收违法生产、销售的产品，并处违法生产、销售产品（包括已售出和未售出的产品）货值金额等值以下的罚款；有违法所得的，并处没收违法所得；情节严重的，吊销营业执照。

（4）销售失效、变质产品的行政责任和刑事责任。销售失效、变质产品的，责令停止销售，没收违法销售的产品，并处违法销售产品（包括已售出和未售出的产品）货值金额 2 倍以下的罚款；有违法所得的，并处没收违法所得；情节严重的，吊销营业执照；构成犯罪的，依《刑法》第一百四十一条规定的生产、销售、提供假药罪，第一百四十三条规定的生产、销售不符合安全标准的食品罪，第一百四十七条规定的生产、销售伪劣农药、兽药、化肥、种子罪追究刑事责任。

（5）伪造产品产地、伪造或者冒用厂名、厂址以及质量标志的行政责任。生产者、销售者伪造产品产地的，伪造或者冒用他人的厂名、厂址的，伪造或者冒用认证标志等质量标志的，责令改正，没收违法生产、销售的产品，并处违法生产、销售产品（包括已售出和未售出的产品）货值金额等值以下的罚款；有违法所得的，并处没收违法所得；情节严重的，吊销营业执照。

（6）产品标识不符合法律要求的行政责任。产品标识不符合法律规定的，责令改正；有包装的产品标识不符合法律的有关规定，情节严重的，责令停止生产、销售，并处违法生产、销售产品（包括已售出和未售出的产品）货值金额 30%以下的罚款；有违法所得的，并处没收违法所得。

（7）拒绝接受产品质量监督检查的行政责任。生产者、销售者拒绝接受依法进行的产品质量监督检查的，给予警告，责令改正；拒不改正的，责令停业整顿；情节特别严重的，吊销营业执照。

（8）隐匿、转移、变卖、损毁被查封、扣押的物品的行政责任。隐匿、转移、变卖、损毁被市场监督管理部门查封、扣押的物品的，处被隐匿、转移、变卖、损毁物品货值金额等值以上 3 倍以下的罚款；有违法所得的，并处没收违法所得。

另外，《产品质量法》还规定了销售者的从轻或减轻处罚情形、服务业的经营者承担行政责任的情形，以及民事赔偿责任优先原则。《产品质量法》第五十五条规定："销售者销售本法第四十九条至第五十三条规定禁止销售的产品，有充分证据证明其不知道该产品为禁止销售的产品并如实说明其进货来源的，可以从轻或者减轻处罚。"《产品质量法》第六十二条规定："服务业的经营者将本法第四十九条至第五十二条规定禁止销售的产品用于经营性服务的，责令停止使用；对知道或者应当知道所使用的产品属于本法规定禁止销售的产品的，按照违法使用的产品（包括已使用和尚未使用的产品）的货值金额，依照本法对销售者的处罚规定处罚。”《产品质量法》第六十四条规定：“违反本法规定，应当承担民事赔偿责任和缴纳罚款、罚金，其财产不足以同时支付时，先承担民事赔偿责任。”

本节考核的知识点

1. 生产者、销售者违反产品质量法的民事责任。
2. 生产者、销售者违反产品质量法的行政责任和刑事责任。

第11章即测即评

练习题

选择题

1. ISO这一英文缩写表示（　　）。

A. 国际卫生组织　　B. 国际货币基金组织
C. 国际产品质量组织　　D. 国际标准化组织

2. 国家对产品质量实行以抽查为主要方式的监督检查制度。除法律对产品质量的监督检查另有规定的外，抽查的样品应当（　　）。

A. 只在市场上随机抽取
B. 只在企业成品仓库内的待销产品中随机抽取
C. 在市场上或者企业成品仓库内的待销产品中随机抽取
D. 只在经营者提交的样品中随机抽取

3. 销售者承担产品缺陷责任时，按照（　　）承担民事赔偿责任。

A. 过错责任原则
B. 无过错责任原则
C. 过错推定责任原则
D. 过错责任原则和过错推定责任原则

4. 因产品存在缺陷造成损害要求赔偿的诉讼时效期间为（　　），自当事人知道或者应当知道其权益受到损害时起计算。

A. 1年　　B. 2年　　C. 3年　　D. 4年

5. 李女士在家中做饭时高压锅突然爆炸，李女士被炸飞的锅盖击中头部，抢救无效死亡。后据质量检测专家鉴定，高压锅发生爆炸的直接原因是设计不尽合理，使用时造成排气孔堵塞而发生爆炸，本案中可以下列依据判定生产者承担责任的是（　　）。

A. 产品存在缺陷　　B. 产品买卖合同约定
C. 产品默示担保条件　　D. 产品明示担保条件

6. 某厂开发一种新型节能炉具，先后制造出10件样品，后有6件样品丢失。

2021 年某户居民的燃气罐发生爆炸，查明原因是使用了某厂丢失的 6 件样品炉具中的一件，而该炉具存在重大缺陷。该户居民要求某厂赔偿损失，某厂不同意赔偿，下列理由中最能支持某厂立场的是（　　）。

A. 该炉具尚未投入流通

B. 该户居民如何得到炉具的事实不清

C. 该户居民偷盗样品，由此造成的损失应由其自负

D. 该户居民应向提供给其炉具的人索赔

7. 依据《产品质量法》的规定，生产者不得从事的行为包括（　　）。

A. 生产不符合国家先进产品标准的产品

B. 生产国家明令淘汰的产品

C. 伪造产地生产的产品

D. 以不合格产品冒充合格产品

8. 我国目前的产品质量认证分为（　　），并实行“自愿认证和强制认证相结合”的认证管理制度。

A. 合格认证　　B. 安全认证　　C. 产品认证　　D. 产地认证

9. 下列产品中存在《产品质量法》所称的“缺陷”的有（　　）。

A. 致人中毒的假酒

B. 口感不佳的劣酒

C. 易醉人的高度酒

D. 突然爆炸炸坏家具的汽酒（爆炸原因为气压过高）

10. 下列产品中应有警示标志或中文警示说明的有（　　）。

A. 有副作用的药品　　B. 需稀释方可使用的农药

C. 易燃易爆物　　D. 书籍

案例题

居民李某在某商场购买了一台多功能食品加工机，回家试用后，发现该产品只有一种功能，遂向商场提出退货，商场的答复是：“该产品说明书未就其使用性能作明确说明，这是厂家的责任，顾客应向厂家索赔，商场概不负责。”李某对此不能接受，但一时又找不出反驳商场的理由，于是向围观的顾客求助。对于商场的答复，顾客有三种观点：第一种观点认为，商场的行为违反《产品质量法》，李某应坚持要求商场予以退换，商场应当予以退换；第二种观点认为，因为产品存在缺陷，李某只能向厂家要求退换，无权要求商场退换；第三种观点认为，李某购买该商品时未当场进行检验，所以不能要求退换。

要求：李某依法应该采纳上述哪种观点？理由是什么？

第 12 章

消费者权益保护法

学习目标

掌握：

1. 消费者的权利；
2. 经营者的义务；
3. 侵害消费者权益的法律责任。

理解：

1. 消费者权益的保护方式；
2. 消费者权益争议的解决途径。

了解：

1. 消费者的概念和特征；
2. 消费者权益保护法的基本原则。

第 1 节　消费者权益保护法概述

一、消费者的概念和特征

《中华人民共和国消费者权益保护法》（以下简称《消费者权益保护法》）第二条规定："消费者为生活消费需要购买、使用商品或者接受服务，其权益受本法保护；本法未作规定的，受其他有关法律、法规保护。"因此，消费者是指为满足个人生活消费需要而购买、使用商品或者接受服务的自然人。

从上述定义可以归纳出消费者具有以下法律特征：

（1）消费者是购买、使用商品或者接受服务的自然人。消费者是指个人消费者，即对物质商品或者服务进行消耗的具有自然生命的社会个体成员。法人和其他社会组织不具有消费者的资格，因为生活消费的终极消费主体只能是自然人。当然，将消费者限定于自然人，并不否定法人和其他社会组织在其权利受到侵害时可以依据其他法律得到救济。

(2) 消费者购买、使用商品或者接受服务是为满足个人生活需要。消费者作为自然人，购买、使用商品或者接受服务是为满足个人生活需要，即消费者的消费属于生活消费。为满足生产经营需要的生产消费属于企业或者单位的消费，不属于消费者个人的消费。当然，在特殊情况下，生产消费也属于消费者个人的消费，如农民购买、使用直接用于农业生产的生产资料属于消费者个人的消费。

(3) 消费者的消费方式表现为购买、使用商品或者接受服务。消费者的消费方式包括购买、使用商品或者接受服务，即直接消费和间接消费。消费者本人购买、使用商品或者接受服务是一种直接消费行为，如果消费者购买的商品或者服务提供给他人使用或者消费的就是一种间接消费行为。无论是直接消费还是间接消费，都属于消费者个人的消费行为，因此，消费者既包括购买商品或者服务的人，也包括使用商品或者接受服务的人。

二、消费者权益保护法的概念和基本原则

(一) 消费者权益保护法的概念

消费者权益保护法是指调整在保护消费者权益过程中发生的经济关系的法律规范的总称。它在整个经济法律体系中占有重要地位，发挥着重要作用。

消费者权益保护法有其独特的调整对象，即在保护消费者权益过程中所发生的经济关系。主要表现在三个方面：(1) 消费者与经营者之间因购买、使用商品或者接受服务而形成的消费关系；(2) 国家与经营者之间因管理和规制所形成的监督管理关系；(3) 国家与消费者之间因指导和服务所形成的保护关系。

1993 年 10 月 31 日第八届全国人民代表大会常务委员会第四次会议通过了《消费者权益保护法》，使我国消费者权益在已有《产品质量法》《中华人民共和国药品管理法》《中华人民共和国标准化法》《中华人民共和国广告法》《中华人民共和国价格法》《反不正当竞争法》等相关法律保护的基础上，又有了专门法律的保护。

2009 年 8 月 27 日第十一届全国人民代表大会常务委员会第十次会议《关于修改部分法律的决定》，对《消费者权益保护法》作了第一次修正。2013 年 10 月 25 日第十二届全国人民代表大会常务委员会第五次会议《关于修改〈中华人民共和国消费者权益保护法〉的决定》，对《消费者权益保护法》作了第二次修正，自 2014 年 3 月 15 日起施行。2024 年 2 月 23 日国务院第 26 次常务会议通过的《中华人民共和国消费者权益保护法实施条例》(以下简称《消费者权益保护法实施条例》)，自 2024 年 7 月 1 日起施行。

(二) 消费者权益保护法的基本原则

(1) 自愿、平等、公平、诚实信用原则。经营者与消费者交易应当遵循自愿、平等、公平、诚实信用的原则。自愿原则是指消费者在购买、使用商品或者接受服务的过程中，充分自主地表达自己的真实意愿，在受胁迫、强迫、欺诈等情况下的交易都无效。平等原则是指消费者和经营者都享有独立的法律人格，在具体的交易活动中互不隶属，地位平等，各自都能独立地表达自己的意志。公平原则是指经营者和消费者之间的交易活动应当公平合理，既体现形式公平也要求实质

正义。诚实信用原则是指经营者和消费者进行交易应当诚实、守信，以善意的方式行使权利、履行义务，不得规避法律和双方的约定。

（2）国家保护原则。国家保护原则是指由国家对消费者提供特别法律保护的原则，即将消费者及其权益放到一个特殊的法律地位上加以特别保护。消费者与经营者之间的交易关系是平等地位的当事人之间所形成的契约买卖关系，双方在经济法律地位上是完全平等的，通过民事法律规范可以协调和保护双方的权利与义务关系。随着现代经济的发展，经营者利润最大化与消费者效用最大化的目标冲突越来越突出，特别是经营者的垄断和不正当竞争行为的加剧，使消费者明显处于弱势地位，其合法权益最容易受到侵害，这是民事法律规范所解决不了或者解决不好的问题，因此，以国家为核心的公权力就应对消费者权益给予特殊保护，从而保障消费者基本人权的实现和经济社会的和谐稳定发展。我国《消费者权益保护法》明确规定，国家采取措施，保障消费者依法行使权利，维护消费者的合法权益。国家倡导文明、健康、节约资源和保护环境的消费方式，反对浪费。

（3）社会保护原则。社会保护原则是指在国家对消费者提供特别保护的基础上，将消费者权益保护扩大到全社会范围，动用一切社会力量，对经营者及其他可能或者实际侵害消费者权益的行为进行预防、控制、规范和监督。社会保护原则主要体现在社会各界对损害消费者权益的行为进行的社会监督，包括消费者的监督、消费者组织的监督、大众传媒机构的监督以及一切与消费者权益有关的企事业、社会团体的监督。《消费者权益保护法》明确规定，保护消费者的合法权益是全社会的共同责任，国家鼓励、支持一切组织和个人对损害消费者合法权益的行为进行社会监督。

本节考核的知识点

1. 消费者的概念和特征。
2. 消费者权益保护法的基本原则。

第2节 消费者的权利和经营者的义务

一、消费者的权利

消费者的权利是指消费者在消费活动中，即在购买、使用商品或者接受服务的过程中依法享有的各项权利。

我国《消费者权益保护法》在借鉴各国立法经验的基础上，明确规定了消费者所享有的10项权利。

（1）保障安全权。保障安全权是指消费者在购买、使用商品或者接受服务时，依照法律规定或者合同约定所享有的生命健康和财产安全不受威胁、不受损害的权利。消费者有权要求经营者提供的商品和服务符合保障人身、财产安全的要求。根据《消费者权益保护法实施条例》的规定，消费者在经营场所遇到危险或者受到侵害时，经营者应当给予及时、必要的救助。消费者认为经营者提供的商品或者服务可能存在缺陷，有危及人身、财产安全危险的，可以向经营者或者有关行政部门反映情况或者提出建议。

（2）知悉真情权。知悉真情权（知情权）是指消费者在购买、使用商品或者接受服务时，享有知悉其购买、使用的商品或者接受的服务的真实情况的权利。消费者有权根据商品或者服务的不同情况，要求经营者提供商品的价格、产地、生产者、用途、性能、规格、等级、主要成分、生产日期、有效期限、检验合格证明、使用方法说明书、售后服务，或者服务的内容、规格、费用等有关情况。

（3）自主选择权。自主选择权是指消费者有权自主选择提供商品或者服务的经营者，自主选择商品品种或者服务方式，自主决定购买或者不购买任何一种商品、接受或者不接受任何一项服务。消费者在自主选择商品或者服务时，有权进行比较、鉴别和挑选。

（4）公平交易权。公平交易权是指消费者在购买商品或者接受服务时，有权获得质量保障、价格合理、计量正确等公平交易条件，有权拒绝经营者的强制交易行为。

（5）依法求偿权。依法求偿权是指消费者因购买、使用商品或者接受服务受到人身、财产损害的，享有依法获得赔偿的权利。

（6）依法结社权。依法结社权是指消费者享有依法成立维护自身合法权益的社会组织的权利。

（7）获得知识权。获得知识权是指消费者享有获得有关消费和消费者权益保护方面的知识的权利，以便更好地维护自身的合法权益，使自己处于同经营者平等的地位。

（8）保护信息权。保护信息权是指消费者在购买、使用商品或者接受服务时，享有个人信息依法得到保护的权利。经营者不得非法收集、使用消费者的个人信息，不得擅自泄露或者非法向他人提供消费者个人信息。

（9）获得尊重权。获得尊重权是指消费者在购买、使用商品或者接受服务时，享有人格尊严、民族风俗习惯得到尊重的权利。经营者不得对消费者进行侮辱、诽谤，不得搜查消费者的身体及其携带的物品，不得侵犯消费者的人身自由。

（10）批评监督权。批评监督权是指消费者享有对商品和服务以及保护消费者权益工作进行监督的权利。消费者有权检举、控告侵害消费者权益的行为和国家机关及其工作人员在保护消费者权益工作中的违法失职行为，有权对保护消费者权益工作提出批评、建议。

上述 10 项权利是我国《消费者权益保护法》赋予消费者的基本权利。这些权利的实现，不但要依靠消费者自身积极主动地行使，而且有赖于其他主体相关义务的履行，特别是经营者义务的履行。

二、经营者的义务

经营者的义务是指经营者在与消费者进行交易的过程中依法应当承担的各项义务。《消费者权益保护法》根据我国经济生活的需要和可能，针对消费者权利的有关规定，明确规定了经营者的11项义务。

1. 依法定或约定诚信经营的义务

这项义务主要包括三个方面的内容：

（1）经营者向消费者提供商品或者服务，应当依照《消费者权益保护法》和其他有关法律、法规的规定履行义务。

（2）经营者和消费者有约定的，应当按照约定履行义务，但双方的约定不得违背法律、法规的规定。

（3）经营者向消费者提供商品或者服务，应当恪守社会公德，诚信经营，保障消费者的合法权益；不得设定不公平、不合理的交易条件，不得强制交易。

2. 接受消费者监督的义务

经营者应当听取消费者对其提供的商品或者服务的意见，接受消费者的监督。

3. 保障人身和财产安全的义务

这项义务主要包括两个方面的内容：

（1）经营者应当保证其提供的商品或者服务符合保障人身、财产安全的要求。对可能危及人身、财产安全的商品和服务，应当向消费者作出真实的说明和明确的警示，并说明和标明正确使用商品或者接受服务的方法以及防止危害发生的方法。宾馆、商场、餐馆、银行、机场、车站、港口、影剧院等经营场所的经营者，应当对消费者尽到安全保障义务。

（2）经营者发现其提供的商品或者服务存在缺陷，有危及人身、财产安全危险的，应当立即向有关行政部门报告和告知消费者，并采取停止销售、警示、召回、无害化处理、销毁、停止生产或者服务等措施。采取召回措施的，经营者应当承担消费者因商品被召回支出的必要费用。

4. 提供真实信息的义务

这项义务主要包括五个方面的内容：

（1）经营者向消费者提供有关商品或者服务的质量、性能、用途、有效期限等信息，应当真实、全面，不得作虚假或者引人误解的宣传。不得虚构或者夸大商品或者服务的治疗、保健、养生等功效，诱导老年人等消费者购买明显不符合其实际需求的商品或者服务。

（2）经营者对消费者就其提供的商品或者服务的质量和使用方法等问题提出的询问，应当作出真实、明确的答复。

（3）经营者提供商品或者服务应当明码标价。不得在消费者不知情的情况下，对同一商品或者服务在同等交易条件下设置不同的价格或者收费标准。采取自动展期、自动续费等方式提供服务的，应当在消费者接受服务前和自动展期、自动续费等日期前，以显著方式提请消费者注意。

（4）经营者应当标明其真实名称和标记。根据《消费者权益保护法实施条例》的规定，经营者租赁他人柜台或者场地提供商品或者服务，或者通过宣讲、抽奖、集中式体验等方式提供商品或者服务的，应当以显著方式标明其真实名称和标记。柜台、场地的出租者应当建立场内经营管理制度，核验、更新、公示经营者的相关信息，供消费者查询。

（5）采用网络、电视、电话、邮购等方式提供商品或者服务的经营者，以及提供证券、保险、银行等金融服务的经营者，应当向消费者提供经营地址、联系方式、商品或者服务的数量和质量、价款或者费用、履行期限和方式、安全注意事项和风险警示、售后服务、民事责任等信息。

根据《消费者权益保护法实施条例》的规定，直播营销平台经营者应当建立健全消费者权益保护制度，明确消费争议解决机制。发生消费争议的，直播营销平台经营者应当根据消费者的要求提供直播间运营者、直播营销人员相关信息以及相关经营活动记录等必要信息。

直播间运营者、直播营销人员发布的直播内容构成商业广告的，应当依照《中华人民共和国广告法》的有关规定履行广告发布者、广告经营者或者广告代言人的义务。

5. 出具购货凭证和服务单据的义务

经营者提供商品或者服务，应当按照国家有关规定或者商业惯例向消费者出具发票等购货凭证或者服务单据；消费者索要发票等购货凭证或者服务单据的，经营者必须出具。

6. 保证商品和服务质量的义务

这项义务主要包括两个方面的内容：

（1）经营者应当保证在正常使用商品或者接受服务的情况下，其提供的商品或者服务应当具有的质量、性能、用途和有效期限；但消费者在购买该商品或者接受该服务前已经知道其存在瑕疵，且存在该瑕疵不违反法律强制性规定的除外。

（2）经营者以广告、产品说明、实物样品或者其他方式表明商品或者服务的质量状况的，应当保证其提供的商品或者服务的实际质量与表明的质量状况相符。

7. 履行“三包”及无理由退货的义务

这项义务主要包括两个方面的内容：

（1）经营者提供的商品或者服务不符合质量要求的，消费者可以依照国家规定、当事人约定退货，或者要求经营者履行更换、修理等义务。没有国家规定和当事人约定的，消费者可以自收到商品之日起 7 日内退货；7 日后符合法定解除合同条件的，消费者可以及时退货，不符合法定解除合同条件的，可以要求经营者履行更换、修理等义务。依照上述规定进行退货、更换、修理的，经营者应当承担运输等必要费用。根据《消费者权益保护法实施条例》的规定，经营者与消费者约定承担退货、更换、修理等义务的有效期限不得低于国家有关规定的要求。有效期限自经营者向消费者交付商品或者提供服务完结之日起计算，需要经营者另行安装的商品，有效期限自商品安装完成之日起计算。经营者向消费者履行更换义务后，承担更换、修理等义务的有效期限自更换完成之日起重新计算。经营者修理的时间不计入上述有效期限。

经营者依照国家有关规定或者与消费者约定履行退货义务的，应当按照发票等购货凭证或者服务单据上显示的价格一次性退清相关款项。经营者能够证明消费者实际支付的价格与发票等购货凭证或者服务单据上显示的价格不一致的，按照消费者实际支付的价格退清相关款项。

（2）经营者采用网络、电视、电话、邮购等方式销售商品，消费者有权自收到商品之日起7日内退货，且无须说明理由，但下列商品除外：1）消费者定作的；2）鲜活易腐的；3）在线下载或者消费者拆封的音像制品、计算机软件等数字化商品；4）交付的报纸、期刊。除以上所列商品外，其他根据商品性质并经消费者在购买时确认不宜退货的商品，不适用无理由退货。消费者退货的商品应当完好。经营者应当自收到退回商品之日起7日内返还消费者支付的商品价款。退回商品的运费由消费者承担；经营者和消费者另有约定的，按照约定。经营者应当以显著方式对不适用无理由退货的商品进行标注，提示消费者在购买时进行确认，不得将不适用无理由退货作为消费者默认同意的选项。未经消费者确认，经营者不得拒绝无理由退货。

8. 依法承担举证责任的义务

经营者提供的机动车、计算机、电视机、电冰箱、空调器、洗衣机等耐用商品或者装饰装修等服务，消费者自接受商品或者服务之日起6个月内发现瑕疵，发生争议的，由经营者承担有关瑕疵的举证责任。

9. 公平、合理利用格式条款的义务

这项义务主要包括两个方面的内容：

（1）经营者在经营活动中使用格式条款的，应当以显著方式提请消费者注意商品或者服务的数量和质量、价款或者费用、履行期限和方式、安全注意事项和风险警示、售后服务、民事责任等与消费者有重大利害关系的内容，并按照消费者的要求予以说明。

（2）经营者不得以格式条款、通知、声明、店堂告示等方式，作出排除或者限制消费者权利、减轻或者免除经营者责任、加重消费者责任等对消费者不公平、不合理的规定，不得利用格式条款并借助技术手段强制交易。格式条款、通知、声明、店堂告示等含有以上所列内容的，其内容无效。

10. 合法、正当收集、使用信息的义务

这项义务主要包括四个方面的内容：

（1）经营者收集、使用消费者个人信息，应当遵循合法、正当、必要的原则，明示收集、使用信息的目的、方式和范围，并经消费者同意。经营者在提供商品或者服务时，不得过度收集消费者个人信息，不得采用一次概括授权、默认授权等方式，强制或者变相强制消费者同意收集、使用与经营活动无直接关系的个人信息。

（2）经营者收集、使用消费者个人信息，应当公开其收集、使用规则，不得违反法律、法规的规定和双方的约定收集、使用信息。

（3）经营者及其工作人员对收集的消费者个人信息必须严格保密，不得泄露、出售或者非法向他人提供。经营者应当采取技术措施和其他必要措施，确保信息安全，防止消费者个人信息泄露、丢失。在发生或者可能发生信息泄露、丢失的情况时，应当立即采取补救措施。

（4）经营者未经消费者同意或者请求，或者消费者明确表示拒绝的，不得向其发送商业性信息或者拨打商业性电话。消费者同意接收商业性信息或者商业性电话的，经营者应当提供明确、便捷的取消方式。消费者选择取消的，经营者应当立即停止发送商业性信息或者拨打商业性电话。

11. 尊重消费者人格权的义务

经营者不得对消费者进行侮辱、诽谤，不得搜查消费者的身体及其携带的物品，不得侵犯消费者的人身自由。

本节考核的知识点

1. 消费者的权利。
2. 经营者的义务。

第 3 节　消费者权益的法律保护

一、消费者权益的保护方式

目前，我国消费者权益的保护方式主要包括国家保护和社会保护两种。

（一）国家对消费者合法权益的保护

根据《消费者权益保护法》的规定，国家对消费者合法权益的保护主要体现在以下五个方面：

（1）国家制定有关消费者权益的法律、法规、规章和强制性标准，应当听取消费者和消费者协会等组织的意见。

（2）各级人民政府应当加强领导，组织、协调、督促有关行政部门做好保护消费者合法权益的工作，落实保护消费者合法权益的职责。各级人民政府应当加强监督，预防危害消费者人身、财产安全行为的发生，及时制止危害消费者人身、财产安全的行为。

（3）各级人民政府工商行政管理部门和其他有关行政部门应当依照法律、法规的规定，在各自的职责范围内，采取措施，保护消费者的合法权益。有关行政部门应当听取消费者和消费者协会等组织对经营者交易行为、商品和服务质量问题的意见，及时调查处理。消费者向有关行政部门投诉的，该部门应当自收到投诉之日起 7 个工作日内，予以处理并告知消费者。

（4）有关行政部门在各自的职责范围内，应当定期或者不定期对经营者提供的商品和服务进行抽查检验，并及时向社会公布抽查检验结果。有关行政部门发现并认定经营者提供的商品或者服务存在缺陷，有危及人身、财产安全危险的，应当立即责令经营者采取停止销售、警示、召回、无害化处理、销毁、停止生产或者服务等措施。

（5）人民法院应当采取措施，方便消费者提起诉讼。对符合《民事诉讼法》起诉条件的消费者权益争议，必须受理，及时审理。

（二）社会对消费者合法权益的保护

保护消费者合法权益是全社会的共同责任，国家鼓励、支持一切组织和个人对损害消费者合法权益的行为进行社会监督。

首先，大众传媒应当做好维护消费者权益的宣传工作，对损害消费者权益的行为进行有效的舆论监督。

其次，消费者协会和其他消费者组织应当充分发挥对商品和服务进行社会监督的职能，以切实保护消费者的自身权益。消费者协会和其他消费者组织是依法成立的对商品和服务进行社会监督的保护消费者合法权益的社会组织。消费者协会履行下列公益性职责：

（1）向消费者提供消费信息和咨询服务，提高消费者维护自身合法权益的能力，引导文明、健康、节约资源和保护环境的消费方式；

（2）参与制定有关消费者权益的法律、法规、规章和强制性标准；

（3）参与有关行政部门对商品和服务的监督、检查；

（4）就有关消费者合法权益的问题，向有关部门反映、查询，提出建议；

（5）受理消费者的投诉，并对投诉事项进行调查、调解；

（6）投诉事项涉及商品和服务质量问题的，可以委托具备资格的鉴定人鉴定，鉴定人应当告知鉴定意见；

（7）就损害消费者合法权益的行为，支持受损害的消费者提起诉讼或者依照《消费者权益保护法》提起诉讼；

（8）对损害消费者合法权益的行为，通过大众传播媒介予以揭露、批评，对侵害众多消费者合法权益的行为，中国消费者协会以及在省、自治区、直辖市设立的消费者协会，可以向人民法院提起诉讼。

二、消费者权益争议的解决途径

根据《消费者权益保护法》的规定，消费者和经营者发生消费者权益争议的，可以通过下列途径解决：

（1）与经营者协商和解。消费争议发生后，消费者可以直接与经营者达成和解协议，解决消费纠纷。

（2）请求消费者协会或者依法成立的其他调解组织调解。通过消费者协会或者依法成立的其他调解组织，在查明事实、分清是非、明确责任的基础上进行自愿调解，解决消费纠纷。

（3）向有关行政部门投诉。消费争议发生后，消费者可以向市场监督管理部门或者其他有关行政部门投诉，由有关行政监督部门根据各自的职权范围进行查处。

（4）根据与经营者达成的仲裁协议提请仲裁机构仲裁。由争议双方根据达成的仲裁协议，将消费争议提交仲裁机构依法裁决，以解决消费纠纷。

（5）向人民法院提起诉讼。消费争议双方没有签订书面仲裁协议的，消费者可以直接向法院起诉，通过法院裁判来解决消费纠纷。

三、侵害消费者权益的法律责任

（一）经营者承担法律责任的原则

经营者侵害消费者权益承担法律责任，一般以过错责任为原则，但法律、法规另有规定的除外。消费者对侵权的发生也有过错的，可以减轻经营者的法律责任。经营者因不可抗力而导致侵害消费者权益的，不承担法律责任。为了有效保护消费者权益，《消费者权益保护法》还规定了经营者和其他赔偿主体之间的连带责任：

（1）消费者在购买、使用商品时，其合法权益受到损害的，可以向销售者要求赔偿。销售者赔偿后，属于生产者的责任或者属于向销售者提供商品的其他销售者的责任的，销售者有权向生产者或者其他销售者追偿。消费者或者其他受害人因商品缺陷造成人身、财产损害的，可以向销售者要求赔偿，也可以向生产者要求赔偿。属于生产者责任的，销售者赔偿后，有权向生产者追偿。属于销售者责任的，生产者赔偿后，有权向销售者追偿。消费者在接受服务时，其合法权益受到损害的，可以向服务者要求赔偿。

（2）消费者在购买、使用商品或者接受服务时，其合法权益受到损害，因原企业分立、合并的，可以向变更后承受其权利与义务的企业要求赔偿。

（3）使用他人营业执照的违法经营者提供的商品或者服务，损害消费者合法权益的，消费者可以向其要求赔偿，也可以向营业执照的持有人要求赔偿。

（4）消费者在展销会、租赁柜台购买商品或者接受服务，其合法权益受到损害的，可以向销售者或者服务者要求赔偿。展销会结束或者柜台租赁期满后，也可以向展销会的举办者、柜台的出租者要求赔偿。展销会的举办者、柜台的出租者赔偿后，有权向销售者或者服务者追偿。

（5）消费者通过网络交易平台购买商品或者接受服务，其合法权益受到损害的，可以向销售者或者服务者要求赔偿。网络交易平台提供者不能提供销售者或者服务者的真实名称、地址和有效联系方式的，消费者也可以向网络交易平台提供者要求赔偿；网络交易平台提供者作出更有利于消费者的承诺的，应当履行承诺。网络交易平台提供者赔偿后，有权向销售者或者服务者追偿。网络交易平台提供者明知或者应知销售者或者服务者利用其平台侵害消费者合法权益，未采取必要措施的，依法与该销售者或者服务者承担连带责任。

（6）消费者因经营者利用虚假广告或者其他虚假宣传方式提供商品或者服务，其合法权益受到损害的，可以向经营者要求赔偿。广告经营者、发布者发布虚假广告的，消费者可以请求行政主管部门予以惩处。广告经营者、发布者不能提供经营者的真实名称、地址和有效联系方式的，应当承担赔偿责任。广告经营者、发布者设计、制作、发布关系消费者生命健康商品或者服务的虚假广告，造成消费者损害的，应当与提供该商品或者服务的经营者承担连带责任。社会团体或者其他组织、个人在关系消费者生命健康的商品或者服务的虚假广告或者其他虚假宣传中向消费者推荐商品或者服务，造成消费者损害的，应当与提供该商品或者服务的经营者承担连带责任。

（二）经营者承担法律责任的形式

根据《消费者权益保护法》的规定，经营者由于违法的情节、性质不同，分别或者同时承担民事责任、行政责任和刑事责任。

（1）经营者提供商品或服务侵害消费者权益的民事责任。经营者提供商品或者服务有下列情形之一的，除《消费者权益保护法》另有规定外，应当依照其他有关法律、法规的规定，承担民事责任：1）商品或者服务存在缺陷的；2）不具备商品应当具备的使用性能而出售时未作说明的；3）不符合在商品或者其包装上注明采用的商品标准的；4）不符合商品说明、实物样品等方式表明的质量状况的；5）生产国家明令淘汰的商品或者销售失效、变质的商品的；6）销售的商品数量不足的；7）服务的内容和费用违反约定的；8）对消费者提出的修理、重作、更换、退货、补足商品数量、退还货款和服务费用或者赔偿损失的要求，故意拖延或者无理拒绝的；9）法律、法规规定的其他损害消费者权益的情形。经营者对消费者未尽到安全保障义务，造成消费者损害的，应当承担侵权责任。

（2）经营者提供商品或者服务，造成消费者或者其他受害人人身伤残或者死亡的民事责任。经营者提供商品或者服务，造成消费者或者其他受害人人身伤害的，应当赔偿医疗费、护理费、交通费等为治疗和康复支出的合理费用，以及因误工减少的收入。造成残疾的，还应当赔偿残疾生活辅助具费和残疾赔偿金。造成死亡的，还应当赔偿丧葬费和死亡赔偿金。经营者明知商品或者服务存在缺陷，仍然向消费者提供，造成消费者或者其他受害人死亡或者健康严重损害的，受害人有权要求经营者依照前述规定赔偿损失，并有权要求所受损失两倍以下的惩罚性赔偿。

（3）经营者侵害消费者的人格尊严、人身自由及信息保护的民事责任。经营者侵害消费者的人格尊严、侵犯消费者人身自由或者侵害消费者个人信息依法得到保护的权利的，应当停止侵害、恢复名誉、消除影响、赔礼道歉，并赔偿损失。经营者有侮辱诽谤、搜查身体、侵犯人身自由等侵害消费者或者其他受害人人身权益的行为，造成严重精神损害的，受害人可以要求精神损害赔偿。

（4）经营者提供商品或者服务，造成消费者财产损害的民事责任。经营者提供商品或者服务，造成消费者财产损害的，应当依照法律规定或者当事人约定承担修理、重作、更换、退货、补足商品数量、退还货款和服务费用或者赔偿损失等民事责任。

（5）经营者以预收款方式提供商品或者服务，违反约定的民事责任。经营者以预收款方式提供商品或者服务的，应当按照约定提供。未按照约定提供的，应当按照消费者的要求履行约定或者退回预付款，并应当承担预付款的利息、消费者必须支付的合理费用。

（6）经营者销售不合格商品的民事责任。依法经有关行政部门认定为不合格的商品，消费者要求退货的，经营者应当负责退货。

（7）经营者欺诈行为的惩罚性赔偿责任。经营者提供商品或者服务有欺诈行为的，应当按照消费者的要求增加赔偿其受到的损失，增加赔偿的金额为消费者购买商品的价款或者接受服务的费用的3倍；增加赔偿的金额不足500元的，为500元。法律另有规定的，依照其规定。

（8）经营者侵害消费者权益的行政责任。经营者有下列情形之一，除承担相应的民事责任外，其他有关法律、法规对处罚机关和处罚方式有规定的，依照法律、法规的规定执行；法律、法规未作规定的，由工商行政管理部门或者其他有关行政部门责令改正，可以根据情节单处或者并处警告、没收违法所得、处以违法所得 1 倍以上 10 倍以下的罚款，没有违法所得的，处以 50 万元以下的罚款；情节严重的，责令停业整顿、吊销营业执照：1）提供的商品或者服务不符合保障人身、财产安全要求的；2）在商品中掺杂、掺假，以假充真、以次充好，或者以不合格商品冒充合格商品的；3）生产国家明令淘汰的商品或者销售失效、变质的商品的；4）伪造商品的产地，伪造或者冒用他人的厂名、厂址，篡改生产日期，伪造或者冒用认证标志等质量标志的；5）销售的商品应当检验、检疫而未检验、检疫或者伪造检验、检疫结果的；6）对商品或者服务作虚假或者引人误解的宣传的；7）拒绝或者拖延有关行政部门责令对缺陷商品或者服务采取停止销售、警示、召回、无害化处理、销毁、停止生产或者服务等措施的；8）对消费者提出的修理、重作、更换、退货、补足商品数量、退还货款和服务费用或者赔偿损失的要求，故意拖延或者无理拒绝的；9）侵害消费者人格尊严、侵犯消费者人身自由或者侵害消费者个人信息依法得到保护的权利的；10）法律、法规规定的对损害消费者权益应当予以处罚的其他情形。经营者有以上规定情形的，除依照法律、法规规定予以处罚外，处罚机关应当将其记入信用档案，向社会公布。经营者违反《消费者权益保护法》的规定，应当承担民事赔偿责任和缴纳罚款、罚金，其财产不足以同时支付的，先承担民事赔偿责任。

（9）经营者侵害消费者权益的刑事责任。经营者违反《消费者权益保护法》的规定提供商品或者服务，侵害消费者合法权益，构成犯罪的，依法追究刑事责任。以暴力、威胁等方法阻碍有关行政部门工作人员依法执行职务的，依法追究刑事责任；拒绝、阻碍有关行政部门工作人员依法执行职务，未使用暴力、威胁方法的，由公安机关依照《中华人民共和国治安管理处罚法》的规定处罚。

本节考核的知识点

1. 消费者权益的保护方式。
2. 消费者权益争议的解决途径。
3. 侵害消费者权益的法律责任。

练习题

第 12 章即测即评

选择题

1. 下列行为中，不适用《消费者权益保护法》的是（　　）。

A. 个人购买住房　　B. 接受美容美发服务

C. 农民购买化肥　　D. 学校购买电脑

2. 某商店销售食品缺斤少两，该商店侵犯了顾客的（　　）。

A. 保障安全权　　B. 自主选择权

C. 公平交易权　　D. 监督批评权

3. 某供电局要求所辖居民，如果新装空调的功率超过居民原电表的额定功率，必须向供电局提出增加用电额度的申请，由供电局另设电路或者更换电表，并要求使用的电表必须到供电局指定的商店购买。该供电局的行为侵犯了申请扩大功率配置的居民的（　　）。

A. 知悉真情权　　B. 自主选择权

C. 保障安全权　　D. 监督批评权

4. 经营者销售商品和提供服务，应履行出具购货凭证和服务单据的义务，否则即侵犯消费者的（　　）。

A. 知悉真情权　　B. 自主选择权

C. 保障安全权　　D. 监督批评权

5. 我国《消费者权益保护法》确定的保护消费者权益的主要部门是（　　）。

A. 价格监督部门　　B. 卫生监督管理部门

C. 工商行政管理部门　　D. 消费者协会

6. 王某在某超市选购速冻饺子，该饺子包装上生产日期模糊不清，但售货员向王某保证是刚进的货。待王某放心地把饺子煮熟后，才发现饺子因馅已变质而不能吃。下列表述中，不正确的是（　　）。

A. 该超市违反了法律、法规应尽义务和依双方约定应尽的义务

B. 该超市违反了经营者向消费者提供有关商品与服务的真实信息的义务

C. 该超市违反了不得单方作出对消费者不利规定的不作为义务

D. 该超市违反了保证商品或服务质量的义务

7. 王某在某服装店挑选风衣，店员向其推荐了一款。王某试穿后觉得不合适，便脱下来要走，店主却强迫王某买下这件风衣。店主的这一行为侵犯了王某的（　　）。

A. 保障安全权　　B. 知悉真情权

C. 接受教育权　　D. 自主选择权

8. 某商场出售的某品牌煤气灶无检验合格证明和使用方法说明书，并拒绝回答消费者提出的询问。该商场侵犯了消费者的（　　）。

A. 知悉真情权　　B. 保障安全权

C. 获得知识权　　D. 监督批评权

9. 经营者不得以（　　）等方式作出对消费者不公平、不合理的规定，或者减轻、免除其损害消费者权益应当承担的民事责任。

A. 格式条款　　B. 通知　　C. 声明　　D. 店堂告示

10. 因虚假广告而购买商品或者接受服务，其合法权益受到损害的，消费者可以请求赔偿。下列关于赔偿义务人的表述正确的有（　　）。

A. 消费者因经营者利用虚假广告提供商品或者服务，其合法权益受到损害的，可以向经营者要求赔偿

B. 广告的经营者发布虚假广告的，消费者可以请求行政主管部门予以惩处

C. 广告经营者不能提供商品或服务经营者的真实名称、地址的，应当承担赔偿责任

D. 消费者只能向利用虚假广告提供商品或者服务的经营者要求赔偿，而不能

向广告经营者请求赔偿

11.《消费者权益保护法》赋予经营者的义务包括（　　）。

A. 保障人身和财产安全的义务

B. 提供真实信息的义务

C. 出具购货凭证和服务单据的义务

D. 保证商品和服务质量的义务

12. 我国消费者协会的法定职能包括（　　）。

A. 向消费者提供信息和咨询服务

B. 受理消费者投诉并调查、支持受害消费者的起诉

C. 对损害消费者权益的行为，向大众传播媒介披露事实真相

D. 就有关消费者权益的问题，向有关行政部门反映、查询，提出建议

13. 消费者安全权包括（　　）等方面的内容。

A. 消费者的人身安全权　　B. 消费者的生命安全权

C. 消费者的健康安全权　　D. 消费者的财产安全权

14. 消费者侵权赔偿的范围包括（　　）。

A. 人身伤害

B. 财产损失

C. 精神损害

D. 解决争议过程中所支出的必要费用

15. 消费者权益受到损害时，可以采取的争议解决的途径是（　　）。

A. 与经营者协商和解　　B. 请求消费者协会调解

C. 向有关行政部门申诉　　D. 向人民法院提起诉讼

16. 消费者的自主选择权包括（　　）。

A. 自主选择提供商品的经营者的权利

B. 自主选择商品品种的权利

C. 自主决定不购买任何一种商品的权利

D. 在自主选择商品时进行比较的权利

第13章

工业产权法

学习目标

掌握：

1. 专利权的主体；
2. 专利权人的权利；
3. 专利权的保护；
4. 商标注册的原则；
5. 商标权人的权利和义务；
6. 注册商标专用权的保护。

理解：

1. 专利的申请与审批；
2. 专利的特别许可；
3. 注册商标的续展、转让和使用许可。

了解：

1. 专利的概念；
2. 专利权的客体；
3. 商标的概念及种类。

第1节　专利法律制度

一、专利、专利权与专利制度

（一）专利

一般而言，专利是从三层意义上理解的：其一，专利是专利权的简称，是指专利法保护的对发明创造享有的专利权；其二，专利是指专利法保护的发明创造，即专利权的客体；其三，专利是指记载专利技术的公开的专利文献的总和。

（二）专利权

专利权是指法律赋予权利人对其发明创造在一定期限内享有的专有权利。

（三）专利制度

专利制度是国家通过确认发明人对其发明创造的技术方案的垄断权而促进本国科学技术发展的法律制度。

二、专利法

我国现行的专利法律、法规主要有《中华人民共和国专利法》（以下简称《专利法》）（1984 年 3 月 12 日第六届全国人民代表大会常务委员会第四次会议通过，自 1985 年 4 月 1 日起施行，并分别于 1992 年 9 月 4 日、2000 年 8 月 25 日、2008 年 12 月 27 日、2020 年 10 月 17 日进行了修正）、2024 年 1 月 20 日起施行的《中华人民共和国专利法实施细则》（2001 年 6 月 15 日公布，并于 2002 年 12 月 28 日、2010 年 1 月 9 日、2023 年 12 月 11 日进行了修订）以及《最高人民法院关于审理侵犯专利权纠纷案件应用法律若干问题的解释》（2010 年 1 月 1 日起施行）。

三、专利权的主体和客体

（一）专利权的主体

1. 专利申请人

专利申请人是指按照法律规定有权对发明创造或者设计提出专利申请的人。一般情况下，专利申请人包括发明人或者设计人、共同完成发明创造或者设计的人、职务发明中的单位、完成发明创造的外国人、继受取得申请权的人等。因此，申请人与发明人、设计人不一定相同。

（1）发明人、设计人，是指对已经完成的发明创造或者外观设计的实质性特点作出创造性贡献的人。在完成发明创造、设计过程中，只负责组织工作的人、为物质技术条件的利用提供方便的人或者从事其他辅助工作的人，不是发明人、设计人。发明人、设计人必须是自然人，不要求必须具有完全的民事行为能力。

（2）非职务发明创造的发明人、设计人在发明或设计完成后，取得专利申请权。对发明人或者设计人的非职务发明创造专利申请，任何单位或者个人不得压制。

（3）两个以上单位或者个人合作完成的发明创造、一个单位或者个人接受其他单位或者个人委托所完成的发明创造，除另有协议的以外，申请专利的权利属于完成或者共同完成的单位或者个人；申请被批准后，申请的单位或者个人为专利权人。

（4）职务发明创造申请专利的权利属于单位；单位与发明人或者设计人订有合同，对申请专利的权利和专利权的归属作出约定的，从其约定。

（5）继受取得申请权的专利申请人。主要包括合同取得和继承取得两种情况。合同取得是指对于已经完成的发明创造，双方当事人在合同中约定发明人将其已经完成的发明创造的专利申请权转让给对方。中国单位或者个人向外国人、外国企业或者外国其他组织转让专利申请权或者专利权的，应当依照有关法律、行政法规的规定办理手续。

转让专利申请权或者专利权的，当事人应当订立书面合同，并向国务院专利行政部门登记，由国务院专利行政部门予以公告。专利申请权或者专利权的转让自登记之日起生效。

继承取得是指拥有专利申请权的自然人死亡的，其专利申请权可以作为一项民事权利由其继承人继承。

（6）外国申请人。在中国没有经常居所或者营业所的外国人、外国企业或者外国其他组织在中国申请专利的，依照其所属国同中国签订的协议或者共同参加的国际条约，或者依照互惠原则，根据《专利法》办理。

2. 专利权人

（1）非职务发明创造，专利权属于发明人、设计人。

（2）职务发明创造申请专利的权利属于单位，申请被批准后，单位为专利权人。单位对职务发明创造申请专利的权利和专利权可以依法处置，实行产权激励，采取股权、期权、分红等方式，使发明人或者设计人合理分享创新收益，促进相关发明创造的实施和运用。

职务发明创造是指执行本单位的任务或者主要利用本单位的物质技术条件所完成的发明创造。

执行本单位的任务所完成的职务发明创造是指：1）在本职工作中作出的发明创造；2）履行本单位交付的本职工作之外的任务所作出的发明创造；3）退休、调离原单位后或者劳动、人事关系终止后1年内作出的，与其在原单位承担的本职工作或者原单位分配的任务有关的发明创造。

本单位的物质技术条件是指本单位的资金、设备、零部件、原材料或者不对外公开的技术资料等。

（二）专利权的客体

专利权的客体是指专利权指向的智力成果。

1. 授予专利权的客体

并非所有的发明创造都可以被授予专利权。根据我国专利法律制度的相关规定，专利权的客体包括发明、实用新型和外观设计三类。

（1）发明是指对产品、方法或者其改进所提出的新的技术方案，包括产品发明和方法发明两种。产品发明是发明人通过智力活动创造出的关于各种新产品、新材料、新物质的技术方案；方法发明是发明人为制造某种产品或者解决某个技术难题而研究和开发出的操作方法、制造方法以及工艺流程等技术方案。

（2）实用新型是指对产品的形状、构造或者其结合所提出的适于实用的新的技术方案。

（3）外观设计是指对产品的整体或者局部的形状、图案或者其结合以及色彩与形状、图案的结合所作出的富有美感并适于工业应用的新设计。

2. 不授予专利权的客体

根据《专利法》第二十五条的规定，对下列各项，不授予专利权：（1）科学发现；（2）智力活动的规则和方法；（3）疾病的诊断和治疗方法；（4）动物和植物品种；（5）原子核变换方法以及用原子核变换方法获得的物质；（6）对平面印刷品的图案、色彩或者二者的结合作出的主要起标识作用的设计。

除此之外，违反法律的发明创造、违反社会公德的发明创造以及妨害公共利益的发明创造，不授予专利权；对违反法律、行政法规的规定获取或者利用遗传资源，并依赖该遗传资源完成的发明创造，不授予专利权。

四、授予专利权的条件

（一）授予发明和实用新型专利权的条件

授予专利权的发明和实用新型应当具备新颖性、创造性和实用性。

（1）新颖性是指该发明或者实用新型不属于现有技术，也没有任何单位或者个人就同样的发明或者实用新型在申请日以前向国务院专利行政部门提出过申请，并记载在申请日以后公布的专利申请文件或者公告的专利文件中。申请专利的发明创造在申请日以前 6 个月内，有下列情形之一的，不丧失新颖性：1）在国家出现紧急状态或者非常情况时，为公共利益目的首次公开的；2）在中国政府主办或者承认的国际展览会上首次展出的；3）在规定的学术会议或者技术会议上首次发表的；4）他人未经申请人同意而泄露其内容的。

（2）创造性是指与现有技术相比，该发明具有突出的实质性特点和显著的进步，该实用新型具有实质性特点和进步。

（3）实用性是指该发明或者实用新型能够制造或者使用，并且能够产生积极效果。

（二）授予外观设计专利权的条件

授予专利权的外观设计，应当不属于现有设计，也没有任何单位或者个人就同样的外观设计在申请日以前向国务院专利行政部门提出过申请，并记载在申请日以后公告的专利文件中。授予专利权的外观设计不得与他人在申请日以前已经取得的合法权利相冲突，即授予专利权的外观设计不得与他人在申请日以前已经取得的商标权和美术作品著作权相冲突。

五、授予专利权的程序

（一）专利的申请

1. 申请的原则

（1）书面申请原则。申请专利必须以书面形式提出。专利法律制度最重要的内容之一就是专利申请人应当将其所申请的专利技术向社会公开，使他人可以通过阅读专利文献的方式进一步进行研究，使科学技术进一步得到发展，因此，专利申请文件应采用书面形式，将其发明内容清楚、准确、完整地表达出来。

（2）先申请原则。两个以上的人分别就同样的发明创造申请专利时，专利权授给最先申请人。两个以上的申请人同日（指申请日；有优先权的，指优先权日）分别就同样的发明创造申请专利的，应当在收到国务院专利行政部门的通知后自行协商确定申请人。

（3）一申请一发明原则。一件发明或者实用新型专利申请应当限于一项发明或者实用新型。属于一个总的发明构思的两项以上的发明或者实用新型，可以作为一件申请提出。一件外观设计专利申请应当限于一项外观设计。同一产品两项以上的相似外观设计，或者用于同一类别并且成套出售或者使用的产品的两项以上外观设计，可以作为一件申请提出。

（4）优先权原则。申请人自发明或者实用新型在外国第一次提出专利申请之日起12个月内，或者自外观设计在外国第一次提出专利申请之日起6个月内，又在中国就相同主题提出专利申请的，依照该外国同中国签订的协议或者共同参加的国际条约，或者依照相互承认优先权的原则，可以享有优先权。

申请人自发明或者实用新型在中国第一次提出专利申请之日起12个月内，或者自外观设计在中国第一次提出专利申请之日起6个月内，又向国务院专利行政部门就相同主题提出专利申请的，可以享有优先权。

2. 专利申请文件

申请发明或者实用新型专利的，申请人应当提交请求书、说明书及其摘要和权利要求书等文件。请求书应当写明发明或者实用新型的名称，发明人的姓名，申请人姓名或者名称、地址，以及其他事项。说明书应当对发明或者实用新型作出清楚、完整的说明，以所属技术领域的技术人员能够实现为准；必要的时候，应当有附图。摘要应当简要说明发明或者实用新型的技术要点。权利要求书应当以说明书为依据，清楚、简要地限定要求专利保护的范围。依赖遗传资源完成的发明创造，申请人应当在专利申请文件中说明该遗传资源的直接来源和原始来源；申请人无法说明原始来源的，应当陈述理由。

申请外观设计专利的，申请人应当提交请求书、该外观设计的图片或者照片以及对该外观设计的简要说明等文件。申请人提交的有关图片或者照片应当清楚地显示要求专利保护的产品的外观设计。

申请人可以对其专利申请文件进行修改，但是对发明和实用新型专利申请文件的修改不得超出原说明书和权利要求书记载的范围，对外观设计专利申请文件的修改不得超出原图片或者照片表示的范围。

（二）专利申请的受理、审查和批准

1. 发明专利

（1）初步审查。初审的任务是审查申请人提交的申请文件是否符合《专利法》及其实施细则的规定，审查申请人在提出专利申请的同时或者随后提交的与专利申请有关的其他文件是否符合《专利法》及其实施细则的规定。

专利申请文件有下列情形之一的，国务院专利行政部门不予受理，并通知申请人：1）发明或者实用新型专利申请缺少请求书、说明书（实用新型无附图）或者权利要求书的，或者外观设计专利申请缺少请求书、图书或者照片、简要说明的；2）未使用中文的；3）未使用挂号信函向国务院专利行政部门邮寄有关申请文件的；4）请求书中缺少申请人姓名或者名称，或者缺少地址的；5）在中国没有经常居所或者营业所的外国人、外国企业或者外国其他组织明显不符合《专利法》第十八条的规定的；6）专利申请类别（发明、实用新型或者外观设计）不明确或者难以确定的。

（2）公布申请。国务院专利行政部门收到发明专利申请后，经初步审查认为符合《专利法》要求的，自申请日起满18个月，即行公布。

（3）实质审查。发明专利申请自申请日起 3 年内，国务院专利行政部门可以根据申请人随时提出的请求，对其申请进行实质审查；申请人无正当理由逾期不请求实质审查的，该申请即被视为撤回。国务院专利行政部门认为必要时，可以自行对发明专利申请进行实质审查。

（4）专利复审。专利申请人对国务院专利行政部门驳回申请的决定不服的，可以自收到通知之日起 3 个月内向国务院专利行政部门请求复审。国务院专利行政部门复审后，作出决定，并通知专利申请人。专利申请人对国务院专利行政部门的复审决定不服的，可以自收到通知之日起 3 个月内向人民法院起诉。

（5）授予专利权。发明专利申请经实质审查没有发现驳回理由的，由国务院专利行政部门作出授予发明专利权的决定，发给发明专利证书，同时予以登记和公告。发明专利权自公告之日起生效。

2. 实用新型和外观设计专利

（1）初步审查。

（2）授予专利权。

六、专利权人的权利

（一）人身权——署名权

发明人或者设计人有在专利文件中写明自己是发明人或者设计人的权利。署名权属于与发明人或者设计人人身不可分割的权利。无论是何种发明，署名权都应当归发明人或者设计人享有。

（二）财产权

（1）制造权。专利权人享有独占地制造专利产品，禁止他人未经其许可制造相同或相似于专利产品的垄断权。

（2）使用权。专利权人享有使用专利产品或专利方法及依照专利方法直接获得的产品的专有权，包括对专利产品的使用和对专利方法的使用。

（3）许诺销售权。许诺销售是为了促使销售的成立而在实际销售行为成立之前所做的旨在实现销售目的的行为，这是专利权人防止他人以广告、展示等表达销售意思的方式准备销售含有专利技术的产品的权利。

（4）销售权。专利权人享有独自销售专利产品或者依照专利方法直接获得的产品的权利。

（5）进口权。专利权人享有自己进口或禁止他人未经许可为制造、许诺销售、销售、使用等生产经营目的而进口其专利产品或进口依照其专利方法直接获得的产品的权利。包括：专利权人可以自己进口专利产品；有权禁止他人进口专利产品；在法律另有规定的情况下，专利权人无权禁止他人进口专利产品。

（6）转让权。专利权人享有将自己的专利所有权依法转让给他人的权利。专利权可以转让，中国单位或者个人向外国人、外国企业或者外国其他组织转让专利权的，应当依照有关法律、行政法规的规定办理手续。转让专利权的，当事人应当订立书面合同，并向国务院专利行政部门登记，由国务院专利行政部门予以公告。专利权的转让自登记之日起生效。

（7）许可权。专利权人享有许可他人实施其专利的权利。任何单位或者个人实施他人专利的，应当与专利权人订立实施许可合同，向专利权人支付专利使用费。被许可人无权允许合同规定以外的任何单位或者个人实施该专利。发明专利申请公布后，申请人可以要求实施其发明的单位或者个人支付适当的费用。在有法律依据的情形下（如国家推广应用、强制许可），可以不经专利权人许可，但被许可人应向专利权人支付许可费。

（8）标记权。专利权人有在其专利产品或产品包装上标明专利标记和专利号的权利。

七、专利的特别许可

强制许可是指国务院专利行政部门可以不经专利权人同意，直接向申请实施专利技术的申请人颁发专利强制许可证的制度。

《专利法》第五十三条、第五十四条、第五十六条规定，有下列情形之一的，国务院专利行政部门根据具备实施条件的单位或者个人的申请，可以给予实施发明专利或者实用新型专利的强制许可：

（1）专利权人自专利权被授予之日起满3年，且自提出专利申请之日起满4年，无正当理由未实施或者未充分实施其专利的。

（2）专利权人行使专利权的行为被依法认定为垄断行为，为消除或者减少该行为对竞争产生的不利影响的。

（3）在国家出现紧急状态或者非常情况时，或者为了公共利益的目的，国务院专利行政部门可以给予实施发明专利或者实用新型专利的强制许可。

（4）一项取得专利权的发明或者实用新型比前已经取得专利权的发明或者实用新型具有显著经济意义的重大技术进步，其实施又有赖于前一发明或者实用新型的实施的，国务院专利行政部门根据后一专利权人的申请，可以给予实施前一发明或者实用新型的强制许可。

在前述规定给予实施强制许可的情形下，国务院专利行政部门根据前一专利权人的申请，也可以给予实施后一发明或者实用新型的强制许可。

专利权人自愿以书面方式向国务院专利行政部门声明愿意许可任何单位或者个人实施其专利，并明确许可使用费支付方式、标准的，由国务院专利行政部门予以公告，实行开放许可。就实用新型、外观设计专利提出开放许可声明的，应当提供专利权评价报告。专利权人撤回开放许可声明的，应当以书面方式提出，并由国务院专利行政部门予以公告。开放许可声明被公告撤回的，不影响在先给予的开放许可的效力。

任何单位或者个人有意愿实施开放许可的专利的，以书面方式通知专利权人，并依照公告的许可使用费支付方式、标准支付许可使用费后，即获得专利实施许可。开放许可期间，专利权人不得就该专利给予独占或者排他许可。

参与国家标准制定的专利权人在标准制定过程中不披露其拥有的标准必要专利的，视为其许可该标准的实施者使用其专利技术。许可使用费由双方协商；双方不能达成协议的，可以请求国务院专利行政部门裁决。当事人对裁决不服的，可以自收到通知之日起 15 日内向人民法院起诉。

八、专利权的期限、终止和无效

（一）专利权的期限

发明专利权的期限为 20 年，实用新型专利权的期限为 10 年，外观设计专利权的期限为 15 年，均自申请日起计算。

自发明专利申请日起满 4 年，且自实质审查请求之日起满 3 年后授予发明专利权的，国务院专利行政部门应专利权人的请求，就发明专利在授权过程中的不合理延迟给予专利权期限补偿，但由申请人引起的不合理延迟除外。

为补偿新药上市审评审批占用的时间，对在中国获得上市许可的新药相关发明专利，国务院专利行政部门应专利权人的请求给予专利权期限补偿。补偿期限不超过 5 年，新药批准上市后总有效专利权期限不超过 14 年。

（二）专利权的终止

有下列情形之一的，专利权在期限届满前终止：（1）没有按照规定缴纳年费的；（2）专利权人以书面声明放弃其专利权的。

（三）专利权的无效

自国务院专利行政部门公告授予专利权之日起，任何单位或者个人认为该专利权的授予不符合《专利法》有关规定的，可以请求国务院专利行政部门宣告该专利权无效。国务院专利行政部门对宣告专利权无效的请求应当及时审查和作出决定，并通知请求人和专利权人。宣告专利权无效的决定，由国务院专利行政部门登记和公告。

对国务院专利行政部门宣告专利权无效或者维持专利权的决定不服的，可以自收到通知之日起 3 个月内向人民法院起诉。人民法院应当通知无效宣告请求程序的对方当事人作为第三人参加诉讼。宣告无效的专利权视为自始即不存在。宣告专利权无效的决定，对在宣告专利权无效前人民法院作出并已执行的专利侵权的判决、调解书，已经履行或者强制执行的专利侵权纠纷处理决定，以及已经履行的专利实施许可合同和专利权转让合同，不具有追溯力，但是因专利权人的恶意给他人造成的损失，应当给予赔偿。依照前述规定不返还专利侵权赔偿金、专利使用费、专利权转让费，明显违反公平原则的，应当全部或者部分返还。

九、专利权的保护

（一）专利权的保护范围

（1）发明或者实用新型专利权的保护范围以其权利要求的内容为准，说明书及附图可以用于解释权利要求的内容。包括两层含义：1）一项发明创造专利权的保护范围，须以其权利要求为准，即以由专利申请人提出的并经国务院专利行政主管部门批准的权利要求书中所记载的权利要求为准，不小于也不得超出权利要求书中所记载的权利要求的范围。2）说明书及附图对权利要求具有解释的功能，可以作为解释权利要求的依据，但是相对权利要求而言，说明书及附图只具有从属的地位，不能单以其作为发明或者实用新型专利权保护的基本依据，基本依据只能是权利要求书。

（2）外观设计专利权的保护范围以表示在图片或者照片中的该产品的外观设计为准。简要说明可以用于解释图片或者照片所表示的该产品的外观设计。外观设计专利权的保护范围以体现该产品外观设计的图片或者照片为基本依据。需要说明的是，外观设计专利权所保护的“表示在图片或者照片中的该外观设计专利产品”的范围，应当是同类产品的范围，不是同类产品，即使外观设计相同，也不能认为侵犯了专利权。

（二）对专利权的具体保护

（1）未经专利权人许可，实施其专利，即侵犯其专利权，引起纠纷的，由当事人协商解决；不愿协商或者协商不成的，专利权人或者利害关系人可以向人民法院起诉，也可以请求管理专利工作的部门处理。管理专利工作的部门处理时，认定侵权行为成立的，可以责令侵权人立即停止侵权行为，当事人不服的，可以自收到处理通知之日起15日内依照《中华人民共和国行政诉讼法》向人民法院起诉；侵权人期满不起诉又不停止侵权行为的，管理专利工作的部门可以申请人民法院强制执行。

（2）对群体侵权、重复侵权等扰乱市场秩序的故意侵犯专利权行为，管理专利工作的部门可以依法查处，责令侵权人立即停止侵权行为，并可以没收侵权产品、专门用于制造侵权产品或者使用侵权方法的零部件、工具、模具、设备等。对重复侵犯专利权的行为，专利行政部门可以处以罚款，非法经营额5万元以上的，可以处非法经营额1倍以上5倍以下的罚款；没有非法经营额或者非法经营额5万元以下的，可以处25万元以下的罚款。

（3）明知有关产品系专门用于实施专利的材料、中间物、零部件、设备等，未经专利权人许可，为生产经营目的将该产品提供给他人实施了侵犯专利权的行为，应当与侵权人承担连带责任。

明知有关产品、方法被授予专利权，未经专利权人许可，为生产经营目的积极诱导他人实施了侵犯该专利权的行为，应当与侵权人承担连带责任。

（4）网络服务提供者知道或者应当知道网络用户利用其提供的网络服务侵犯专利权或者假冒专利，未及时采取删除、屏蔽、断开侵权产品链接等必要措施予以制止的，应当与该网络用户承担连带责任。

专利权人或者利害关系人有证据证明网络用户利用网络服务侵犯其专利权或者假冒专利的，可以通知网络服务提供者采取前述必要措施予以制止。网络服务提供者接到合格有效的通知后未及时采取必要措施的，对损害的扩大部分与该网络用户承担连带责任。

管理专利工作的部门认定网络用户利用网络服务侵犯专利权或者假冒专利的，应当通知网络服务提供者采取必要措施予以制止，网络服务提供者未及时采取必要措施的，对损害的扩大部分与该网络用户承担连带责任。

（5）假冒专利的，除依法承担民事责任外，由负责专利执法的部门责令改正并予公告，没收违法所得，可以处违法所得5倍以下的罚款；没有违法所得或者违法所得5万元以下的，可以处25万元以下的罚款；构成犯罪的，依法追究刑事责任。

(6) 侵犯专利权的赔偿数额按照权利人因被侵权所受到的实际损失或者侵权人因侵权所获得的利益确定；权利人的损失或者侵权人获得的利益难以确定的，参照该专利许可使用费的倍数合理确定。对于故意侵犯专利权，情节严重的，可以按照上述方法确定数额的 1 倍以上 5 倍以下确定赔偿数额。

权利人的损失、侵权人获得的利益和专利许可使用费均难以确定的，人民法院可以根据专利权的类型、侵权行为的性质和情节等因素，确定给予 3 万元以上 500 万元以下的赔偿。赔偿数额还应当包括权利人为制止侵权行为所支付的合理开支。

人民法院为确定赔偿数额，在权利人已经尽力举证，而与侵权行为相关的账簿、资料主要由侵权人掌握的情况下，可以责令侵权人提供与侵权行为相关的账簿、资料；侵权人不提供或者提供虚假的账簿、资料的，人民法院可以参考权利人的主张和提供的证据判定赔偿数额。

（三）不视为侵犯专利权的行为

1. 权利穷竭

权利穷竭也称权利用尽，意指经专利权人或者专利权人许可出售专利产品之后，任何在此种情形下购买了该专利产品的人可以任何方式使用该专利产品，或者进一步转让、出售、赠与该专利产品，不构成侵权。根据《专利法》第七十五条第一项的规定，专利产品或者依照专利方法直接获得的产品，由专利权人或者经其许可的单位、个人售出后，使用、许诺销售、销售、进口该产品的，不视为侵犯专利权。

2. 在先使用

在先使用也称先用权制度，是指非专利权人在专利申请日前已经制造相同产品、使用相同方法或者已经作好制造、使用的准备，在专利权人获得专利权后，非专利权人有权在原有的范围内继续制造、使用该专利技术，不视为侵犯专利权。根据《专利法》第七十五条第二项的规定，在专利申请日前已经制造相同产品、使用相同方法或者已经作好制造、使用的必要准备，并且仅在原有范围内继续制造、使用的，不视为侵犯专利权。

3. 临时过境

临时通过中国领陆、领水、领空的外国运输工具，依照其所属国同中国签订的协议或者共同参加的国际条约，或者依照互惠原则，为运输工具自身需要而在其装置和设备中使用有关专利的，不视为侵犯专利权。

4. 为科研和实验的使用

专为科学研究和实验而使用有关专利的，不视为侵犯专利权。

5. 药品及医疗器械强制审查例外

为提供行政审批所需要的信息，制造、使用、进口专利药品或者专利医疗器械的，以及专门为其制造、进口专利药品或者专利医疗器械的，不视为侵犯专利权。

药品上市审评审批过程中，药品上市许可申请人与有关专利权人或者利害关系人，因申请注册的药品相关的专利权产生纠纷的，相关当事人可以向人民法院起诉，请求就申请注册的药品相关技术方案是否落入他人药品专利权保护范围作出判决。国务院药品监督管理部门在规定的期限内，可以根据人民法院生效裁判作出是否暂停批准相关药品上市的决定。

药品上市许可申请人与有关专利权人或者利害关系人也可以就申请注册的药品相关的专利权纠纷，向国务院专利行政部门请求行政裁决。

国务院药品监督管理部门会同国务院专利行政部门制定药品上市许可审批与药品上市许可申请阶段专利权纠纷解决的具体衔接办法，报国务院同意后实施。

本节考核的知识点

1. 专利权的主体：重点掌握职务发明与非职务发明的主体归属；发明人、设计人的认定。

2. 专利的申请与审批：重点掌握专利申请的原则；发明与实用新型、外观设计专利审批程序的区别。

3. 专利权人的权利。

4. 专利的强制许可。

5. 专利侵权行为和不视为专利侵权的行为。

第2节　商标法律制度

一、商标的概念及种类

（一）概念

商标是使用于商品或者服务项目上的，用以识别或者确认该商品的生产者和服务的提供者的，由特定要素组成的标记。一般用文字、图形、字母、数字、三维标志、颜色组合以及声音来表示，具有显著特征，便于识别。

（二）种类

1. 商品商标和服务商标

商品商标是使用于商品，用以区别不同经营者所提供的商品的专用标记。服务商标是提供服务的经营者为将自己提供的服务与他人提供的服务相区别而使用的商标。

2. 注册商标和未注册商标

注册商标是指已经在商标注册主管机构获准注册的商标。未注册商标是指已经使用但未经商标注册主管机构获准注册的商标。

世界上对商标的保护有两种做法：一种是注册保护；另一种是使用保护。在实行注册保护制度的国家，只有注册商标方可取得商标权，未注册商标不能取得商标权，但这并不意味着未注册商标不受法律保护。在我国，未注册商标中，除驰名商标受法律特别保护外，其他商标使用人不享有法律赋予的商标权，但受到

《民法典》《反不正当竞争法》的保护。对未注册商标，使用者所享有的利益仍被承认。《中华人民共和国商标法》（以下简称《商标法》）第三十二条规定，申请商标注册不得损害他人现有的在先权利，也不得以不正当手段抢先注册他人已经使用并有一定影响的商标。根据该规定，未注册商标的所有者可以反对他人抢注，如果抢注人以不正当手段抢先注册，先用人可以通过商标异议或者撤销程序维护自己的利益，但是不能根据《商标法》禁止他人仿冒、假冒其商标。在采用使用原则取得商标权的国家，仅凭使用商标的事实，即可取得商标权。

3. 文字商标、图形商标、字母商标、数字商标、三维标志商标、颜色组合商标、组合商标

文字商标是由纯文字构成的商标，既可以是中文，也可以是外文。中文包括汉字、汉语拼音和少数民族文字。图形商标是由纯图形构成的商标。字母商标是由纯字母构成的商标。数字商标是由纯数字构成的商标。三维标志商标，即立体商标，指由长宽高三维组成的商标。三维标志往往表现为商品的外形或商品的包装特有的形状。颜色组合商标是指由几种不同的颜色按照一定的规则组合而成的商标，但单一的颜色不得作为商标。组合商标指由各种符号要素组合而成的商标。此类商标往往图文并茂，表形和表意结合。

4. 证明商标和集体商标

证明商标是指由对某种商品或者服务具有监督能力的组织所控制，由该组织以外的单位或者个人使用于其商品或者服务，用以证明该商品或者服务的原产地、原料、制造方法、质量或者其他特定品质的标志。

集体商标是指以团体、协会或者其他组织名义注册，供该组织成员在商事活动中使用，以表明使用者在该组织中的成员资格的标志。

5. 等级商标和防卫商标

等级商标是指同一经营者对同类商品因规格、质量不同而使用的系列商标，其作用在于区别同一经营者的不同规格、不同质量的同类商品。等级商标可以一并申请注册，一并转让或许可他人使用，其中某一个商标被注销或撤销，不影响其他商标的存在，因而等级商标中的系列商标具有相对的独立性。

防卫商标是指为了防止他人的使用或注册而对自己的核心商标所进行的注册，包括联合商标和防御商标两种形式。联合商标是指注册人在同一商品上注册若干近似商标，包括正商标和其余的联合商标。其主要目的在于保护正商标，防止他人影射和“搭便车”。《中华人民共和国商标法实施条例》第三十一条规定，转让注册商标，商标注册人对其在同一种或者类似商品上注册的相同或者近似的商标未一并转让的，由商标局通知其限期改正；期满未改正的，视为放弃转让该注册商标的申请，商标局应当书面通知申请人。防御商标是指为防止他人注册，驰名商标的所有权人在不同类别的商品或服务上注册的商标。最早注册的是正商标，以后再注册在不同类别的商品上的商标为防御商标。其目的在于保护驰名商标的声誉，防止商标被淡化、弱化。

二、商标法

我国的《商标法》于 1982 年 8 月 23 日第五届全国人民代表大会常务委员会第二十四次会议通过，自 1983 年 3 月 1 日起施行，并分别于 1993 年 2 月 22 日、2001 年 10 月 27 日、2013 年 8 月 30 日、2019 年 4 月 23 日进行了修正。

三、商标注册的原则

（一）自愿注册和强制注册相结合原则

自愿注册是指商标使用人是否申请商标注册完全取决于自己的意愿。我国大部分商标采取自愿注册原则。国家规定必须使用注册商标的商品（卷烟、雪茄烟、有包装的烟丝）的生产经营者，必须申请商标注册，未经核准注册的，商品不得在市场销售。除必须使用注册商标的商品外，商标无论注册与否都可以使用，但只有注册商标才受到商标法律制度的保护。

（二）显著原则

申请注册的商标应当具有显著性，便于识别，并不得与他人在先取得的合法权利相冲突。

（三）先申请原则

两个或者两个以上的商标注册申请人，在同一种商品或者类似商品上，以相同或者近似的商标申请注册的，初步审定并公告申请在先的商标。同一天申请的，初步审定并公告使用在先的商标，驳回其他人的申请，不予公告。同日使用或者均未使用的，各申请人可以自收到商标局通知之日起 30 日内自行协商。不愿协商或者协商不成的，商标局通知各申请人以抽签的方式确定一个申请人，驳回其他人的注册申请。

（四）商标合法原则

（1）下列标志不得作为商标使用：

1）同中华人民共和国的国家名称、国旗、国徽、国歌、军旗、军徽、军歌、勋章等相同或者近似的，以及同中央国家机关的名称、标志、所在地特定地点的名称或者标志性建筑物的名称、图形相同的。

2）同外国的国家名称、国旗、国徽、军旗等相同或者近似的，但经该国政府同意的除外。

3）同政府间国际组织的名称、旗帜、徽记等相同或者近似的，但经该组织同意或者不易误导公众的除外。

4）与表明实施控制、予以保证的官方标志、检验印记相同或者近似的，但经授权的除外。

5）同“红十字”“红新月”的名称、标志相同或者近似的。

6）带有民族歧视性的。

7）带有欺骗性，容易使公众对商品的质量等特点或者产地产生误认的。

8）有害于社会主义道德风尚或者有其他不良影响的。

9）县级以上行政区划的地名或者公众知晓的外国地名，不得作为商标，但是地名具有其他含义或者作为集体商标、证明商标组成部分的除外；已经注册的使用地名的商标继续有效。

前述不得作为商标使用的标志，亦不能作为商标注册。

（2）下列标志不得作为商标注册：

1）仅有本商品的通用名称、图形、型号的；

2）仅直接表示商品的质量、主要原料、功能、用途、重量、数量及其他特点的；

3）其他缺乏显著特征的。

（3）以三维标志申请注册商标的，仅由商品自身的性质产生的形状、为获得技术效果而需有的商品形状或者使商品具有实质性价值的形状，不得注册。

（4）就相同或者类似商品申请注册的商标是复制、摹仿或者翻译他人未在中国注册的驰名商标，容易导致混淆的，不予注册并禁止使用。

（5）就不相同或者不相类似商品申请注册的商标是复制、摹仿或者翻译他人已经在中国注册的驰名商标，误导公众，致使该驰名商标注册人的利益可能受到损害的，不予注册并禁止使用。

（6）未经授权，代理人或者代表人以自己的名义将被代理人或者被代表人的商标进行注册，被代理人或者被代表人提出异议的，不予注册并禁止使用。

（7）商标中有商品的地理标志，而该商品并非来源于该标志所标示的地区，误导公众的，不予注册并禁止使用；但是，已经善意取得注册的继续有效。

（五）优先权原则

优先权表现在两个方面：一是商标注册申请人自其商标在外国第一次提出商标注册申请之日起 6 个月内，又在中国就相同商品以同一商标提出商标注册申请的，依照该外国同中国签订的协议或者共同参加的国际条约，或者按照相互承认优先权的原则，可以享有优先权；二是商标在中国政府主办或承认的国际展览会展出的商品上首次使用的，自该商品展出之日起 6 个月内，该商标的注册申请人可以享有优先权。申请人依照上述情形要求优先权的，应当在提出商标注册申请的时候提出书面声明，并且在 3 个月内提交展出其商品的展览会名称、在展出商品上使用该商标的证据、展出日期等证明文件；未提出书面声明或者逾期未提交证明文件的，视为未要求优先权。

四、商标注册的申请

（1）按规定的商品分类表填报使用商标的商品类别和商品名称。商品分类表是划分商品或服务类别和进行商标注册管理的重要依据。我国 1988 年 11 月开始采用《商标注册用商品和服务国际分类尼斯协定》的商品分类表申请商标注册，1994 年加入尼斯同盟。该协定将商品和服务分为 45 类，包含 34 类商品、11 类服务项目，覆盖了 1 万多个商品和服务项目。

（2）商标注册申请人应当按规定的商品分类表填报使用商标的商品类别和商品名称，提出注册申请。商标注册申请人可以通过一份申请就多个类别的商品申请注册同一商标。商标注册申请等有关文件可以以书面方式或者数据电文方式提出。

（3）注册商标需要在核定使用范围之外的商品上取得商标专用权的，应当另行提出注册申请。

（4）注册商标需要改变其标志的，应当重新提出注册申请。

（5）注册商标需要变更注册人的名义、地址或者其他注册事项的，应当提出变更申请。

（6）申请商标注册或者办理其他商标事宜，可以自行办理，也可以委托依法设立的商标代理机构办理。外国人或者外国企业在中国申请商标注册和办理其他商标事宜的，应当委托依法设立的商标代理机构办理。

（7）商标代理机构应当遵循诚实信用原则，遵守法律、行政法规，按照被代理人的委托办理商标注册申请或者其他商标事宜；对在代理过程中知悉的被代理人的商业秘密，负有保密义务。委托人申请注册的商标可能存在《商标法》规定不得注册情形的，商标代理机构应当明确告知委托人。商标代理机构知道或者应当知道委托人申请注册的商标属于《商标法》第四条、第十五条和第三十二条规定情形的，不得接受其委托。商标代理机构除对其代理服务申请商标注册外，不得申请注册其他商标。商标代理行业组织应当按照章程规定，严格执行吸纳会员的条件，对违反行业自律规范的会员实行惩戒。商标代理行业组织对其吸纳的会员和对会员的惩戒情况，应当及时向社会公布。

（8）商标国际注册遵循我国缔结或者参加的有关国际条约确立的制度，具体办法由国务院规定。

五、商标注册的审查核准

商标注册的审查核准是商标主管机关就申请注册的商标是否符合《商标法》的规定所进行的一系列活动。主要程序包括形式审查、实质审查、公告核准等。对于有争议的商标，还可能发生复审等。

（1）形式审查。商标局收到商标注册申请文件后，应当首先进行形式审查。形式审查的内容主要包括：申请手续是否齐备；申请人是否具备申请资格；申请文件是否齐全，填写是否正确；是否按规定缴纳了申请注册费等。经过形式审查，凡符合规定的，商标局予以受理，编定申请号，发给受理通知书。对于申请手续不齐备或者未按规定填写申请文件的，予以退回，申请日期不予保留。对于申请手续和申请文件基本符合规定，但需要补正的，通知予以补正，在规定期限内补正的，保留申请日期；未在规定期限内补正的，予以退回，申请日期不予保留。

（2）实质审查。商标局对受理的申请，依照《商标法》的规定进行实质审查。实质审查的内容主要包括：申请注册的商标是否具有显著特征，便于识别；申请注册的商标是否与已注册在相同或类似商品或服务上的商标相同或近似；申请注册的商标是否违背《商标法》的禁止性规定；等等。

（3）公告核准。对申请注册的商标，商标局应当自收到商标注册申请文件之日起9个月内审查完毕，符合《商标法》有关规定的，予以初步审定公告。在审查过程中，商标局认为商标注册申请内容需要说明或者修正的，可以要求申请人做出说明或者修正。申请人未做出说明或者修正的，不影响商标局做出审查决定。申请注册的商标，凡不符合《商标法》有关规定或者同他人在同一种商品或者类似商品上已经注册的或者初步审定的商标相同或者近似的，由商标局驳回申请，不予公告。

对初步审定公告的商标，自公告之日起 3 个月内，在先权利人、利害关系人认为违反《商标法》第十三条第二款和第三款、第十五条、第十六条第一款、第三十条、第三十一条、第三十二条规定的，或者任何人认为违反《商标法》第四条、第十条、第十一条、第十二条、第十九条第四款规定的，可以向商标局提出异议。公告期满无异议的，予以核准注册，发给商标注册证，并予公告。

（4）复审。对驳回申请、不予公告的商标，商标局应当书面通知商标注册申请人。商标注册申请人不服的，可以自收到通知之日起 15 日内向商标评审委员会申请复审。商标评审委员会应当自收到申请之日起 9 个月内做出决定，并书面通知申请人。有特殊情况需要延长的，经国务院工商行政管理部门批准，可以延长 3 个月。当事人对商标评审委员会的决定不服的，可以自收到通知之日起 30 日内向人民法院起诉。

对初步审定公告的商标提出异议的，商标局应当听取异议人和被异议人陈述事实和理由，经调查核实后，自公告期满之日起 12 个月内做出是否准予注册的决定，并书面通知异议人和被异议人。有特殊情况需要延长的，经国务院工商行政管理部门批准，可以延长 6 个月。

商标局做出准予注册决定的，发给商标注册证，并予公告。异议人不服的，可以依照《商标法》第四十四条、第四十五条的规定向商标评审委员会请求宣告该注册商标无效。

商标局做出不予注册决定，被异议人不服的，可以自收到通知之日起 15 日内向商标评审委员会申请复审。商标评审委员会应当自收到申请之日起 12 个月内做出复审决定，并书面通知异议人和被异议人。有特殊情况需要延长的，经国务院工商行政管理部门批准，可以延长 6 个月。被异议人对商标评审委员会的决定不服的，可以自收到通知之日起 30 日内向人民法院起诉。人民法院应当通知异议人作为第三人参加诉讼。商标评审委员会在依照上述规定进行复审的过程中，所涉及的在先权利的确定必须以人民法院正在审理或者行政机关正在处理的另一案件的结果为依据的，可以中止审查。中止原因消除后，应当恢复审查程序。

法定期限届满，当事人对商标局做出的驳回申请决定、不予注册决定不申请复审或者对商标评审委员会做出的复审决定不向人民法院起诉的，驳回申请决定、不予注册决定或者复审决定生效。

经审查异议不成立而准予注册的商标，商标注册申请人取得商标专用权的时间自初步审定公告 3 个月期满之日起计算。自该商标公告期满之日起至准予注册决定做出前，对他人在同一种或者类似商品上使用与该商标相同或者近似的标志的行为不具有追溯力；但是，因该使用人的恶意给商标注册人造成的损失，应当给予赔偿。

六、商标权人的权利和义务

（一）商标权人的权利

（1）独占权。商标权人对其注册的商标依法享有专有使用并禁止他人使用的独占权利，任何人非经商标权人同意，都不得擅自制造、使用和销售其注册商标。

（2）转让权。商标权人有权决定将其注册商标有偿或无偿地转让给他人所有，从而获取商标转让费。

（3）许可权。商标权人有权将其注册商标许可他人在一定范围内使用，从而获取商标许可使用费。

（4）诉讼权。当商标权人的权利受到他人不法侵害时，商标权人有权向工商行政管理部门申诉或向法院起诉。

（二）商标权人的义务

（1）对使用注册商标的商品质量负责，其商品不得粗制滥造、以次充好、欺骗消费者。

（2）不得自行改变注册商标的文字、图形或者其组合。

（3）不得自行改变注册商标的注册人名义、地址或者其他注册事项。

（4）不得自行转让注册商标。

（5）许可他人使用其注册商标，应签订商标使用许可合同，并将合同副本送交工商行政管理部门备案。

（6）许可他人使用注册商标的，许可人应当监督被许可人使用其注册商标的商品质量。

（7）放弃的注册商标应办理申请注销手续。

七、注册商标的续展、转让和使用许可

（一）注册商标的续展

注册商标的有效期为10年，自核准注册之日起计算。注册商标有效期满，需要继续使用的，商标注册人应当在期满前12个月内按照规定办理续展手续；在此期间未能办理的，可以给予6个月的宽展期。宽展期满仍未办理续展手续的，注销其注册商标。续展注册次数无法律限制，每次续展注册的有效期均为10年。商标局应当对续展注册的商标予以公告。

（二）注册商标的转让

注册商标的转让是指注册商标所有人依法将因注册商标产生的商标权转让给他人的行为。注册商标转让后，原注册商标所有人不再享有该注册商标的专用权，受让人成为该注册商标的所有人，享有商标专用权。

转让注册商标的，转让人和受让人应当签订转让协议，并共同向商标局提出申请。受让人应当保证使用该注册商标的商品质量。转让注册商标的，商标注册人对其在同一种商品上注册的近似的商标，或者在类似商品上注册的相同或者近似的商标，应当一并转让。对容易导致混淆或者有其他不良影响的转让，商标局不予核准，书面通知申请人并说明理由。转让注册商标经商标局核准后，发给受

让人相应证明，并予以公告。受让人自公告之日起享有商标专用权。

（三）注册商标的使用许可

注册商标的使用许可是指注册商标所有人通过签订商标使用许可合同，许可他人使用其注册商标，同时收取一定的许可使用费。

注册商标的使用许可应当符合下列条件：（1）许可人是被许可的注册商标的所有人或有充分处置权人；（2）被许可人有生产使用许可的商品的资格；（3）使用许可的商标在法律保护的期限内，且使用许可期限不得超过该注册商标的有效期限；（4）使用许可的商品在该注册商标核定使用的商品范围内；（5）使用许可的商标与注册商标一致。

商标注册人可以通过签订商标使用许可合同，许可他人使用其注册商标。许可人应当监督被许可人使用其注册商标的商品质量。被许可人应当保证使用该注册商标的商品质量。经许可使用他人注册商标的，必须在使用该注册商标的商品上标明被许可人的名称和商品产地。商标使用许可合同应当报商标局备案，由商标局公告。商标使用许可合同未经备案不得对抗善意第三人。

八、商标使用的管理

商标使用的管理是指商标局对注册商标、未注册商标的使用进行监督管理，并对违反《商标法》规定的侵权行为予以制裁的活动。

（一）对注册商标使用的管理

（1）商标注册人在使用注册商标的过程中，自行改变注册商标、注册人名义、地址或者其他注册事项的，由地方工商行政管理部门责令限期改正；期满不改正的，由商标局撤销其注册商标。

（2）注册商标成为其核定使用的商品的通用名称或者没有正当理由连续 3 年不使用的，任何单位或者个人可以向商标局申请撤销该注册商标。商标局应当自收到申请之日起 9 个月内做出决定。有特殊情况需要延长的，经国务院工商行政管理部门批准，可以延长 3 个月。

（3）注册商标被撤销、被宣告无效或者期满不再续展的，自撤销、宣告无效或者注销之日起 1 年内，商标局对与该商标相同或者近似的商标注册申请，不予核准。

（4）违反《商标法》第六条规定的，由地方工商行政管理部门责令限期申请注册，违法经营额 5 万元以上的，可以处违法经营额 20%以下的罚款，没有违法经营额或者违法经营额不足 5 万元的，可以处 1 万元以下的罚款。

（二）对未注册商标使用的管理

（1）将未注册商标冒充注册商标使用的，或者使用未注册商标违反《商标法》第十条规定的，由地方工商行政管理部门予以制止，限期改正，并可以予以通报，违法经营额 5 万元以上的，可以处违法经营额 20%以下的罚款，没有违法经营额或者违法经营额不足 5 万元的，可以处 1 万元以下的罚款。

（2）违反《商标法》第十四条第五款规定的，由地方工商行政管理部门责令改正，处10万元罚款。

九、注册商标专用权的保护

（一）侵犯注册商标专用权的行为

根据《商标法》的规定，注册商标的专用权，以核准注册的商标和核定使用的商品为限。有下列行为之一的，均属侵犯注册商标专用权：

（1）未经商标注册人的许可，在同一种商品上使用与其注册商标相同的商标的；

（2）未经商标注册人的许可，在同一种商品上使用与其注册商标近似的商标，或者在类似商品上使用与其注册商标相同或者近似的商标，容易导致混淆的；

（3）销售侵犯注册商标专用权的商品的；

（4）伪造、擅自制造他人注册商标标识或者销售伪造、擅自制造的注册商标标识的；

（5）未经商标注册人同意，更换其注册商标并将该更换商标的商品又投入市场的；

（6）故意为侵犯他人商标专用权行为提供便利条件，帮助他人实施侵犯商标专用权行为的；

（7）给他人的注册商标专用权造成其他损害的。

将他人注册商标、未注册的驰名商标作为企业名称中的字号使用，误导公众，构成不正当竞争行为的，依照《反不正当竞争法》处理。

（二）不视为侵权的行为

（1）注册商标中含有的本商品的通用名称、图形、型号，或者直接表示商品的质量、主要原料、功能、用途、重量、数量及其他特点，或者含有的地名，注册商标专用权人无权禁止他人正当使用。

（2）三维标志注册商标中含有的商品自身的性质产生的形状、为获得技术效果而需有的商品形状或者使商品具有实质性价值的形状，注册商标专用权人无权禁止他人正当使用。

（3）商标注册人申请商标注册前，他人已经在同一种商品或者类似商品上先于商标注册人使用与注册商标相同或者近似并有一定影响的商标的，注册商标专用权人无权禁止该使用人在原使用范围内继续使用该商标，但可以要求其附加适当区别标识。

（三）侵犯注册商标专用权的法律责任

侵犯注册商标专用权的法律责任包括民事责任、行政责任和刑事责任。

（1）民事责任。民事责任主要包括停止侵犯、消除影响、赔偿损失等。其中，根据《商标法》的规定，侵犯商标专用权的赔偿数额，按照权利人因被侵权所受到的实际损失确定；实际损失难以确定的，可以按照侵权人因侵权所获得的利益确定；权利人的损失或者侵权人获得的利益难以确定的，参照该商标许可使用费的倍数合理确定。对恶意侵犯商标专用权，情节严重的，可以在按照上述方法确定数额的 1 倍以上 5 倍以下确定赔偿数额。赔偿数额应当包括权利人为制止侵权行为所支付的合理开支。

人民法院为确定赔偿数额，在权利人已经尽力举证，而与侵权行为相关的账簿、资料主要由侵权人掌握的情况下，可以责令侵权人提供与侵权行为相关的账簿、资料；侵权人不提供或者提供虚假的账簿、资料的，人民法院可以参考权利人的主张和提供的证据判定赔偿数额。

人民法院审理商标纠纷案件，应权利人请求，对属于假冒注册商标的商品，除特殊情况外，责令销毁；对主要用于制造假冒注册商标的商品的材料、工具，责令销毁，且不予补偿；或者在特殊情况下，责令禁止前述材料、工具进入商业渠道，且不予补偿。假冒注册商标的商品不得在仅去除假冒注册商标后进入商业渠道。

权利人因被侵权所受到的实际损失、侵权人因侵权所获得的利益、注册商标许可使用费难以确定的，由人民法院根据侵权行为的情节判决给予 500 万元以下的赔偿。

注册商标专用权人请求赔偿，被控侵权人以注册商标专用权人未使用注册商标提出抗辩的，人民法院可以要求注册商标专用权人提供此前 3 年内实际使用该注册商标的证据。注册商标专用权人不能证明此前 3 年内实际使用过该注册商标，也不能证明因侵权行为受到其他损失的，被控侵权人不承担赔偿责任。

销售不知道是侵犯注册商标专用权的商品，能证明该商品是自己合法取得并说明提供者的，不承担赔偿责任。

（2）行政责任。行政责任主要包括：1）责令立即停止侵权行为；2）没收、销毁侵权商品和主要用于制造侵权商品、伪造注册商标标识的工具；3）罚款。违法经营额 5 万元以上的，可以处违法经营额 5 倍以下的罚款，没有违法经营额或者违法经营额不足 5 万元的，可以处 25 万元以下的罚款。对 5 年内实施两次以上商标侵权行为或者有其他严重情节的，应当从重处罚。销售不知道是侵犯注册商标专用权的商品，能证明该商品是自己合法取得并说明提供者的，由工商行政管理部门责令停止销售。

对侵犯商标专用权的赔偿数额的争议，当事人可以请求进行处理的工商行政管理部门调解，也可以依照《民事诉讼法》向人民法院起诉。经工商行政管理部门调解，当事人未达成协议或者调解书生效后不履行的，当事人可以依照《民事诉讼法》向人民法院起诉。

商标代理机构有下列行为之一的，由工商行政管理部门责令限期改正，给予警告，处 1 万元以上 10 万元以下的罚款；对直接负责的主管人员和其他直接责任人员给予警告，处 5 000 元以上 5 万元以下的罚款。构成犯罪的，依法追究刑事责任：1）办理商标事宜过程中，伪造、变造或者使用伪造、变造的法律文件、印章、签名的；2）以诋毁其他商标代理机构等手段招徕商标代理业务或者以其他不正当手段扰乱商标代理市场秩序的；3）违反《商标法》第四条、第十九条第三款和第四款规定的。商标代理机构有上述规定行为的，由工商行政管理部门记入信用档案；情节严重的，商标局、商标评审委员会并可以决定停止受理其办理商标代理业务，予以公告。

商标代理机构违反诚实信用原则，侵害委托人合法利益的，应当依法承担民事责任，并由商标代理行业组织按照章程规定予以惩戒。对恶意申请商标注册的，根据情节给予警告、罚款等行政处罚；对恶意提起商标诉讼的，由人民法院依法给予处罚。

（3）刑事责任。刑事责任主要包括：

1）根据《刑法》第二百一十三条的规定，未经注册商标所有人许可，在同一种商品、服务上使用与其注册商标相同的商标，情节严重的，处3年以下有期徒刑，并处或者单处罚金；情节特别严重的，处3年以上10年以下有期徒刑，并处罚金。

2）根据《刑法》第二百一十四条的规定，销售明知是假冒注册商标的商品，违法所得数额较大或者有其他严重情节的，处3年以下有期徒刑，并处或者单处罚金；违法所得数额巨大或者有其他特别严重情节的，处3年以上10年以下有期徒刑，并处罚金。

3）根据《刑法》第二百一十五条的规定，伪造、擅自制造他人注册商标标识或者销售伪造、擅自制造的注册商标标识，情节严重的，处3年以下有期徒刑，并处或者单处罚金；情节特别严重的，处3年以上10年以下有期徒刑，并处罚金。

（四）侵犯注册商标专用权案件的处理

对侵犯注册商标专用权的案件，首先由当事人协商解决；当事人不愿协商或者协商不成的，可以有两种处理方式：一是由商标注册人或者利害关系人请求工商行政管理部门处理，二是由商标注册人或者利害关系人向人民法院起诉。

1. 工商行政管理部门对侵犯注册商标专用权案件的处理

根据《商标法》的规定，商标注册人或者利害关系人对侵犯注册商标专用权的行为，可以请求工商行政管理部门进行处理。

县级以上工商行政管理部门对涉嫌侵犯他人注册商标专用权的行为进行查处时，可以行使下列职权：（1）询问有关当事人，调查与侵犯他人注册商标专用权有关的情况；（2）查阅、复制当事人与侵权活动有关的合同、发票、账簿以及其他有关资料；（3）对当事人涉嫌从事侵犯他人注册商标专用权活动的场所实施现场检查；（4）检查与侵权活动有关的物品，对有证据证明是侵犯他人注册商标专用权的物品，可以查封或者扣押。

在查处商标侵权案件过程中，对商标权属存在争议或者权利人同时向人民法院提起商标侵权诉讼的，工商行政管理部门可以中止案件的查处。中止原因消除后，应当恢复或者终结案件查处程序。

2. 人民法院对侵犯注册商标专用权案件的处理

根据《商标法》的规定，商标注册人或者利害关系人对侵犯注册商标专用权的行为，可以向人民法院起诉。

商标注册人或者利害关系人有证据证明他人正在实施或者即将实施侵犯其注册商标专用权的行为，如不及时制止将会使其合法权益受到难以弥补的损害的，可以依法在起诉前向人民法院申请采取责令停止有关行为和财产保全的措施。

为制止侵权行为，在证据可能灭失或者以后难以取得的情况下，商标注册人或者利害关系人可以依法在起诉前向人民法院申请保全证据。

（五）驰名商标的法律保护

驰名商标是指在中国为相关公众广为知晓并享有较高声誉的商标。相对于一般商标，驰名商标具有知名度高、信誉度好、影响范围广、商业价值大、竞争力强等特点。驰名商标蕴含的强大竞争优势和巨大经济效益，使之更易成为商标侵权的目标，因而，对驰名商标的法律保护日趋重要。自 1925 年修订的《保护工业产权巴黎公约》首次要求其各成员国对未在该国注册的驰名商标在相同或类似商品上提供保护以来，有关知识产权保护的国际条约中，纷纷将给予驰名商标以特别保护作为一种缔约国的义务，促使包括我国在内的世界大多数国家都陆续在各自的商标立法中有了对本国或外国的驰名商标予以特别保护的规定。

2001 年修正《商标法》时，为履行我国参加的国际公约的义务，在《商标法》中增加了关于驰名商标保护的规定。实践中，存在将驰名商标作为一种荣誉称号的误区，盲目追求驰名商标认定，甚至出现弄虚作假的情况。为了厘清驰名商标保护制度，2013 年修正的《商标法》遵循“个案认定、被动保护”的原则，明确规定商标局、商标评审委员会、人民法院不得主动适用《商标法》有关保护驰名商标的规定，只有当事人在商标案件中提出保护其驰名商标的申请后，才可以适用相应的规定；同时规定，认定结果仅对该案件有效。为此，修正后的《商标法》规定，为相关公众所熟知的商标，持有人认为其权利受到侵害时，可以依照《商标法》的规定请求驰名商标保护。驰名商标应当根据当事人的请求，作为处理涉及商标案件需要认定的事实进行认定。

1. 驰名商标的认定

（1）认定驰名商标，应当考虑下列因素：1）相关公众对该商标的知晓程度；2）该商标使用的持续时间；3）该商标的任何宣传工作的持续时间、程度和地理范围；4）该商标作为驰名商标受保护的记录；5）该商标驰名的其他因素。

（2）在商标注册审查、工商行政管理部门查处商标违法案件过程中，当事人依照《商标法》第十三条规定主张权利的，商标局根据审查、处理案件的需要，可以对商标驰名情况作出认定。

（3）在商标争议处理过程中，当事人依照《商标法》第十三条规定主张权利的，商标评审委员会根据处理案件的需要，可以对商标驰名情况作出认定。

（4）在商标民事、行政案件审理过程中，当事人依照《商标法》第十三条规定主张权利的，最高人民法院指定的人民法院根据审理案件的需要，可以对商标驰名情况作出认定。

（5）生产、经营者不得将“驰名商标”字样用于商品、商品包装或者容器上，或者用于广告宣传、展览以及其他商业活动中。违反上述规定，通过宣传自己的商标是“驰名商标”的方式进行广告宣传的，由地方工商行政管理部门责令改正，处 10 万元罚款。

2. 我国对驰名商标的特殊保护

我国对驰名商标的特殊保护主要体现为《商标法》及《驰名商标认定和保护

规定》等相关法规的以下规定：

（1）就相同或者类似商品申请注册的商标是复制、摹仿或者翻译他人未在中国注册的驰名商标，容易导致混淆的，不予注册并禁止使用。

（2）就不相同或者不相类似商品申请注册的商标是复制、摹仿或者翻译他人已经在中国注册的驰名商标，误导公众，致使该驰名商标注册人的利益可能受到损害的，不予注册并禁止使用。

（3）对已经注册的与他人驰名商标相同或者近似的商标，自商标注册之日起5年内，该驰名商标所有人或者利害关系人可以请求商标评审委员会裁定撤销该注册商标；对恶意注册的，驰名商标所有人不受5年的时间限制。

本节考核的知识点

1. 商标注册的原则：重点掌握自愿注册和强制注册相结合原则、先申请原则、商标合法原则。

2. 商标注册的申请：重点掌握另行申请、变更申请、重新申请的区别。

3. 商标注册的审查核准：了解商标注册的审核程序。

4. 商标权人的权利与义务。

5. 注册商标的转让与使用许可的区别。

6. 商标侵权行为、不视为侵权的行为。

7. 侵犯注册商标专用权的法律责任。

8. 对驰名商标的特殊保护。

第13章即测即评

练习题

选择题

1. 根据《专利法》的规定，申请专利的发明创造在申请日以前6个月内，有下列情形之一的，丧失新颖性的是（　　）。

A. 在中国政府主办或者承认的国际展览会上首次展出的

B. 在规定的学术会议或者技术会议上首次发表的

C. 在国际刊物上首次发表的

D. 他人未经申请人同意而泄露其内容的

2. 根据《专利法》的规定，如果两个以上的申请人同一日分别就同样的发明创造申请专利的，确定申请人的正确方法是（　　）。

A. 依使用在先确定

B. 由申请人自行协商确定

C. 由专利行政管理部门确定

D. 由申请人自行协商确定，协商不成的由专利行政管理部门确定

3. 下列属于侵犯专利权行为的有（　　）。

A. 未经专利权人许可，为生产经营目的制造、使用、许诺销售、销售、进口其专利产品，或者使用其专利方法以及使用、许诺销售、销售、进口依照该专利方法直接获得的产品

B. 未经专利权人许可，为生产经营目的制造、许诺销售、销售、进口其外观设计产品

C. 在未被授予专利权的产品或者其包装上标注专利标识，专利权被宣告无效后或者终止后继续在产品或者其包装上标注专利标识，或者未经许可在产品或者产品包装上标注他人的专利号

D. 在产品说明书等材料中将未被授予专利权的技术或者设计称为专利技术或者专利设计，将专利申请称为专利，或者未经许可使用他人的专利号，使公众将所涉及的技术或者设计误认为是专利技术或者专利设计

4. 下列不属于侵犯专利权行为的有（　　）。

A. 权利穷竭　　B. 在先使用

C. 临时过境　　D. 为科研和实验的使用

5. 根据《专利法》的规定，实用新型专利权保护期限为 10 年，自（　　）起计算。

A. 申请日　　B. 授权日　　C. 受理日　　D. 公告日

6. 根据《专利法》的规定，不授予专利权的发明创造有（　　）。

A. 疾病的诊断和治疗方法

B. 动物和植物品种

C. 原子核变换方法以及用原子核变换方法获得的物质

D. 对平面印刷品的图案、色彩或者二者的结合作出的主要起标识作用的设计

7. 根据专利法律制度的规定，某汽车制造厂完成的下列新技术成果中，可能获得实用新型专利的是（　　）。

A. 汽车新燃料　　B. 汽车防冻液

C. 汽车发动机　　D. 汽车节能方法

8. 甲是乙公司的研发人员，经长期研究，完成单位交付的研发任务，开发出了一种抗癌新药，现欲申请专利。以下关于该成果权利归属的说法中，正确的是（　　）。

A. 专利申请权及专利权均归乙公司

B. 专利申请权归乙公司，专利权归甲

C. 专利申请权归甲，专利权归乙公司

D. 乙公司转让专利权时，甲在同等条件下有优先受让权

9. 根据我国《商标法》的规定，必须使用注册商标的商品有（　　）。

A. 卷烟　　B. 雪茄烟

C. 有包装的烟丝　　D. 药品

10. 根据《商标法》的规定，如果两个以上的申请人分别就同样的商标申请注册的，正确方法有（　　）。

A. 初步审定并公告申请在先的商标

B. 同一天申请的，初步审定并公告使用在先的商标，驳回其他人的申请，不予公告

C. 同日使用或者均未使用的，各申请人可以自收到商标局通知之日起30日内自行协商

D. 不愿协商或者协商不成的，商标局通知各申请人以抽签的方式确定一个申请人，驳回其他人的注册申请

11. 根据《商标法》的规定，下列不得作为商标使用的标志有（　　）。

A. 同政府间国际组织的名称、旗帜、徽记相同或者近似的，但经该组织同意或者不易误导公众的除外

B. 与表明实施控制、予以保证的官方标志、检验印记相同或者近似的，但经授权的除外

C. 同"红十字""红新月"的名称、标志相同或者近似的

D. 仅有本商品的通用名称、图形、型号的

12. 根据《商标法》的规定，下列不得作为商标注册的标志有（　　）。

A. 同"红十字""红新月"的名称、标志相同或者近似的

B. 县级以上行政区划的地名或者公众知晓的外国地名

C. 仅仅直接表示商品的质量、主要原料、功能、用途、重量、数量及其他特点的

D. 缺乏显著特征的

13. 根据《商标法》的规定，商标注册申请人自其商标在外国第一次提出商标注册申请之日起一定期限内，又在中国就相同商品以同一商标提出商标注册申请的，依照该外国同中国签订的协议或者共同参加的国际条约，或者按照相互承认优先权的原则，可以享有优先权。该期限是（　　）。

A. 3个月　　B. 6个月　　C. 12个月　　D. 15个月

14. 根据《商标法》的规定，使用注册商标，有下列行为中的（　　），由商标局责令限期改正或者撤销其注册商标。

A. 自行改变注册商标的

B. 自行改变注册商标的注册人名义、地址或者其他注册事项的

C. 自行转让注册商标的

D. 连续2年停止使用的

15. 根据《商标法》的规定，下列构成商标侵权行为的有（　　）。

A. 未经商标注册人的许可，在同一种商品或者类似商品上使用与其注册商标相同或者近似的商标的

B. 销售侵犯注册商标专用权的商品的

C. 未经商标注册人同意，更换其注册商标并将该更换商标的商品又投入市场的

D. 故意为侵犯他人注册商标专用权行为提供仓储、运输、邮寄、隐匿等便利条件的

16. 根据《商标法》的规定，下列选项中，不得作为注册商标的有（　　）。

A. 三维标志　　B. 气味标志　　C. 音响　　D. 字母

17. 甲公司于2020年12月10日申请注册A商标，2023年3月20日该商标被核准注册。根据《商标法》的规定，甲公司办理续展手续的最迟日期是（　　）。

A. 2030年12月10日　　B. 2031年6月10日

C. 2033年3月20日　　D. 2033年9月20日

案例题

甲公司为国内生产数控机床的公司，拥有多项与数控机床有关的发明专利技术。2023年4月，甲公司与外国乙公司签订了商标使用许可合同。甲公司获得了乙公司的A注册商标的独占使用权，核准使用的商品为数控机床。

2023年7月，甲公司与丙公司签订代销合同，约定丙公司以自己的名义试销贴有A注册商标的数控机床10台，销售价格为每台15万元，每销售一台收取代销费2万元。2024年3月，丙公司以每台15万元的价格向丁公司销售了3台数控机床。丁公司收到3台数控机床后，自己使用一台，将其余两台出租给其他公司。2024年8月，丙公司未经甲公司同意，将其余7台数控机床的A注册商标清除，更换为自己的C注册商标，并以每台15万元的价格卖出了5台。

要求：根据上述内容，分别回答下列问题：

（1）丁公司出租数控机床的行为是否侵犯甲公司的专利权？说明理由。

（2）丙公司更换A注册商标的行为是否侵犯乙公司的商标权？说明理由。

参考文献

［1］李东方. 公司法学. 3 版. 北京：中国政法大学出版社，2024.
［2］王卫国，李东方. 经济法学. 5 版. 北京：中国政法大学出版社，2023.
［3］宋朝武. 民事诉讼法学. 6 版. 北京：中国政法大学出版社，2021.
［4］刘春田. 知识产权法. 6 版. 北京：中国人民大学出版社，2022.
［5］隋彭生. 合同法学教程. 2 版. 北京：中国人民大学出版社，2024.
［6］中国注册会计师协会. 经济法. 北京：中国财政经济出版社，2024.

图书在版编目（CIP）数据

经济法 / 马兆瑞编著. --5 版. --北京：中国人民大学出版社，2025. 1. --（高等学校经济管理类核心课程教材）. --ISBN 978-7-300-33557-5

Ⅰ. D922. 29

中国国家版本馆 CIP 数据核字第 2025AP3278 号

高等学校经济管理类核心课程教材

经济法（第 5 版）

马兆瑞　编著

Jingjifa

出版发行	中国人民大学出版社		
社　　址	北京中关村大街 31 号	**邮政编码**	100080
电　　话	010－62511242（总编室）		010－62511770（质管部）
	010－82501766（邮购部）		010－62514148（门市部）
	010－62515195（发行公司）		010－62515275（盗版举报）
网　　址	http://www. crup. com. cn		
经　　销	新华书店		
印　　刷	北京溢漾印刷有限公司	**版　　次**	2014 年 10 月第 1 版
开　　本	787 mm×1092 mm　1/16		2025 年 1 月第 5 版
印　　张	17. 25 插页 1	**印　　次**	2025 年 1 月第 1 次印刷
字　　数	394 000	**定　　价**	46. 00 元

中国人民大学出版社　管理分社

教师教学服务说明

中国人民大学出版社管理分社以出版工商管理和公共管理类精品图书为宗旨。为更好地服务一线教师，我们着力建设了一批数字化、立体化的网络教学资源。教师可以通过以下方式获得免费下载教学资源的权限：

★ 在中国人民大学出版社网站 www.crup.com.cn 进行注册，注册后进入“会员中心”，在左侧点击“我的教师认证”，填写相关信息，提交后等待审核。我们将在一个工作日内为您开通相关资源的下载权限。

★ 如您急需教学资源或需要其他帮助，请加入教师 QQ 群或在工作时间与我们联络。

中国人民大学出版社　管理分社

教师 QQ 群： 648333426(工商管理)　114970332(财会)　648117133(公共管理)
教师群仅限教师加入，入群请备注（学校+姓名）

联系电话： 010-62515735，62515987，62515782，82501048，62514760

电子邮箱： glcbfs@crup.com.cn

通讯地址： 北京市海淀区中关村大街甲 59 号文化大厦 1501 室（100872）

管理书社　　人大社财会　　公共管理与政治学悦读坊